诸子之首,万经之王。致敬帛书、楚简《老子》。

——甲辰冬月 王骥书

老子新考系列一

帛书道德经甄辨 上 德篇

王骥 撰

前　言

读懂帛书、楚简《老子》的钥匙

　　《老子》又名《道德经》，约成书于春秋末年，现存最早的两大版本为帛书本、楚简本。这两种版本中的大量古字、古词到底应该怎样识读？对应现代通用规范汉字中的什么字、什么词？甄辨的难度极高，思路、方法很关键。同时，这些古字、古词不仅涉及当时的古义和《老子》的文中用意，而且大多还保留着上古造字之初的本义，不能用中古、近古甚至近现代衍生出来的含义训诂。[①]这是常识，此处略举几例。

　　如《老子》中的"百姓"一词，战国之前是对贵族的统称，战国之后方才演变为对平民的通称，然而这一差异几乎被后世注家悉数忽略。又如"绝学无忧"的"学"字，在先秦还有教授、教导的含义。其中的"忧"，上古本义为优游，该义项后由"優（优）"字继承，而"忧"字大约从战国晚期开始方才替代"惪"（"忧"的古字）而专用为忧愁的含义，故应训释为"优"而非今本[②]等版本的用字"忧"。因此，"绝学无忧"

---

① 学界对历史时期的划分一直存在争议，本书参考《中国通史》（白寿彝主编）等著述的划分标准界定：远古指夏朝之前的时代，上古从夏朝到先秦，中古从秦朝到五代十国，近古从宋朝到1840年鸦片战争，近代从1840年到1919年五四运动，现代从1919年到1949年中华人民共和国成立，当代指1949年至今。

② 今本即通行本，指王弼本、河上公本、傅奕本等通行于世的版本，本书为了便于表述，以王弼本为代表，冠以"今本"称谓。

的意思应该是"杜绝好为人师和自视优越",而历代主流观点则释义为"抛弃学问或浮学、智巧之学,则无忧患",导致文不逮意、句不契章,甚至有悖常识。

所以说,读懂帛书、楚简《老子》的钥匙就是真正做到甄辨、厘清书中大量的古字、古词及其古义,而这些古字、古词往往被众多帛书研究者、帛书注家依据今本等版本所使用的字词,以"通""同"等表述强行甚至错误训释,这种做法极为不妥(详见后文阐释)。

当然,考证《老子》原本的古文古义,工作异常艰难。故而笔者拓展了研究方式与领域,考据甲骨文、金文、战国文字、历代传抄先秦古字,参考古代文化常识、周代礼制习俗、被主流学界忽视的上古学说(如阴阳五行学、上古天文历法、上古中医学等)及大量古籍文献,利用逻辑推理、文意归纳等校勘训诂法(简称校诂法,下同),汲取现代考古研究成果和帛书研究学术成果,校诂出不少于650处不同于(甚至颠覆)主流观点训释的古字、古词、古义、文意、思想,将其集中呈现于《帛书道德经甄辨》《楚简道德经甄辨》(暂定名,下同)两部专著之中,力求最大限度地接近《老子》的原貌与真谛。

关于帛书、楚简《老子》及其校诂,这里需要先谈三点。

其一,截至目前,我国发掘出土的春秋战国至秦汉时期的简牍很多,帛书则非常有限,仅有湖南长沙子弹库楚墓出土的三件帛书和一幅帛画、马王堆汉墓出土的五十余件帛书(包含《老子》)和五幅帛画,以及甘肃敦煌悬泉置遗址出土的十件帛书。中国历史学家、古文字学家李学勤曾说:"这些年来简帛

| 前言　读懂帛书、楚简《老子》的钥匙 |

书籍出土虽多，能兼有战国时本与秦至汉初时本的，只有《周易》经文与《老子》两种。……尤其是《老子》，战国竹简本、秦至汉初帛书本和各种今传本，其间歧异特多，很需要仔细探究。"① 可以说，帛书、楚简《老子》弥足珍贵。

其二，帛书《老子》分为甲本与乙本。笔者认为，甲本所誊抄的母本极有可能是战国中后期到西汉之前高层贵族私录秘传的版本，而乙本所誊抄的母本可能是对中低层贵族公开的版本。当然，甲本比乙本更接近原貌，价值高出很多，其用字、用词极为考究、精准，如"德篇用圣人，道篇用声人"，以及对"椁""葆"等字的使用，等等。同时，笔者认为帛书、楚简《老子》均自成体系，价值不相上下，都远远高于其他几乎所有现存版本，这也是笔者将二者放在一起来谈的缘由，否则难言《老子》的深度与本真。

其三，如何公开关于《老子》的众多研究成果，笔者为此曾大费脑力，综合考虑市场接受度、认可度，以及今本《道德经》的深远影响等，最终决定采用逐步公布的方式。基于此，笔者在《道德经，古今有何不同》一书的基础上，将在本书中再度公布400多处与主流观点不同甚至颠覆性的关于古字、古词、古义、文意、思想等的考证及辨析（另有不少于160处将在《楚简道德经甄辨》中公布），当然，其中也包括对之前一些不够成熟、不太妥当的内容的修订。由此，《道德经，古今有何不同》与本书就存在大量差异甚至某些冲突。这些内容，

---

① 尹振环：《楚简老子辨析——楚简与帛书〈老子〉的比较研究》，中华书局2001年11月第1版，序第4页。

在《道德经,古今有何不同》中大多以历代主流(含帛书主流)观点的释文呈现,而在本书中展示的则是笔者最新核定的研究结论。

下面,笔者将介绍本书使用的诸多校诂方法。

甲骨文、金文、战国文字与多种校诂法

甲骨文流行于殷商及西周早期,而被后人发现至今仅有120多年,所以诸如《尔雅》《说文》《玉篇》《广韵》《集韵》《类篇》《字汇》等古代辞书均未涉及。金文盛行于商末、西周与春秋战国时期,秦汉时期就有青铜铭文出土,宋朝欧阳修、赵明诚、曾巩等人开创的"金石学",不仅是我国考古学的发轫,而且在利用金文、石刻文等文字相互印证辨识古文古义、纠正史传谬误等方法上进行了探索。

甲骨文、金文兼备汉字造字法"六书"之中的"四体",即象形、指事、会意和形声,使其具备以形解义的突出特征,在考证古文古义方面具有极大的优势。这有别于许多传统校诂法,李学勤、谷衍奎等学者及众多民间研究者都做过大量尝试,由此笔者亦积极采用。

结合古文献,辨识字词的初始本义。如"介"字的甲骨文、金文分别为""""",造形如同一个人身披由片片皮革连成的甲衣,会意为披甲衣,故"介"字有护佑、辅助之意。古文献中也有例证,如《诗经·七月》:"为此春酒,以介眉寿。"郑玄笺:"介,助也。"所以,帛书《老子》中的"是以圣人右介而不以责于人"句,意思应该是"所以圣人帮助人而不会索取于人"。然而,该句被众多帛书注家按照今本等版本的"是以圣人执左契而不责于人"校勘之后，意思就变成了"所以圣人手中拿着契约而不去催债"，由此杜撰了一个圣人放租取税的荒唐故事，传唱了两千多年，令人啼笑皆非。

结合多种校诂法，辨识《老子》用字真义。如帛书《老子》中多次出现的"芮"字，金文为"囚"，造形即"根在内，而芽在外"，本义为草初生柔细的样子，衍生出小、微弱、新生、兴荣等含义。由此，帛书《老子》中"吾不进寸而芮尺"的"芮"字应取小视、轻视之意，该句的意思应该是"我不会因为攻取了一寸之地而轻视冒进一尺的危险"，也就是规避"得寸进尺"的侥幸与贪婪心理。而该句被众多帛书注家按照今本等版本校勘为"吾不进寸而退尺"，意思就变成了"我不会前进一寸而宁可后退一尺"，则不符合战争逻辑。同理，帛书《老子》中"功述身芮""是以声人芮其身而身先"等句中的"芮"字，被众多帛书注家校勘为"退"，皆不妥。

结合出土的战国简帛，比对辨识古字。这种方法，笔者在校勘楚简《老子》时大量使用。如楚简《老子》中的"衍"字，甲骨文写法为"𣥠"，摘自郭沫若主编的《甲骨文合集》（编号 28800 片），推断当为"道"字。目前，学界似乎并未完全认可"道"字这一甲骨文写法，而在与郭店楚简《老子》同批次出土的楚竹简（如《六德》《尊德义》《忠信之道》《语丛一》《语丛三》）及上海博物馆藏战国楚竹书中同样有"衍"即"道"的例证，由此多方印证得以确认。

辨析字词古义及其与近义词之间的差异。如帛书、楚简《老子》中多次出现的"恒"字（楚简引用通用规范汉字，下同），其甲骨文、金文分别为"𠄖""𠄟"，从"二"，从"月"，

"二"指天地，月即月亮，天、地、月都是亘古永存的事物，故"恒"就有了永久不变的含义；而"常"则多指频率高但可间断的行为或事件，故不能按照今本等版本用字将上述"恒"校释为"常"。

结合战国、秦汉时期文字的写法，不仅可以鉴别古字产生的大致时代，而且还可以从文字变迁、衍化的角度深度理解《老子》用字的特别含义，如"教""学"早期同义而针对不同对象产生了内涵的演变，"知""智"上古同源及对"绝声弃知"等看似有悖常识的表述的理解，等等，这里不再深入。

音韵训诂及勘正校妄

音韵学作为一门学问，肇启于中国传统的注音方法"反切"（起源于东汉末年），而音韵训诂（如通假字、异读字等）的历史则很久远，起源于先秦时期，汉代基本成形，宋代除弊革新，清代与近现代充分发展。音韵训诂将汉字的音韵及字形、字义立体结合，成就了汉字对文化的完美传承，所以它是重要的传统训诂法。

上古时代，古文字未曾统一规范，同音、近音的假借"泛滥成灾"。学界有"逶迤八十三形，崔嵬十有五体"的说法，也就是说，在古文献中，"逶迤""崔嵬"等词语的假借用法非常多。所以学界在考辨古文字时，往往使用音韵训诂，而古音相同或相近的文字很多，含义千差万别，由此导致一些训释太过勉强，有时就会陷入"音韵假借、异读是个框，什么东西都能往里装"的尴尬与误判。

对于帛书、楚简《老子》中大量的古文字，众多注家往往因今本等版本用字而陷入思维定势，强行用音韵训诂，常以"通""同""假借"等表述简单、粗暴地训释，从而导致很多校勘失真甚至错谬，这样的例子，仅帛书《老子》中就多达近百处。

如帛书、楚简《老子》中"銛䤵为上"的"銛䤵"，主流观点按照今本等版本用字校释为"銛"通"恬"、"䤵"通"淡"（所谓"銛""恬"古音相同，"䤵""淡"古音相近），该句变成"恬淡为上"。原文意为"最好以精锐之师展开突袭"，后者的意思则变成了"最好淡然处之"。

又如帛书《老子》中"守情表也"的"情"字，主流观点按照今本等版本用字校释为通"静"（所谓"情""静"古音相同），将"表"校勘为"笃"，该句变成"守静笃"。原文意为"排空一切情绪与杂念（或守持本性、本源这一标准）"，后者的意思则变成了"空明守静更为专一"。

再如帛书《老子》中"訾不善矣"的"訾"字，主流观点按照今本等版本用字校释为通"斯"，该句变成"斯不善已"。原文意为"大家就会厌恶、谴责不善"，后者的意思则变成了"这是有不善的存在"。

类似的例子太多，不胜枚举。

古代礼制、习俗与文化常识训诂

春秋末年，世袭分封、礼制习俗与各种新兴思想激烈碰撞与交融，处于上古文化"百家争鸣"的黄金时代。所以对《老子》古文古义的校诂，关注时代烙印和背景文化尤为重要。

时代背景与古文献印证。如帛书《老子》中的"以正之邦，以畸用兵"句，与商周时期盛行的井田制有关。其中，"正"有"正田"之意，引申为标准、规则、法度；"畸"则指"残田"，引申为非常规的、脱俗的、超群的；而"之"意为生出、滋长、壮大。故该句的意思应该是："以规范、正统的手段来壮大邦国，以非常规手段来用兵打仗。"而众多帛书注家未考虑时代背景，按照今本等版本校勘为"以正治国，以奇用兵"，可谓千年之误。

文化常识与古文献印证。如帛书《老子》中"是以蚤服"的"蚤"字，经考证，应是指轮辋与车辐相连接处的榫头，引申为紧密契合。而"服"字指的是驷马（同拉一辆车的四匹马）中驾辕的两匹马，旁边的两匹马叫作"骖"；车要驾得好，不仅服马与骖马要配合好，而且两匹服马更要配合好，由此引申为默契。而众多帛书注家忽略文化常识，按照今本等版本将其校勘为"早服"，意思就变成了"早做准备或服从道"，可谓天渊之别。

古代礼制与古文献相结合。周代礼制完备、烦琐而严格，涉及国家、社会的方方面面，如帛书、楚简《老子》中的"君子居则贵左，用兵则贵右""吉事上左，丧事上右"等（《楚简道德经甄辨》中有相关内容的深度考辨），如不了解周礼常识，是弄不懂的。另外，上古有"国之大事，在祀与戎"一说，祭祀的等级、规格、用具等也是地位的象征，如帛书《老子》中"吾所以有大梡者"的"梡"字，指的就是虞舜时代祭祀中陈列全牲等祭品的礼器，寓意尊贵、显赫的身份与地位。而众多帛书注家按照今本等版本将"梡"校释为"祸患"的"患"（楚简中也是"患"，但非"祸患"的含义），极为不妥。

| 前言 读懂帛书、楚简《老子》的钥匙 |

古代习俗与古文献相结合。如帛书《老子》中的"堇而行之"句与楚简《老子》中的"堇而行于其中"句，其中的"堇"字，本义为以人牲火祭求雨①，引申为虔诚，而众多帛书注家却按照今本等版本将其校释为通"勤"，该句变成"勤而行之"，导致文意大变。

阴阳五行学、天文历法、上古医学等训诂

"阴阳"和"五行"这两大学说构筑起中国古人认知世界万物的传统思维框架，是中国古典哲学的核心，被广泛应用于古代天文、地理、历法、时令、物候、中医学、经络学、建筑学，乃至易学与预测推理之中，相关内容在帛书、楚简《老子》中涉及较多，如"万物负阴而抱阳""天象无刑""物刑之而器成之""曲则金""诚金归之""味无未""独立而不亥"等。然而，这些学问往往被主流观点忽视或排斥，导致很多注家在训释上述文句时，往往得出极为表面化甚至荒唐的结论。

如楚简《老子》中"味亡未"（帛书为"味无未"）的"未"字，就涉及包括阴阳五行、天文历法、时令物候等在内的深邃规律。而众多注家通常引用《说文》"未，味也"，表面化地将"未"校释为通"味"，释义为味道。注意，《说文》的原文是："未，味也，六月滋味也。五行木老于未，象木重枝叶也。"这里有三层内涵：其一，十二地支中的"未"，代表干支纪法中的阴历六月，即所谓"六月滋味也"；其二，在阴阳五行学中，"未"即为天地万木的"墓库"，阳气准备收藏，帮扶草木生长的内在"木气"已经非常微弱，故有"五行木老于未"之

---

① 谷衍奎编著:《汉字源流大字典》，商务印书馆，2023年3月第1版，第1309页。

说；其三，阴历六月，万木内在的"木气"犹如物理学上的加速度（当加速度递减到零时，物体位移速度最大），当其接近"无"时，植物最为繁茂，因此"象木重枝叶也"。所以，该句的意思应该是"体察万物未至盛境、盛极必衰的道理"，历代几乎所有注家（含帛书、楚简注家）却按照今本等版本将其释义为"把无味当作味"，内涵、境界可谓天渊之别。

又如帛书《老子》中"天门启阖"的"天门"，从经络学、中医学、阴阳学的角度来理解，指的是人体神识（阴阳二气凝聚而成的精神、意识）能够自由出入的门户，一般来说与人体的心（中医学认为心主神志）、百会穴及天门穴有关，而历代主流观点几乎都注释为人体的耳目口鼻等感官，解义浅表，实为不妥。

再如帛书《老子》中的"曲则金"句，或与古代天文、地理、时令及五行学中的"金""木"有关。正所谓"木曰曲直"，对应春天，代表万物欣荣；而"金曰从革"，对应秋天，代表万物收获并衰退，一年四季因"秋金"肃杀、收敛而归藏，故称"诚金归之"。主流观点按照今本等版本的"曲则全"来解读，则无法触及上述深刻内涵。

现代考古、逻辑推理与前后文意归纳

现代考古学积累了海量的资料与研究成果，如楚系简帛、秦系简牍等战国出土文献，均可作为《老子》古文字研究的基础资料，笔者在楚简《老子》校诂中大量使用。

如楚简《老子》中"心使气曰强"的"使"字，原文为"叓"，应是"史"（可通"使"）字的战国楚系写法，这与楚简

前言 读懂帛书、楚简《老子》的钥匙

整理小组直接校勘为"使"字的观点略有出入。由此,笔者考证了包山楚竹简、天星观卜筮楚竹简、上海博物馆藏战国楚竹书,以及与郭店楚简《老子》同批次出土的楚竹简(如《语丛四》《六德》《尊德义》)等众多文献后得以确认。

又如帛书《老子》乙本中"不单而善朕"的"朕"通"胜",这在马王堆汉墓同批次出土的其他丝帛书中也能找到例证,如《经法·国次》中有"人强朕天,慎辟勿当;天反朕人,因与俱行",由此得以印证。

老子擅长联动关键字词,在文中交错呼应,以此揭示或丰富其深邃的思想。所以,归纳前后文意以厘清《老子》中字、词、句的真义,也是重要的训诂方法,正所谓"草蛇灰线,伏脉千里"。如主流观点释义"无为"为顺其自然、不妄为、不乱为、不私为、不强求,然而笔者认为,此概念应溯源老子宏大的宇宙生成论,即"天下之物生于有,有生于无"。由此,"无为"就有了磅礴、深邃的内涵,指的是万物处于"无"或被复盘到"无"的状态下的作为。这样理解,"无为"就涵盖了主流观点的所有释义,且规避了误导与消极的歧义。

与之类似,利用逻辑推理对于字词的含义进行辨析也是重要的方法。如帛书《老子》中"五色使人目眲"的"眲"字,马王堆汉墓帛书整理小组(以下简称帛书整理小组)校勘为"明",帛书乙本与今本等版本均为"盲"。细察帛书甲本原图,该字既可辨认为"眲",又可辨认为"明"。"目眲"意为双眼失焦而迷乱,显然与前后文意更加契合,而"目明""目盲"则不妥,故此处校勘为"眲"字。

古代辞书、上古文献及其他训诂法

有些上古文字的特定含义，后世已经失传，只能在古代辞书及上古文献中查找例证，这种情况在帛书、楚简《老子》中较多。

在古代辞书中寻找古义。如帛书《老子》中"有物昆成"的"昆"字，今本等版本为"混"。《尔雅·释言》："昆，后也。"由此可知，"有物昆成"的意思应该是"万物在'道'之后创生"，由此颠覆了主流释义。

在上古文献中寻找古义。如帛书《老子》中"攘臂而乃之"的"乃"字，主流观点按照今本等版本将其校勘为"仍"或"扔"，皆不妥。《周礼·小司寇》："乃致事。"郑玄注："乃，缓辞。"《公羊传·宣公八年》："乃者何？难也。"因此，该句的意思应该是"奋臂而上依然艰难"，颠覆了主流释义。

上古同源字训诂。如帛书《老子》中"数與无與"的"與"字，在战国之前和"与"同源于"與"，战国中后期字形开始分化，到汉代分化成"與""与"二字，如今"與"字又简化为"与"。主流观点在校释该句（"数与无与"）时，通常未对此进行说明，不妥。

一字多义的训诂，这或许与上古文字相对较少有关。如帛书《老子》中"浴毋已盈将恐渴"的"渴"字，主流观点按照今本等版本校勘为"竭"，论据为《说文》段玉裁注："渴、竭，古今字。"而"浴毋已盈"有两种情况：一是水流变少，但不会枯竭，如人感到口渴；二是水流逐渐枯竭，如人口渴到脱水。虽然"渴"是"竭"的本字，但"竭"不能表达上述第一种含义，而"渴"则兼具上述两层含义。这种一字兼具两层

| 前言　读懂帛书、楚简《老子》的钥匙 |

甚至多层含义的用法在《老子》中比较多。

社会、自然、科技等领域知识的印证。如帛书《老子》中"恒有欲也，以观其所噭"的"噭"是"叫"的异体字，这里指万物发出的声响，可引申为语言。现代社会学领域有观点认为"语言创造了世界"（如计算机语言创造了虚拟世界），是否可以理解为类似观点在一定程度上印证了两千多年前老子的智慧呢？而主流观点按照今本等版本将"噭"校释为通"徼"，导致原文的宏大内涵与高深境界荡然无存。

综上所述，因篇幅所限，关于帛书、楚简《老子》的校诂介绍，这里只能点到为止，其他上文未曾提及的校诂方法，笔者将在正文中一并详细阐释。需要特别说明的是，为了规避强用、滥用"通""同"训释帛书、楚简《老子》中大量古字、古词的问题，本书尽可能指明了"通""同"背后的原因，如假借（含通假字、假借字）①、异读字、异形字（主要指异体字）②、

---

① 假借是古代汉字发展与书写（尤其是先秦时期）中常见的一种涉及音同、音近、形近等字的借用替代现象，广义上包括通假字与假借字。通假字指在特定语境中对本字的临时性借用，借字与本字大多含义无关；而假借字指"本无其字，依声托事"和"本有其字"两种长期性的借用，借字与新义固定。本书【校勘注释】【考证辨真】中所谈"假借"皆指广义。

② 异读字指一个字有两个或两个以上的读音，而含义也有不同。异形字包括异体字、俗体字等（也有人将俗体字归为异体字，将异体字等同于异形字）。其中，异体字也称或体、又体，《说文》中叫重文，也有人称别体，指相对于常用的正体字之外，音、义相同而字形不同的字；俗体字指在长期使用过程中，由于同音字或形近字的交集，产生的一字多用或多义的字，通常是在没有统一字体标准的情况下，人们为了书写方便而产生的变体。一般来说，异体字在特定文献、碑刻或书法作品中多有出现，也被收录在古今辞书之中；而俗体字则更多出现在民间手写体中，通常不符合规范汉字书写标准，但在日常生活中得到使用和传播。

本字、古字、同源字[①]等。同时，本书在校勘中还涉及古字在特定历史时期（如战国时期、秦汉初期）的一些常见的特别写法，如繁文（或称繁化）、省文（或称简文）、变体[②]、互作[③]等。这些情况在帛书、楚简《老子》（特别是楚简）中大量出现，读者可对照阅读，一目了然。

此外，本书设置了八大《老子》对照版本，参考了20余部价值较高的传世版本，以及众多注本与学术研究成果，并尝试将校勘内容融入注释，同时设置了【考证辨真】板块。这些设计与论述，使得内容深入浅出、通俗易懂，读者皆可轻松阅读。

总之笔者认为，研读《老子》，在参考历代传世版本及主流观点的同时，跳出思维定势的窠臼，应该是一条接近《老子》原貌、实现价值突破的重要途径。当然，《老子》的思想、智慧深邃而厚重，本书难免存在争议甚至谬误，还望同人多多

[①] 在古汉语中，某些汉字除了通用的写法之外，有时还存在原本的写法，这种原本的写法叫作本字；某些汉字因引申、假借等原因而义项增多，后有新产生的字来分担一些义项，这种新产生的字叫作今字，而前者叫作古字；同源字是指字形和字义相似或有关联的汉字，一般有共同的字根或存在衍生关系。

[②] 在汉字发展过程中，某些字由于特定需要（如区分字义、强调字音等），在原有字形的基础上增加、减少或改变偏旁、结构，从而使得字形变得复杂、简单或略有不同，分别叫作繁文（或称繁化，不同于现代繁体字）、省文（或称简文，不同于现代简化字）和变体（也有人称异构）。繁文、省文和变体的使用在先秦未统一文字时很常见。注意，本书所谈的变体与异体字不同，前者主要指先秦因地域文化、习俗不同及书写习惯、文字改革等原因而形成的汉字变体写法（与俗体存在部分交集）；后者则与历史演变及文化传承有关，主要指的是正体字的变形，被历史认可并流传至今。

[③] 某字由两个部件组成，通过左右、上下、内外或不规则交换部件而组成新字，二者读音、字义相同，这种写法即为互作，在先秦未统一文字时很常见。如"孜"与"好"为左右互作，"峰"与"峯"为不规则互作。

| 前言 读懂帛书、楚简《老子》的钥匙 |

指正。本书的出版得力于华文出版社编辑老师的辛勤付出，以及全社发行和营销人员的共同努力，这里一并予以感谢！

王　骥

2024 年 9 月 30 日

凡　例

1.【帛书出土图版原文】以马王堆汉墓出土的帛书《老子》原始图版为底本，参考马王堆汉墓帛书整理小组编《马王堆汉墓帛书〔壹〕》（文物出版社，1974年9月第1版）、国家文物局古文献研究室编《马王堆汉墓帛书〔壹〕》（文物出版社，1980年3月第1版）、裘锡圭主编《长沙马王堆汉墓简帛集成（壹）》（湖南省博物馆、复旦大学出土文献与古文字研究中心编纂，中华书局，2014年6月第1版），以及众多专家学者利用现代技术对图版原文辨鉴的最新结论校勘而来。其中，保留原文自带的标点符号"="" ⌐ ""·"，毁损文字标以"□"，废字标以"○"，并添加现代汉语标点符号，以便读者对比阅读。

2.【帛书释文本】以上述帛书《老子》甲本图版原文为底本，缺失的内容以帛书《老子》乙本图版原文补充（个别争议极大的文字参考楚简），剩余缺失的少量文字以傅奕本等版本补充，同时参考王弼本（今本）、河上公本、严遵本、范应元本等传世版本文字。其中，补文标以〔〕，假借（含通假字、假借字）、异体字、本字、古字、同源字、繁文、省文、变体、互作等字标以（），错字标以〈〉，衍文标以｛｝。

3.【帛书复真本】在【帛书释文本】的基础上，假借（含通假字、假借字）、异体字、本字、古字、同源字、繁文、省文、变体、互作等处仅保留帛书图版原文，补文、错字、衍文径改，这样极大限度地保证了帛书《老子》的原貌与本真。

4.【对照版本】中，傅奕本以明正统道藏《道德经古本篇》为底本，王弼本（今本）以清光绪元年（1875年）浙江书局重刻张之象本为底本，河上公本以明正统道藏《老子道德经章句》为底本，范应元本以明正统道藏《老子道德经古本集注》为底本。在对上述版本进行校勘时，均参考了近现代重要注本。

5. 本书中，除了帛书甲乙本原文、释文本、复真本中的一些没有现代简化字或与现代简化字不对应（抑或存在争议）的古文字维持原貌，以及进行必要解读（如注释）时使用古文字或繁体字，正文论述中均使用现代通用规范汉字。

目录

第 一 章（今本38章）上德不德 …………………… 001
第 二 章（今本39章）昔之得一 …………………… 027
第 三 章（今本41章）士之闻道 …………………… 048
第 四 章（今本40章）道动道用 …………………… 062
第 五 章（今本42章）道与万物 …………………… 070
第 六 章（今本43章）至柔至坚 …………………… 091
第 七 章（今本44章）名身孰亲 …………………… 097
第 八 章（今本45章）大成若缺 …………………… 100
第 九 章（今本46章）有道无道 …………………… 105
第 十 章（今本47章）户知天下 …………………… 110
第十一章（今本48章）为学闻道 …………………… 116
第十二章（今本49章）圣人无心 …………………… 123
第十三章（今本50章）出生入死 …………………… 132
第十四章（今本51章）道生德畜 …………………… 142
第十五章（今本52章）天下有始 …………………… 152
第十六章（今本53章）我擦有知 …………………… 163
第十七章（今本54章）善建善抱 …………………… 171
第十八章（今本55章）含德之厚 …………………… 176

第 十 九 章（今本 56 章）知者言者	182
第 二 十 章（今本 57 章）正畸之用	187
第二十一章（今本 58 章）正闠正察	195
第二十二章（今本 59 章）治人事天	202
第二十三章（今本 60 章）大邦小鲜	211
第二十四章（今本 61 章）大邦小邦	222
第二十五章（今本 62 章）万物之注	230
第二十六章（今本 63 章）无为无事	246
第二十七章（今本 64 章）安也易持	255
第二十八章（今本 65 章）为道非明	263
第二十九章（今本 66 章）百浴王者	275
第 三 十 章（今本 80 章）小邦寡民	282
第三十一章（今本 81 章）信言不美	294
第三十二章（今本 67 章）天下我大	302
第三十三章（今本 68 章）为士不武	312
第三十四章（今本 69 章）用兵有言	318
第三十五章（今本 70 章）易知易行	328
第三十六章（今本 71 章）知不不知	333
第三十七章（今本 72 章）民不畏畏	337
第三十八章（今本 73 章）敢者不敢	343
第三十九章（今本 74 章）民不畏死	352
第 四 十 章（今本 75 章）人饥食说	359
第四十一章（今本 76 章）人生柔弱	364

目 录

第四十二章（今本77章）天道人道 …………368
第四十三章（今本78章）莫柔于水 …………377
第四十四章（今本79章）大怨有余 …………381

第一章　上德不德

（今本 38 章）

【帛书复真本】

上德不德，是以有德；下德不失德，是以无德。上德无为而无以为也，上仁为之而无以为也，上义为之而有以为也，上礼为之而莫之应也，则攘臂而乃之。故失道。失道矣而后德，失德而后仁，失仁而后义，失义而后礼。夫礼者，忠信之泊也，而乱之首也。前试者，道之华也，而愚之首也。是以大丈夫居亓厚而不居亓泊，居亓实不居亓华。故去皮取此。

【帛书释文本】

〔上德不德[一]，是以有德[二]；下德不失德[三]，是以无〕德。上德无〔为而〕无以为也[四]，上仁为之〔而无〕以为也，上义为之而有以为也[五]，上礼为〔之而莫之应也〕，则攘臂而乃之[六]。故失道[七]。失道矣而后德，失德而后仁，失仁而后义，〔失〕义而〔后礼[八]。夫〕礼〔者，忠信之泊（薄）也〕[九]，而乱之首也[十]。前试（识）者[十一]，道之华也[十二]，而愚之首也[十三]。是以大丈夫居亓（其）厚而不居亓（其）泊（薄）[十四]，居亓（其）实不居亓（其）华。故去皮取此[十五]。

【帛书出土图版原文】

甲本

□□□□□□□□□□□□□□□德。上德无□□无以为也，上仁为之□□以为也，上义为之而有以为也，上礼为□□□□□，则攘臂而乃之。故失＝道＝（失道。失道）矣而后德，失德而后仁，失仁而后义，□义而□□□礼□□□□□，而乱之首也。前试者，道之华也，而愚之首也。是以大丈夫居亓厚而不居亓泊，居亓实不居亓华。故去皮取此。

乙本

上德不德，是以有德；下德不失德，是以无德。上德无为而无以为也，上仁为之而无以为也，上德为之而有以为也，上礼为之而莫之瀘也，则攘臂而乃之。故失道而后德，失德而句仁，失仁而句义㇐，失义而句礼。夫礼者，忠信之泊也，而乱之首也。前识者，道之华也，而愚之首也。是以大丈夫居亓厚不居亓泊，居亓实而不居亓华。故去罢而取此。

【校勘注释】

〔一〕老子的"道""德"适用于天地人及万事万物，其中的"德"，因主体不同而被赋予的内涵和边界则不同，并无等级贵贱，故"上德"的"上"不能局限于"上等的、最高的"等狭隘释义。就本章而言，老子的本意主要是从邦

第一章　上德不德

国、社会的治理层面来谈"德"（"德"的狭义范畴），历代众多版本及注家将此处"德"的内涵泛化，与修行、品次、等级等联动，不妥。详见【考证辨真】。

上：广义上指事物或体系中上层、前列的排序或主导因素，其核心在于对事物、体系方向的引领和标准的自发制定，如领域中顶级的、决定方向的力量，社会、邦国中的上层、统治阶级或君王，时间排序中初始的、本源的东西，历史长河中的上古时代或上古社会等。对于涉及人的一切体系来说，"上"是决定其方向与崇尚对象的力量，故本章"上"的狭义含义就可收敛到"崇尚"上来。

德：广义上仅次于"道"的存在，是物质层面的真正开始。"上德不德"中的第一个"德"即"德性"，意为"'德'所具备的转化'道'为万事万物并让事物运行的属性"，如《周易·乾卦》："与天地合其德，与日月合其明。"《长歌行》："阳春布德泽，万物生光辉。""上德不德"中的第二个"德"意为"德行"（动词属性），即"德刑"，就是"'德'按照'道'的法则塑型、刑刻万事万物并规范其运行的过程"，即从德的非物质层面转化到物质层面，正所谓"道为体，德为用"。《管子·心术上》："德者道之舍，物得以生。"故此处的"德"不能等同于"得"（历代众多典籍的解读），"得"只是上述第二个"德"广博内涵下的某些特例而已。

具体到本章所谈的邦国、社会治理的狭义层面，"上德"即崇尚德者（君主、统治者、邦国或社会）；"不德"即"不德行"，意思是，自然、社会、邦国的运行体系已经让某一范畴内的"德"按照"道"的法则塑型、刑刻邦国所涉事物并规范其运行，那么就不要人为地强加太多不必要的"德行"了，这就是老子的"无为"概念。此处的"不德"包含了"无为"，同时还有其他丰富内涵，故老子用"不德"而不直接用"无为"（但可以此简化译文），用词极为考究。详见【考证辨真】。

〔二〕是以：所以、因此。

〔三〕"下"（可对照上文的"上"）同样具有广义与狭义的含义，这里从本章所谈邦国、社会治理的狭义层面来理解。"下"与"上"相反，"上"为崇尚，则"下"为不崇尚，引申为违背、悖逆。"下德"，意为悖逆德者（君主、统治者、邦国或社会）。"不失德"，即"不失德行"，意思是，在自然、社会、邦国运行体系已经让"德"按照"道"的法则塑型、刑刻邦国所涉事物并规范其运行的情况下，还"不失时机"地强加众多人以"德行"，这就适得其反了，甚至可以称作胡乱作为。

〔四〕"上德"无为，而"上仁""上义""上礼"都是有为的，其中的"上"皆为崇尚的意思，并非主流观点所谓的"上等的、最高的"含义。《诗经·陟岵》："上慎旃哉。"《史记·秦始皇本纪》："上农除末，黔首是富。"所以，老子在第六章（今本43章）中说："无为之益，天下希能及之矣。"这也是后文老子称"德"为道之"实"、之"厚"，而"仁、义、礼"为道之"华"、之"泊"（浅薄）的原因。

主流观点将"无为"释义为顺其自然、不妄为、不乱为、不私为、不强求，等等。这种释义有些表面化，或拉低了老子的境界，有悖老子的初衷，且容易产生不问世事、回

第一章　上德不德

避矛盾等误导与消极的歧义。"无为"的内涵应更为深邃，其本源应追溯到老子宏大的宇宙生成论，即"天下之物生于有，有生于无"的"无"，指万物处于"无"或被复盘到"无"的状态下的作为。这样理解，"无为"就涵盖了主流观点的所有释义，且规避了误导与消极的歧义。"有为"同理。详见【考证辨真】。

无以为：无私为，不图私利。《管子·乘马》："无为者帝，为而无以为者王，为而不贵者霸。"《韩非子·解老》及范应元将"无以为"解释为"非求其报也""非以要誉也"。

另外，这里除了帛书甲乙本与《韩非子·解老》（楚简缺失本章），几乎所有的传世版本都凭空添加了"下德为之而有以为"，少许版本为"下德为之而无以为"（傅奕本、范应元本、楼正本、北大汉简本）或"下德无为而有以为"（严遵本）。这一添加便将"上""下"的意思分别有意导向"上等"和"下等"的等级上来。

〔五〕有以为：有私为，图私利。也就是说，崇尚"义"的原则是在公平、公正的前提下可以有私为、图私利的，与"仁"无私为、不图私利的境界差距极大。这样就能为后文"失道矣而后德，失德而后仁，失仁而后义，失义而后礼"观点的提出及合理性提供有力的根据与逻辑。这种释义虽然与历代注家（含帛书注家）的注释不同，但笔者认为更有道理，且更切合文意与老子的思想。

〔六〕攘臂：捋起袖子，伸出胳膊。乃：缓辞，且有"难"的意思。《周礼·小司寇》："乃致事。"郑玄注："乃，缓辞。"《公羊传·宣公八年》："而者何？难也。乃者何？

难也。曷为或言而？或言乃？乃难乎而也。"此处不宜校勘为"仍"或"扔"，这里与其他帛书注家的解读差异很大。攘臂而乃之：奋臂而上依然艰难。

〔七〕"故失道"句，帛书甲本如此，帛书乙本及传世诸本中几乎都没有这一句，皆直接表述为"故失道而后德"。此处属于对本章的重大改动，或被历代几乎所有学者忽视。详见【考证辨真】。

〔八〕文子曾问"德、仁、义、礼"于老子，老子说："德者民之所贵也，仁者人之所怀也，义者民之所畏也，礼者民之所敬也。此四者，圣人之所以御万物也。君子无德即下怨，无仁即下争，无义即下暴，无礼即下乱。四经不立，谓之无道。无道而不亡者，未之有也。"[1] 由此，笔者在《道德经，古今有何不同》中对"失道矣而后德，失德而后仁，失仁而后义，失义而后礼"提出了两种释义。其一是："不能达到'道'的境界则可次求其'德'，不能达到'德'的境界则可次求其'仁'，不能达到'仁'的境界则可次求其'义'，不能达到'义'的境界则可次求其'礼'。"其二是："失去'道'之后就有了虚假的'德'，失去'德'之后就有了虚假的'仁'，失去'仁'之后就有了虚假的'义'，失去'义'之后就有了虚假的'礼'。"[2] 这里采用第一种"退而求其次"的释义更加符合逻辑与文意。

〔九〕"泊"字，帛书甲本缺失，帛书乙本为"泊"。"泊"在这里有两种释义可以考量：一是停泊、停靠，引申为依靠、

---

[1] 魏徵等编撰：《群书治要》卷三十五《文子》。
[2] 王骥：《道德经，古今有何不同》，华文出版社，2023年1月第1版，第17页。

依托,则"夫礼者,忠信之泊也"意为"礼啊,忠信的最后依靠";二是假借为"薄"(注意,本书所谈"假借"皆指广义,即包含通假字和假借字),取浅薄、缺失、不足之意,则"夫礼者,忠信之薄也"意为"礼啊,忠信不足、缺失的结果"。《说文》段玉裁注:"泊,浅水貌。……故泊又为停泊。""浅作薄,故泊亦为厚薄字。"联系后文"居亓(其)厚而不居亓(其)泊(薄)"的文意,这里采用第二种释义。

〔十〕首:开始、开端。

〔十一〕试:假借为"识"。《集韵》:"试,音识,义同。""前识者"包含两层含义:一是指前文所识知的内容,即指前述"仁""义""礼";二是指对"仁""义""礼"自以为有高明认知的人。这里也体现了老子思想与儒家礼治思想的分歧。历代注家(含帛书注家)大多释义"前识者"为有超前预见能力的人,不妥。

〔十二〕华:虚华。

〔十三〕愚之首:愚昧的开端。

〔十四〕大丈夫:这里主要是指有德的君王、统治者,不过其与得道的"圣人"相比,差距极大。亓:先秦楚国"其"字的常见写法。厚:敦厚、浑厚。《论衡·率性》:"禀气有厚泊,故性有善恶也。"这里指"仁""义""礼"等礼仪规范属于"道之华",众人对其认知浅薄,或有对儒家思想的批判。

〔十五〕"皮"字,帛书甲本为"皮",帛书乙本为"罷(罢)",今本等版本为"彼",帛书注家也几乎都校释为通"彼",不妥。这里的"皮"不仅指上述道之虚华、浅薄,而且还涵盖造成虚华、浅薄的一切因素与后果。《后汉书·张衡传》:"后人皮传,无所容纂。"李贤等注:"谓不深得其情核,皮肤浅近,强相傅会也。"

注意,帛书《老子》甲本用字极其考究与精准,其中包括大量过往被主流观点认为是通假字、异读字、错字或使用不当的字(实则有待商榷),以及一些帛书研究者依照传世诸本反向校勘的众多有争议的字句,多达数百处,随着本书的展开,读者会慢慢感受到。

【意解译文】

尚德者无为而治,所以有德;悖德者胡乱作为,所以无德。尚德者无为而不私为,尚仁者有所作为而不图私利,尚义者有所作为的同时适当求取私利,尚礼者虽有作为而民众难以响应,只能勉力维持治理。所以说当下社会失道了。失去"道"之后就退守于"德治",失去"德"之后就退守于"仁治",失去"仁"之后就退守于"义治",失去"义"之后就退守于"礼治"。"礼"啊,忠信不足的产物,是祸乱的开始(忠信在失去"道""德""仁"的层层加持后,很容易丢失)。

前述"仁""义""礼",只不过是"道"的虚华表象,是愚昧的开端。所以有德的统治者立身于"道""德"的浑厚而不居于对"仁""义""礼"的浅薄认知,心存"道""德"的朴实而不处于"仁""义""礼"的虚华。因此,要舍弃浅薄虚华等表象而归根于浑厚朴实。

第一章 上德不德

【考证辨真】

《老子》结构、基调的变动及其与本章关系简析

马王堆汉墓出土的帛书《老子》（或称《道德经》）甲本和乙本均未分章，是由上下两篇组成，其中，德篇在前，道篇在后。除了战国末期韩非子的《解老》《喻老》与西汉严遵的《老子指归》等极少数相关著述，两千多年来，历代传世诸本（包括价值很高的《正统道藏》《怡兰堂丛书》等众多藏本）几乎都将《老子》德篇与道篇内容颠倒。另外，在字数上，唯有唐代傅奕的《道德经古本篇》等极少数校本与出土的帛书甲乙本字数近似，其他几乎所有传世版本的字数都与帛书相差很多。

上述变动，如同把房子的前后部分调换，拆成81个部分，并将其中某些核心部分调整位置，同时还拿走或更换了很多价值极高的组件或材料。这属于结构性的大变动。

在结构大改的背景下，后世诸本还在《老子》奠基定调的开篇之章的前半部分，于"上德""上仁""上义""上礼"这四个词语领头的排比句中，凭空塞进了一句"下德为之而有以为"（或"下德为之而无以为""下德无为而有以为"），同时还把在本章中起着承上启下作用的关键句"故失道"删除（详见后文考辨），直接变成"故失道而后德"。这样，后世诸本便将整部《道德经》的基调改变了。

所谓改变基调，就像某一首曲子本来是悲壮激昂、直抒胸臆的摇滚乐，却被别人改成愉悦舒缓、缥缈婉转的轻音乐，这样，曲子原本的意境必然发生明显变化。

上述结构性变动属于作品主体与外延上的大变，基调的

改变属于作品内涵与机质上的大变。由此，我们很有必要对老子《道德经》帛书本的字词与含义进行重新审视与辨真。这里再提供三个原因：

一是，帛书《老子》与传世诸本相比，差异从严计算多达上千处①，大量句子的意思发生了变化，传世诸本不仅在很多处存在拉低老子才学、智慧、和思想境界的情况，而且还有严重歪曲老子本意的嫌疑。②

二是，作为"诸子之首""万经之王"的老子《道德经》，仅仅五千余字的内容，积淀的成语就多达170个左右③，相当于平均30个字就诞生一个成语，更不用说其哲学思想和智慧了。可以说，老子《道德经》对中华文化与民族性格的塑型产生了一定的影响，一些歪曲、误导的字词、文句经过两千多年的传承，已深入人们的骨髓，在某种程度上左右着人们的价值观，甚或命运与人生。

三是，即便是《老子》帛书出土已经超过50年、楚简出土已经超过30年，市面上依然有很多研究论文、专著未能摆脱历代传世诸本中出现的许多错误，未能跳出因传世诸本所形成的思维定势的窠臼和众多陷阱（其中部分陷阱极具迷惑性），许多校注、训诂仍然是"新瓶装旧酒"，这是很让人

---

① 计算方法：以本书【帛书复真本】为底本，对比传世诸本（以王弼本为代表），文中连贯的句子或词组，如有不同算一处；不连贯的字或词，每有一处不同算一处；交换位置的文句，交换一次算一处；被删除的"之乎者也"等语气助词，每删除一处算一处；断句不计算在内。
② 《道德经，古今有何不同》对此进行了大量的考证，提供了众多案例，本书将进一步给出更多、更深入、更全面的考证与案例。
③ 《出自〈老子〉的170个成语》，人学研究网，2020年5月6日，http://renxueyanjiu.com/index.php?m=content&c=index&a=show&catid=122&id=3098。

难以理解和痛心的。

基于上述原因，笔者在已出版的《道德经，古今有何不同》一书的基础上，将在本书中再度呈现数百处与主流观点不同甚至颠覆性的字、词、句的考证和含义辨析。由此，《道德经，古今有何不同》便与本书存在大量差异甚至某些冲突。这些内容，在《道德经，古今有何不同》中大多以历代主流（含帛书主流）观点的释文呈现，而在本书中展示的则是笔者最新核定的研究结论。

老子"德"的概念与本章"德"的主旨范畴辨析

帛书《老子》开篇便对老子思想体系中的"道、德、仁、义、礼"进行了重点梳理，意义重大。"道、德、仁、义、礼"具有复杂而微妙的内涵和关系，解读的核心就在于对本章"德"的破解。过往几乎所有传世版本对本章"德"的解读都存在某些难圆其说的地方，这里特别予以辨析。

"德"在老子的哲学中是仅次于"道"的概念，"道"是从非物质层面统领宇宙与万物，而"德"是从物质层面统领宇宙与万物，是物质层面的真正开始。"德"的地位与"道生一，一生二，二生三，三生万物"中"一"的地位相当，但不能等同于"一"。第二章（今本39章）将深入考辨。

所以，《管子·心术上》中说："德者道之舍，物得以生。"《老子》中又说："道生之而德畜之……是以万物尊道而贵德。"《周易·乾卦》中也说："夫大人者，与天地合其德，与日月合其明。"等等。

"德"让"道"这个非物质层面的存在成功转化成物质

层面的万事万物,并在万事万物的产生与运行中展现"道"的主导作用,以及"道"的内涵、规律和运行。也就是说,人们就是通过万事万物在物质层面(即"德"的层面)的各种表现,方才能够感受并领悟"道"的存在及其重要作用。

因此,老子"德"的含义具有双重性:一是"德性",即"'德'所具备的转化'道'为万事万物并让事物运行的属性";二是"德行",即"德刑",也就是"'德'按照'道'的法则塑型、刑刻万事万物并规范其运行的过程"。由此,"德行"也具备两重意思:一是塑型、刑刻万事万物;二是让其运行。显然,这里的"德行"指的是某种持续行为,属于动词,而非通常意义上的"道德和品行"概念。

当然,"德行"的"德"字还表明了万物的物质属性,而非"道"的非物质性。所以,老子特别强调"德要合道",不合"道"的"德"就是"失德"、虚假的德,更是"失道"。

显然,老子所谓的"德"本无等级贵贱,只是不同事物、体系、阶层或范畴所匹配或应该匹配的"德"的内涵、多少不同罢了,正如《庄子·秋水》中所说:"以道观之,物无贵贱;以物观之,自贵而相贱。"

然而,人类社会往往以"物""欲"来设定事物、体系、阶层等众多标准,于是后世或许便将老子的"德"错误地赋予了等级贵贱(如最高的"德"、上等的"德"等),导致很多学者校释《道德经》时产生了误解。此误解的根源极有可能是今本等版本把本章中的关键句"故失道"删除,同时添加了"下德为之而有以为"一句后,将"德"朝向"上等、

第一章 上德不德

下等"的方向误导的结果。

对于人及相关的一切组织、体系来说,"德"的含义该怎么理解呢?

从先秦文献来看,上古时代的"德",主要体现在邦国、社会的治理和统治阶级的修为上,据《尚书》中的《尧典》《舜典》《皋陶谟》等记载,在尧、舜、禹时代,对天下共主（类似于君王、统治者）的核心要求就体现在"德"上。2002年,一件产生于西周中晚期的重要青铜文物燹公盨①被发现,该盨内底铸有10行共98个字的铭文,内容涉及大禹治水事件及德治的重要性,这是关于大禹及夏朝最早的重要文献记录。其铭文中6处出现"德"字,且内涵颇为宽泛,这既证明了"周人尚德"的传统,也揭示了中国上古时代德治思想的渊源。

关于"德"的概念,《尚书·洪范》提出了"三德"：一曰正直,二曰刚克,三曰柔克。"《周礼·大司徒》提出了"六德"："知、仁、圣、义、中、和。"《尚书·皋陶谟》提出了"九德"："宽而栗,柔而立,愿而恭,乱而敬,扰而毅,直而温,简而廉,刚而塞,强而义。"

此外,《正韵》这样解释"德"："凡言德者,善美、正大光明、纯懿之称也。"《玉篇》："德,惠也。"《尚书·盘庚》："施实德于民。"《诗经·烝民》："民之秉彝,好是懿德。"

---

① 燹（xiǎn）公盨（xǔ）,又称遂公盨,国家一级文物,2002年春天由保利艺术博物馆专家在海外文物市场偶然发现。专家们认为,这件燹公盨是中国古代西周中期燹国的某一代国君"燹公"所铸的青铜礼器,距今有2900多年的历史。上面铸有铭文98字,是目前所知中国最早的关于大禹及德治的文献记录,由此也证实了大禹及夏朝的确存在。

因此，帛书《老子》开篇言"德"，是有厚重背景的。通过对整部帛书《老子》的分析，笔者认为，本章的"德"针对的应该主要是邦国、社会的治理，以及能够实施治理的侯王、君主等统治者或统治阶层。

所以，本章在释义"德""仁""义""礼""上""下"等字词及文意时，兼顾了《老子》思想体系下这些概念的广义性与狭义性。

另外，一些典籍中有"五德"一说，即"德"从"一"的状态朴散为五，也就是"仁德、义德、礼德、智德、信德"五德，五德进入有形的物相后化成五炁，具有了仁木、礼火、信土、义金、智水的属性，进而创造并滋养了万物生灵。这个说法显然结合了儒家思想，因为春秋时期孔子思想的核心为"仁""义""礼"，孟子与董仲舒分别增添了"智""信"，从而形成了儒家"五常"的重要概念。

当然，把"五德"与"水、火、木、金、土"五行结合，就有了博大精深的内涵和实用性，因为"五行"是构建中医学、历法（干支纪法）、古代哲学、天文地理学等传统文化、学说的重要基础之一，这里不再深入阐述。

"德"的双重含义及其与"上德不德"的关系

老子的"德"具有深邃而广博的内涵，适用于万事万物。上文谈到了它具有"德性"与"德行"（德刑）的双重含义，此处笔者结合其双重含义，对本章"上德不德"进行解释。

"上德不德"的"上德"，即可释义为"上层（如社会的统治者、统治阶层，历史中的上古社会，或体系中的主导因

第一章 上德不德

素等）具备的德性"。这个"德性"（图1-1中的第一个"德"）小于或等于"'道'所赋予或应该赋予主体的德性"，如果是"等于"，那就是"德性配位"；如果是"小于"，那就是"德性不配位"。注意，"德性配位"不等同于"德配位"，"德配位"包含"德性配位"（主要靠先天赋予）与"德行配位"（后天修为）。"德不配位"同理。

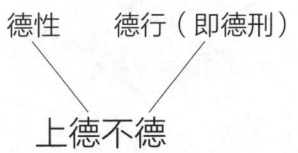

注：此处的"德行"意为"德"按照"道"的法则塑型、刑刻万事万物并规范其运行的过程，非通常意义上的"德行"概念。

图1-1 德性的"德"与德行的"德"

接下来我们回到"德行"的问题上来。从邦国治理层面来说，"上德不德"的"不德"，就是"不德行"的意思，其中的"德行"（图1-1中的第二个"德"），即"'德'按照'道'的法则塑型、刑刻邦国所涉事物并规范其运行的过程"。当然，这里关于"德"的塑型、刑刻和规范涉及自然、社会、邦国与个体的自发运行和人为治理。

注意，图1-1中的第二个德，一些学者将其解读为"得"，这是有问题的。因为"德"是物质层面的最高存在，它衍化了万事万物并让其运行；而"得"仅仅只是某些主体（如人类）"获得、收获"的一种行为，二者具有天壤之别。"得到"的"得"仅仅是"德行"的"德"这个宏大概念下的特例。

由此，"德性"与"德行"之间就构成了四种对应关系，如图1-2所示。

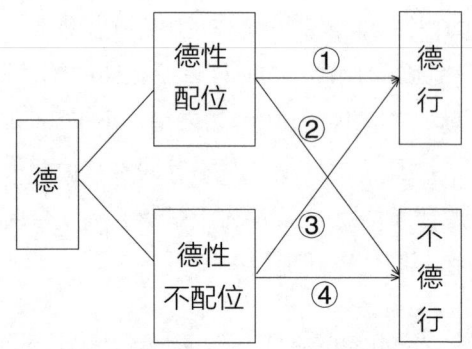

图 1-2 "德性"与"德行"构成的四种对应关系

怎么来理解这四种关系呢？我们先从第二种情况（图 1-2-②）谈起。

这里的"德性配位"指的是统治者和邦国具备了天下大治的"德性"，也就是说，统治者及邦国、社会的自发运行及人为治理体系具备了天下大治的素质和能力。这里的"不德行"指的是天下大治的"德性"已经被自然、社会、邦国的运行体系依照"道"的法则成功转化（塑型、刑刻）为邦国内的所有事物并使其高效有序运行了，那么统治者无须外加个人"德行"（即达到"无为"的理想形态），天下大治即可实现并持久。

正如传说中的尧舜时代，社会运行体系无须外力干涉便能高效运行，达到理想中的完美社会。这样，统治者和邦国就进入"德配位"的最为理想的运转模式。这就是老子所谓"无为而无不为"的理想形态和最高境界。

以此类推，图 1-2-①情况下的"德行"（即作为）就是画蛇添足，甚至会产生反面影响。图 1-2-③情况下的"德行"是可行的，即统治者"德性"不足，需要通过"德行"去努力提升自己的能力，同时多为国事操劳，即所谓"笨鸟先飞"，以此来弥补。注意，这种情况下的"德行"具有两面性，有可能走向反面，即在"德性"不足的前提下再去胡乱作为，那么就非常危险了，如先天禀赋和能力不足的国君还要恣意妄为，甚至可能导致亡国。而在图1-2-④情况下，如再"不德行"（即不作为）的话，那么就相当于"破罐子破摔"了，也是很危险的。

那么，上述的"不德行"是不是可以直接理解为老子的"无为"概念呢？不行，因为只有上述第二种情况（即图1-2-②）才是"无为"的一种理想形态（"无为"还有其他形态，下文将详细解读）。因此，老子的"不德"相对于"无为"而言，内涵更加丰富，外延更加广泛，这或许就是老子在此处用"不德""不失德"而非"无为""为之"来表述问题的深层次原因。

最后，回到本章所谈的邦国、社会治理的狭义层面，"上德不德"的意思就是，崇尚"德"的君主、统治者、邦国或社会，在自然、社会、邦国的运行体系已经让某一范畴内的"德"按照"道"的法则塑型、刑刻邦国所涉事物并规范其运行，那么就不要人为地强加太多不必要的"德行"了。"不失德"同样可据此逻辑理解。

"无为"概念溯源、本质与新解

"上德无为而无以为也"的"无为"，是老子思想体系中最为重要的概念之一，历代注家（含帛书注家）的解读大致围绕合大道、顺其自然、不妄为、不乱为、不私为、不强求、顺势而为、借力而为展开。对此，笔者一直感觉解读太过突兀，如水出无源、事出无因。这里力求寻根溯源，从老子的宇宙生成论说起。

老子在第四章（今本40章）说"天下之物生于有，有生于无"，又在第五章（今本42章）说"道生一，一生二，二生三，三生万物"。其中的"有"指的就是"一，一生二，二生三"，"无"就是"道生一"中被省略的过渡环节，第二章（今本39章）将深入考辨。这个过渡环节看不见、摸不着，无形无态，而它的能量却宏大无边、无穷无尽。由此，"道"生"无"，"无"生"有"，"有"再创生万物的过程可简单表述为图1-3。

图1-3　"道""无""有"与"万物"的关系

根据图1-3这个宇宙生成论的大致模型反向思考，我们能领悟以下道理：如果从事物个体着眼，分散治理万物的话，那么将会陷入纷繁杂沓、万劫不复的烦劳与混乱之中。如果越过万事万物，找到其背后的源头——"有"，用生发万物的"有"去治理万物的话，那么就会提纲挈领、事半功倍甚至四两拨千斤地解决问题，这就叫作"有为"。如果再越过"有"，找到"有"背后的源头——"无"，用生发"有"的"无"去治理"有"，进而实现治理"万物"的话，那么就如同用一根杠杆轻松撬动了地球，这就叫作"无为"。所以，老子才能有底气且智慧地得出"无为而无不为"的结论。

由此，笔者将"无为"定义为万物处于"无"或被复盘到"无"的状态下的作为。其中，处于"无"指事物还未发生的状态，此类状态下的"作为"多为谋划、运筹或防范；而复盘到"无"指的是事物发生后追根溯源的思维、智慧与操作模型。同理，"有为"可定义为万物处于"有"或被复盘到"有"的状态下的作为。也就是说，这里的"无"不是历代注家（含帛书注家）理解的否定副词，而是描述事物所处状态的代词或名词，"为"即作为。"有为"同理。

这样理解的话，历代注家（含帛书注家）反复谈到的"无为并非无所作为或不为"便直接成为"无为"的内涵，无须特意强调，从逻辑、常识、语法等角度都能讲通；同时，"无为"便与逃避现实、不问世事、明哲保身、回避矛盾、故弄玄虚、故作高深、投机取巧、无所事事、躺平等容易引发歧义或误导的消极性概念彻底划清了界限，又与顺其自然、借势而为、防患于未然、预谋于事、高瞻远瞩、防微杜渐等概念更加契合，还带有积极向上、勇于进取、奋发图强等正能量。

因此,"无为"首先属于"为"(即作为)的范畴,只是这个"为"存在一个"度"的限制、把控,以及策略、智慧的注入,具体分为三种情况:一是,当这个限制"为"的"度"为零时,叫作不为而大治,属于"无为而无不为"的理想形态;二是,当这个"度"较小时,叫作适可而为、有所为有所不为;三是,当这个"度"较大甚至大到翻倍时,叫作有作为或强力而为、极力而为,这种情况下可以催生"无为而无不为"的积极形态。历代注家(含帛书注家)对"无为"的理解应属上述第一、第二种情况。

显然,老子的"无为"提倡从根本上、从本质上解决问题的策略与方法,而且要求极高,强调的是方法之上的方法、策略之上的策略、智慧之上的智慧。这当然不是一般侯王、君王能够轻易拥有的大智慧。

对此,这里略举两例。如尧舜时代传说中的天下大治(这里不考据其真实性),作为天下共主的尧、舜的作用,理论上属于上述"无为"的第一种情况,即"无为而无不为"的理想形态;又如中华人民共和国成立之初,面对北约、华约两大军事集团的前后围困,我国通过抗美援朝、"两弹"研发,以及工业、农业基础建设,强力而为,极力而为,为国家发展打下了坚实基础,并争取到和平发展的国际大环境,这属于上述"无为"的第三种情况,即"无为而无不为"的积极形态。

所以说,历代注家(含帛书注家)对于老子"无为"概念的解读,应该有悖于老子的本意,拉低了老子的境界,对后世形成了一定的误导,产生了较为广泛的消极影响。

"故失道。失道矣而后德"考辨

此处一直存在很大的争议,现予以考证。

1976年,帛书整理小组考校帛书甲本时,确认此处为"故失道。失道矣而后德",而非传世诸本中的"故失道而后德",并将这一结论载于《马王堆汉墓帛书老子》(文物出版社,1976年3月第1版)。1980年,国家文物局古文献研究室再次考校帛书甲本时,再次确认此处为"故失道。失道矣而后德",载于《马王堆汉墓帛书〔壹〕》(文物出版社,1980年3月第1版)。

然而,2014年出版的《长沙马王堆汉墓简帛集成》将上述考校结论更正为"故失道矣而后德",提出的理由是"原图版在'失'字右下方误缀了一个小残片,当去掉"[1],即图1-4与图1-5相比,图1-4右下角多出了一个小残片。

不过,笔者认为这个校勘更正有待商榷,理由如下:

按照2014年版《长沙马王堆汉墓简帛集成》中的注释,去掉误缀的小残片,对照图1-4、图1-5右下方框起来的内容,我们还是可以明确发现:第二列文字下方残留的墨迹所代表的"失""道""矣"三个字在帛面上的间距,与图版中其他字间距相比,明显宽一些,而这个宽度又没有大到能容下一个字。这就说明在"失""道"二字之后,誊写者必定留下了某种符号。那么,这个符号究竟是什么呢?

笔者考证、研究了古人在简帛上誊写文句时可能留下的

---

[1] 裘锡圭主编《长沙马王堆汉墓简帛集成(肆)》,湖南省博物馆、复旦大学出土文献与古文字研究中心编纂,中华书局,2014年6月第1版,第7页。

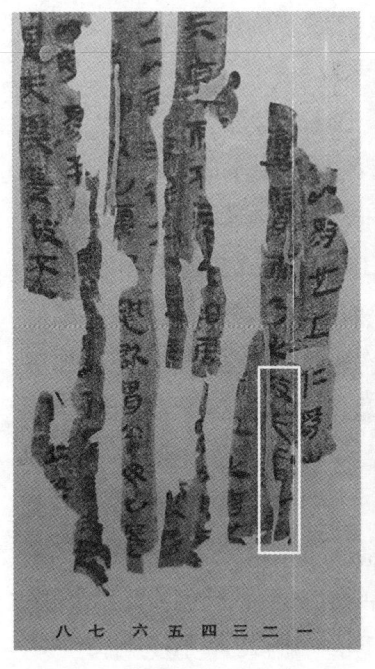 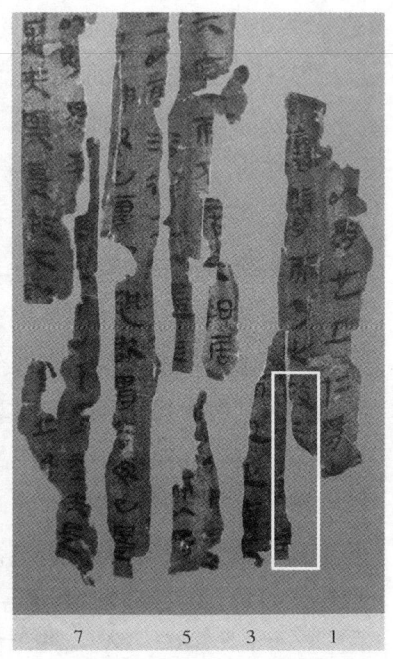

图 1-4　帛书《老子》甲本图版[①]　　图 1-5　帛书《老子》甲本图版[②]

符号并一一排除之后认为，此处只有可能是重文号"="。也就是说，帛书甲本此处文字应为"故失=道=矣"，即此处原文应为"故失道。失道矣而后德"。

"道、德、仁、义、礼"的递减效应

在老子的思想体系中，"道、德、仁、义、礼、兵"（本

[①] 国家文物局古文献研究室编《马王堆汉墓帛书〔壹〕》，文物出版社，1980年3月第1版。
[②] 裘锡圭主编《长沙马王堆汉墓简帛集成（壹）》，湖南省博物馆、复旦大学出土文献与古文字研究中心编纂，中华书局，2014年6月第1版，第95页。

第一章　上德不德

章未涉及"兵")的重要性排序如下：从国家、社会治理层面来说，"合道而行，归于大道"是"神级"境界，排名第一，现实中几乎没有，可以作为最高奋斗目标；"德倡天地，无为而治"排名第二；"以仁治国，爱及六合"排名第三；"以义治世，利均八荒"排名第四；"以礼为纲，法治天下"排名第五；"以兵为盾，御敌治乱"排名第六。其中关于"兵"，老子主张"以畸用兵""不得已而用之，铦袭为上"。

上述六种"治国平天下"的智慧与模式，古今中外，概莫能外，只不过因时代不同、国家不同，各有侧重罢了。由上排序可知，老子的治理邦国、社会的思想，是以"道""德"为目标，而以"仁""义""礼""兵"为手段去实施的。所以，"道""德"就是本、根与战略，而"仁""义""礼""兵"则属于支与术。

具体到本章，老子依照上述逻辑，分别对崇尚"德""仁""义""礼"四者的内涵作出了解释，即"上德无为而无以为也，上仁为之而无以为也，上义为之而有以为也，上礼为之而莫之应也，则攘臂而乃之"，由此才得出"失道矣而后德，失德而后仁，失仁而后义，失义而后礼。夫礼者，忠信之薄也，而乱之首也"这第一层的结论。

紧接着，老子再次强调"道""德""仁""义""礼"这五大概念主次、本末的内在关系，并得出结论："德"才是"道"之实、之厚的真正体现（物质层面的真正开始），而"仁""义""礼"只不过是"道"的虚华表面（"道之华也"），以及愚昧的开端（"愚之首也"）。

这就是本章结构的逻辑关系。需要注意的是，老子所谓的"浅薄"指的是他人（或许也包括儒家）对"仁""义""礼"及其与"道""德"关系认知的浅薄，而不是说"仁""义""礼"本身浅薄，它们作为"术"来说，还是很有用的。当然，老子同时也强调了"仁""义""礼"与"德"比较起来，前者属于道"表"的虚华，而后者属于道"本"所展现的实体。

"也"等语气助词的删除与误导

1974年8月28日，考古界权威期刊《文物》邀请参加马王堆汉墓帛书整理工作的部分专家开了一场座谈会。

会上，古文字学家、考古学家、文献学家张政烺发表意见，认为："帛书本《老子》上卷有尾题'德三千册（四十）一'，下卷有尾题'道二千四百廿（二十）六'，相加即总字数，共5467字，这是关于《老子》字数的最早记录。古人取成数，所以说'五千言'。东汉张鲁所传'系师本'为了要符合'五千言'之数，想方设法压掉字数，除抹去兮乎者也等虚字外，还删掉不少关系比较大的字句，所以唐代的通行本多是4999字。"[①]

这里，张政烺谈到了老子《道德经》中语气助词被删除及很多内容被改动的原因之一（还有很多其他原因）。具体到本章，帛书中的8个"也"字被今本等版本删除了，与删除前相比，文本意思确实没有多少变化；但是后面很多章节在删除"者""也"等语气助词后，导致大量文句断句不明、逻辑不通、意思晦涩，有时还出现误解、歧义，甚至文意相

---

① 《座谈长沙马王堆汉墓帛书》，《文物》1974年第9期，第48—49页。

反的情况,由此形成的错误、误导是很严重的。

另外,"有'也'字的原文阅读起来绵柔一些,更能让人体察古风和感应顿挫连绵的意境……今本等版本删除这些助词,让《老子》失去了气韵上的本真和形式、文字上的古风"①。

【对照版本】

傅奕本

上德不德,是以有德;下德不失德,是以无德。上德无为而无不为,下德为之而无以为,上仁为之而无以为,上义为之而有以为,上礼为之而莫之应,则攘臂而仍之。故失道而后德,失德而后仁,失仁而后义,失义而后礼。夫礼者,忠信之薄而乱之首也。前识者,道之华而愚之始也。是以大丈夫处其厚不处其薄,处其实不处其华。故去彼取此。

王弼本

上德不德,是以有德;下德不失德,是以无德。上德无为而无以为,下德为之而有以为。上仁为之而无以为,上义为之而有以为,上礼为之而莫之应,则攘臂而扔之。故失道而后德,失德而后仁,失仁而后义,失义而后礼。夫礼者,忠信之薄而乱之首。前识者,道之华而愚之始。是以大丈夫处其厚不居其薄,处其实不居其华。故去彼取此。

---

① 王骥:《道德经,古今有何不同》,华文出版社,2023年1月第1版,第6页。

河上公本

上德不德，是以有德；下德不失德，是以无德。上德无为而无以为，下德为之而有以为。上仁为之而无以为，上义为之而有以为，上礼为之而莫之应，则攘臂而仍之。故失道而后德，失德而后仁，失仁而后义，失义而后礼。夫礼者，忠信之薄而乱之首。前识者，道之华而愚之始。是以大丈夫处其厚不居其薄，处其实不居其华。故去彼取此。

范应元本

上德不德，是以有德；下德不失德，是以无德。上德无为而无不为，下德为之而无以为，上仁为之而无以为，上义为之而有以为，上礼为之而莫之应，则攘臂而扔之。故失道而后德，失德而后仁，失仁而后义，失义而后礼。夫礼者，忠信之薄而乱之首也。前识者，道之华而愚之始也。是以大丈夫处其厚不处其薄，处其实不处其华。故去彼取此。

第二章　昔之得一

（今本 39 章）

【帛书复真本】

昔之得一者，天得一以清，地得一以宁，神得一以霝，浴得一以盈，侯王得一而以为正。亓致之也，胃天毋已清将恐连；胃地毋已宁将恐发；胃神毋已霝将恐歇；胃谷毋已盈将恐渴；胃侯王毋已贵以高将恐欮。故必贵而以贱为本，必高矣而以下为亓。夫是以侯王自胃曰孤、寡、不橐。此亓贱之本与？非也。故致数与无与。是故不欲禄禄若玉，硌硌若石。

【帛书释文本】

昔之得一者[一]，天得一以清，地得[一]以宁，神得一以霝（灵）[二]，浴得一以盈[三]，侯[王得一]而以为正[四]。亓（其）致之也[五]，胃（谓）天毋巳（已）清将恐连（莲）[六]；胃（谓）地毋〔巳（已）宁〕将恐发（废）[七]；胃（谓）神毋巳（已）霝（灵）将恐歇[八]；胃（谓）谷（浴）毋巳（已）盈将{将}恐渴[九]；胃（谓）侯王毋巳（已）贵〔以高将恐欮（蹶）〕[十]。故必贵而以贱为本，必高矣而以下为亓（基）[十一]。夫是以侯王自胃（谓）曰孤、寡、不橐

（縠）[十二]。此亓（其）贱〔之本与〕? 非也[十三]。故致数与无与[十四]。是故不欲〔禄禄〕若玉[十五]，硌〔硌若石〕[十六]。

【帛书出土图版原文】

甲本

昔之得一者，天得一以清，地得□以宁，神得一以霝，浴得一以盈，侯□□□而以为正。亓致之也，胃天毋已清将恐连；胃地毋□□将恐发；胃神毋已霝将恐歇；胃谷毋已盈将将恐渴；胃侯王毋已贵□□□□□。故必贵而以贱为本，必高矣而以下为亚。夫是以侯王自胃曰孤、寡、不橐。此亓贱□□□? 非也。故致数与无与。是故不欲□□若玉，硌□□□。

乙本

昔得一者，天得一以清，地得一以宁，神得一以霝，浴得一盈，侯王得一以为天下正。亓至也，胃天毋已清将恐莲；地毋已宁将恐发；神毋已灵□恐歇；谷毋已□□渴；侯王毋已贵以高将恐欮。故必贵以贱为本，必高矣而以下为坛。夫是以侯王自胃孤、寡、不橐。此亓贱之本与? 非也。故至数舆无舆。是故不欲禄=若玉，硌=若石。

【校勘注释】

〔一〕老子认为"一"是仅次于"道"的存在，并非历代主流（含帛书主流）观点理解的"一"即为"道"。这一观点也与《易传》《黄帝内经》《列子》《庄子》《淮南子》等众

第二章 昔之得一

多典籍中的观点契合,即《说文》所谓"一,惟初太始,道立于一,造分天地,化成万物"。详见【考证辨真】。

〔二〕靁:"灵"的异体字,灵验。

〔三〕"谷"指两山之间的水流或水道,包括水涧、小溪与无水的山谷。而帛书《老子》中"浴"的范畴比"谷"大得多,"浴"包含"谷"(山涧、小溪)及中小型河川。从广义上讲,"浴"指的是包含山川溪河、陆地降雨在内的水循环体系,本书很多时候将其概称为"山川溪河"。帛书《老子》甲本用字十分考究与精准,过往帛书注家几乎都按照今本等版本将这里的"浴"校勘为"谷",实属不妥,详见【考证辨真】。

另外,今本等版本在此处添加了"万物得一以生",帛书甲乙本、敦煌本、严遵本等版本都没有这一句。添加这一句,更容易让人将"一"与"道"混淆。

〔四〕侯王:泛指诸侯,引申为国王、天子、国君。正:公正、正统。

〔五〕致:致密、精细、细密。其致之也:上述结论详细说来是这样的。这里可以译为"由此可以推断"。

〔六〕胃:先秦楚国"谓"字的常见写法,这里的意思是"假如说"。另外,"胃"还与古人造字时所蕴含的"天人合一"思想有关,笔者将在《楚简道德经甄辨》(老子新考系列二)中进行深入探讨。"毋已",帛书甲乙本均如此,今本等版本改为"无以",意思变得混乱而不坚决,致使后世解读臆测颇多。"巳"是"已"的异体字,"毋巳"实则表明坚决的"不、不能"的意思。"连"字,帛书甲本仅存右侧少量残笔,推测为"连"字,帛书乙本为"莲",指如同莲子在莲蓬中被收敛、包裹,引申为天被乌云雾霾遮蔽而不再清澈,与"天得一以清"的"清"相对应;而今本等版本的用字"裂"显示的破坏程度则太过严重,与"清"不能对应。此处待考。

〔七〕"发"字,帛书甲乙本均如此。发:或为"废"的省文(或称简文,先秦未统一文字时常见的一种文字写法,在楚简《老子》中出现较多),一说通"废",废弃、停止,这里指灾难频发。《晏子春秋》:"君夜发不可以朝。"其中的"发"即指没有睡觉。

〔八〕歇:停止、消散。

〔九〕"渴"是"竭"的本字。《说文》:"渴,尽也。从水,曷声。"段玉裁注:"渴、竭,古今字。"《广韵》:"渴,水尽也。"《吕氏春秋·任地》:"利器皆时至而作,渴时而止。"《周礼·草人》:"凡粪种……渴泽用鹿。"贾公彦疏:"渴,故时停水,今乃渴也。""渴"有时断时流与干涸的两层含义,而"竭"仅有尽的含义,帛书注家大多按照今本等版本将"渴"校勘为"竭",不妥。详见【考证辨真】。

另外,今本等版本在此处添加了"万物无以生将恐灭",帛书甲乙本、敦煌本、严遵本等版本都没有这一句。添加这一句,更容易让人将"一"与"道"混淆。

〔十〕贵以高:因位高而显贵。欮(jué):或为"蹶"的省文,一说通"蹶",跌倒、挫折。

〔十一〕亚(jī):"基"的古字,开始、基础。"故必贵而以贱为本,必高矣而以下为亚"句,帛书甲本如此,帛书乙本脱失第一个"而"字,今本等版本改为"故贵以贱为本,高以下为基",语气不如帛书本肯定而有力。

〔十二〕橐(gǔ):"穀"的异体字,善。不穀:不善。自谓:自称。孤、寡、不穀,皆为古代君王自称的谦辞。

〔十三〕"此其贱之本与?非也"句,笔者认为是肯定句。而今本等版本改为"此非以贱为本邪,非乎""是其以贱为本也,非欤"等,且被历代注家(含帛书注家)解读为问句,如范应元注:"设问也,言实以贱为本也。"于是意思反转,这也导致后人对"故致数与无与。是故不欲禄禄若玉,硌硌若石"的错误理解。

〔十四〕"与"字,帛书甲本为"與"。"與"和"与"同源于"舁",之后分化,如今"與"字又简化为"与"。《说文》:"與,党與也。从舁(yú),从与。""與"还有赞许、赞誉的含义。因此,"故致数与无与"和傅奕本等版本中的"故致数誉无誉"意思相近,即:"所以,招来的赞誉太多就不是真的赞誉了。"详见【考证辨真】。

〔十五〕"禄禄",帛书甲本缺失,帛书乙本如此,帛书注家大多按照今本等版本校勘为"珠珠",意思大变。"禄禄"意为平凡貌,这里指无用、无所作为。《庄子·渔父》:"不知贵真,禄禄而受变于俗,故不足。"王先谦集解:"禄禄,犹录录也。《汉书·萧曹赞》作'录录'。颜注:'犹鹿鹿,言在凡庶之中。'"

〔十六〕硌硌:坚硬,今本等版本为"珞珞"。由此,"不欲禄禄若玉,硌硌若石"的意思就与主流解读不同了,即为:"不要像宝玉那样对大众无用(仅供少数人观玩),宁愿像山石因坚硬（且普遍）而为众人所用（如修房理屋、磨铁筑路等）。"

【意解译文】

过往达到"一"的境界，天得以清明，地得以宁静，神得以灵验，溪谷河川得以充盈，侯王得以安邦定国。由此可以推断，天不再清明恐怕就会被遮蔽；地不再安宁恐怕就会灾难频发；神不再灵验恐怕就会消散；溪谷河川不再充盈恐怕就会断流；侯王不再高贵恐怕就会被倾覆。所以，保证尊贵需要以谦卑为根本，保持高位需要以守下为基础。因此，侯王才自称"孤""寡""不穀"。这是以谦卑守下为根本吗？不是。所以，招来的赞誉太多就不是真的赞誉了。因此，不要像宝玉那样耀眼而对大众无用，宁愿像山石那样坚硬、收敛而为众人所用。

【考证辨真】

"一"的辨真

过往对老子《道德经》的解读，似乎大多都对老子的"一"产生了误解，甚至还将"一"与"道"混为一谈，这到底是为什么呢？

笔者认为，最重要的原因很可能是老子在本章中所描述的"一"的能量太过巨大，似乎只有"道"才能具备，于是把人们给弄糊涂了。即便是老子在第五章（今本 42 章）中明明白白地写下了"道生一，一生二，二生三，三生万物"的宇宙生成论，后世依然对"一"产生了各种误解。

以近现代学者为例，沈善增将"一"释义为"整体性""同一性",赵又春解读为"统一性""一致性""和谐性、协调性",任继愈译为"唯一的原则",郭世铭译为"不为人所觉、不为人所知",高亨则直接说:"一者道也,本章诸字即道之别名也。"不一而足。

笔者在《道德经,古今有何不同》中对"一"的属性、地位、力量和含义作了详细的论述。为了使读者更直观、简洁、清晰地认知该问题,这里从四个方面进行梳理、归纳,同时融入新的内涵。

一是,启用排除法,即辨伪思维。"老子没有必要硬是要在《道德经》里专门挑选几处用'一'字来代表'道',他既没有作相关说明或暗示,也没有什么忌讳的特殊用意,直接用'道'这个字就行了,干吗还要绕来绕去弄出个'一'来代表'道'呢?捉迷藏啊?这样的话,老子这个'圣人'不就成了一个玩文字游戏的老头了!所以,后世很多人将'一'解释为'道'的说法有问题。"[①]

二是,在老子的哲学思想里,"一"是仅次于"道"的存在,"道"是从非物质层面统领宇宙与万物,而"一"是从物质层面统领宇宙与万物,是物质层面的真正开始("一"与"德"的地位与性质相当,详见后文)。也就是说,"一"在物质层面成功地应用非物质层面的"道"的法则开启了万事万物的创生之路。后世众人将"一"与"道"混淆,这也正说明"一"的重要地位,而它从属于"道",并让万事万物在产生与运行中遵循"道"的主导,展现"道"的内涵和

[①] 王骥:《道德经,古今有何不同》,华文出版社,2023年1月第1版,第24—25页。

规律。

三是,由老子"道生一"的宇宙生成论可知,"道"是在"一"之上的最高法则和原动力。"道"与"易"及其与"一""万物"之间的关系如图 2-1 所示,"一"与"万物"之间隔了"二"(对应《周易》中的"两仪",或阴阳五行说中的"阴阳",或数理易学中的计算机二进制思维)和"三"(《周易》"四象"之上生发万物的数)两个数,所以"一"比生发万物的"三"要高级,比天地万物的"阴阳"和构成万事万物的五行,即"水、火、木、金、土"这五个基本元素也要高级,应该对应《周易》中的"太极",当然,"道"就对应《周易》中的"易"了。① 注意,上文及图 2-1 中展示的"对应"关系,并不意味着"相等",下文将详细解读。

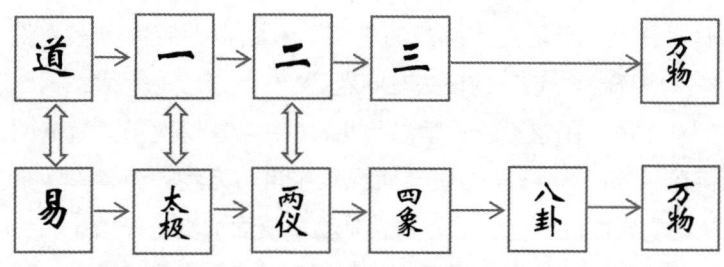

图 2-1 "道"与"易"创生万物的对应关系

四是,"一"与"二""三"的关系如图 2-1 所示。在老子的宇宙生成论中,"二"相当于"阴阳",即万物负阴抱阳,是对抗与合一的"动",而"三"是极具活力的"生发万物"的数,所以"二"与"三"是动的、变化的,而"一"则是

---

① 王骥:《道德经,古今有何不同》,华文出版社,2023 年 1 月第 1 版,第 25 页。

博大、磅礴而浑厚的"静"……属于盘古开天辟地之前的混沌与唯一，是酝酿"洪荒之力"的开始。①

由此可见"一"的属性及其宏大的力量和能量，同时，这也让我们明白老子"一"的概念具有以下三个方面的特殊性质：

（1）"一"是"静"的，也就是老子所谓的"无为"境界。所以，河上公说"一"为"无为，道之子也"，是有一定道理的。不过，河上公只概括了"一"这一方面的特点。

（2）"一"虽为"静"，但是它能通过"二""三"及其生发出来的万事万物展现出宏大、磅礴的力量。这两方面合一，成就了"无为而无不为"，即老子所谓入世的最高境界。这与老子"恒无欲也，可名于小""楃唯小而天下弗敢臣""楃散则为器""阗之以无名之楃"等观点相辅相成。

（3）每一个被创生的事物，总是从"无"到"有"，从某个临界点起步，这就是事物创生的初始之极，即王弼所谓"一，数之始，而物之极也"。之后，事物从微弱开始不断成长、强大，持续展现"道"的巨大力量和作用，这就是老子所谓"弱也者，道之用也"。

由此可知，那些持有"数之始的一就是单一、微弱"观点的人，没有理会老子的"道""一"与"无为而无不为"等思想的复杂关系与精妙内涵。

"一"与"太始、太素、太极"之间关系的辨析

《说文》："一，惟初太始，道立于一，造分天地，化成

---

① 王骥：《道德经，古今有何不同》，华文出版社，2023年1月第1版，第26页。

万物。"意思是："开天辟地之初，道立于一体化的混沌，然后造化分出天地，化成万物。"那么，这里的"太始"是指什么？它与"太极"和"一"到底是什么关系呢？

《孝经纬·钩命诀》："天地未分之前，有太易，有太初，有太始，有太素，有太极，是为五运。形象未分，谓之太易；元气始萌，谓之太初；气形之端，谓之太始；形变有质，谓之太素；质形已具，谓之太极。"按照这一理论，从更准确的意义上来说，"一"等同于上述"五运"中的"太始、太素、太极"这三个阶段的内容。而在《周易·系辞》提出的宇宙生成论"易有太极，是生两仪，两仪生四象，四象生八卦"中，"易有太极"应该是省略了"太始、太素、太极"三个阶段，或者说，用"太极"代表了这三个阶段。同样，本书说"道"对应于"易"，也并不是说"道"等同于"易"。

关于"易""太始""太极""一"等概念的关系，以及与宇宙生成相关的其他概念，古代论述颇多，如"太易"之前有"无极"与"无极而太极"（周敦颐《太极图说》），"易"与"太易""无极"的关系及其与"道"的关系等，争议也不少。这里简略地拿来对应，仅仅为了方便说明问题而已。

图 2-1 中代表"太始、太素、太极"这三个阶段的"太极"及其所对应的"一"，即为混沌，属于《老子》中"有"的概念。其中，"太始"有形无质，但"质"已经开始孕育，故依然可称为物，参考第四章（今本 40 章）对"物"的考辨；"太素"质已诞生，有形有质而无体；"太极"即为阴阳裂变的混沌极点。而在太始之前，虽说"元气（炁）始萌"

于太初，但是都属于《老子》中"无"的概念。所以说，"一"是物质层面的真正开始，有人将"一"解读为"无"，认为"至太初，一炁生也，即道生一"，都是不妥的。

另外，太始（即"一"）发展到了极点，即太极，类似于宇宙大爆炸的奇点，它虽然小到极限，但一直都是存在的（不是"无"而是"有"），并蕴含着创生宇宙和维持整个宇宙成长的宏大能量。所以说，"一"可能小到极限，但是它储藏着巨大无比的力量和能量。

如图2-2所示，在老子的哲学里，"一"与"德"的地位与性质相当，是物质层面的真正开始，都是统领世间万物而不直接生发万物（并非作为原动力、主导与规律的"道"）。

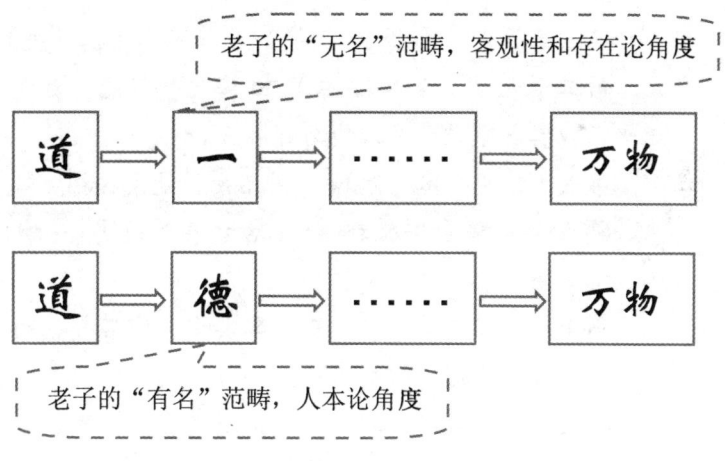

图2-2 "一"与"德"的地位、作用与区别

"一"与"德"的不同如图2-2所示，"德"更偏重于人类社会，更多地与人联系起来，即人所能感知、认知的东

西，也就是老子所说的"有名"范畴；而"一"更偏重于自然世界，还包含人不能感知和认知的东西，即老子所说的"无名"范畴。换句话说，"德"是从人本论角度来说的，带有人的感情色彩；而"一"是从客观性和存在论角度来说的，不带任何感情色彩。①

"浴""谷"及"谓浴毋已盈将恐渴"含义辨真

帛书《老子》中共有9处"浴"字（以帛书甲本为底本统计，相关文字缺失处以帛书乙本补足，帛书甲乙本合计17个"浴"字），今本等版本全部改为"谷"。现罗列如下：

第二章（今本39章）：浴得一以盈。

第三章（今本41章）：上德如浴。（帛书甲本缺失）

第二十九章（今本66章）：江海之所以能为百浴王者，以其善下之，是以能为百浴王。

第五十章（今本6章）：浴神不死，是谓玄牝。

第五十九章（今本15章）：古之善为道者……澼呵，其若浴。

第七十二章（今本28章）：知其白，守其辱，为天下浴。为天下浴，恒德乃足。

第七十六章（今本32章）：俾道之在天下也，猷小浴之与江海也。

如上所述，帛书甲乙本中合计出现了17个"浴"字（帛

---

① 王骥：《道德经，古今有何不同》，华文出版社，2023年1月第1版，第27页。

书甲本第三章相关字句毁损,不计在内),由此可见,古人将"谷"错误誊写为"浴"的概率极低。另外,楚简中对应章节的文字也是"浴"而不是"谷"。所以笔者断定,帛书原文中的"浴"被后世诸本错误修改成了"谷"。

那么,帛书与楚简中的"浴"等同于后世诸本中的"谷"吗?主流学界持肯定观点,但笔者不认同。这里做个比较,先从"谷"字说起。

据中国最早的训解词义的书《尔雅》记载:"水注川曰谿,注谿曰谷。"杜预疏:"谿,亦涧也。"宋均疏:"有水曰谿,无水曰谷。"这里的"谿"指山间的流水,俗作"溪"。《左传·隐公三年》:"涧谿沼沚之毛。"杜预注:"谿亦涧也。"《广雅》:"谿,谷也。"《说文》:"泉出通川为谷。"由此可见,"谷"指的是水涧、小溪,当然还包括没有水的山谷。

而"川"被普遍认为是河流的总称。《说文》:"川,贯川通流水也。"《管子·度地》:"水之出于他水沟,流于大水及海者,命曰川水。"

上述对"谷""川"概念及范畴的认定,也有其他文献给予佐证。《韩非子·五蠹》:"夫山居而谷汲者,膢腊而相遗以水。"《楚辞·招魂》:"川谷径复。"《墨子·节用》:"为大川广谷之不可济,于是利为舟楫。"《墨子·亲士》:"是故江河不恶小谷之满己也,故能大。"

另外,有学者从会意造字法的角度考察了"谷"字:"甲骨文字形下面像谷口,上面像水流出。甲骨文上边是两个八字,下边是口形。金文与甲骨文略同。……本义是两山之间的

商甲骨文"谷"　　西周金文"谷"　　传抄古字"谷"　　商甲骨文"水"

图 2-3　"谷"字的甲骨文、金文、古字及"水"字的甲骨文字形

水流。……从本义引申指两山中间的低洼地，如山鸣谷应。"①

由于山谷内少水或无水，故古人造字时将"水"字甲骨文中间的长笔画省去，保留了两旁的笔画，代表小溪流。西周金文、汉代之后传抄的先秦古字"谷"的字形都与甲骨文差异不大，可比对图 2-3 中"谷"与"水"的字形。这体现出古人造字的智慧。

之前笔者谈到，帛书《老子》甲本用字十分考究与精准，"浴"字当然也不例外。接下来，笔者将结合上下文意，通过造字法分析，对"浴"字进行考证。

首先，我们结合上下文意进行推断。第二十九章（今本 66 章）："江海之所以能为百浴王者，以其善下之，是以能为百浴王。"由"百溪、百河归江"（参见【考证辨真】对"江""河""川"的考辨）、"百川入海"等常识可知，这里的"浴"比"谷"范畴更大，拓展到了山川溪河。也就是说，帛书《老子》中"浴"的范畴比"谷"大得多。第七十六章（今本 32 章）："俾道之在天下也，猷小浴之与江海也。"此处也印证了"浴"的范畴。

---

① 李学勤主编《字源》，天津古籍出版社、辽宁人民出版社，2012 年 12 月第 1 版，第 1019 页。

第二章 昔之得一

下面，我们通过造字法进行分析。《说文》："浴，洒身也。从水，谷声。"如图2-4所示，"浴"字的甲骨文下面是一个类似澡盆的器物，中间站着一个人，人的周围有四点，代表水流自上而下，会意为人站在澡盆中往身体上浇水。"浴"的本义就是洗澡。

商甲骨文　　东周金文　　楚系简帛

图2-4　"浴"字的甲骨文、金文、楚简字形

"浴"字发展到金文，人和澡盆被"谷"替代，周围的四点变成了象形字"水"，并被放到了"谷"之外（左边），有两层内涵：一是，"浴"从洗澡引申为山谷沐浴，寓意山壑雨雾润泽、云蒸霞蔚等水循环；二是，"浴"从浇水引申为山谷的自然降雨，最后汇成溪涧，流淌到山谷之外。

而到了战国时代的楚系简帛，"浴"字左边的"水"延伸到"谷"的下方，围绕着山谷流淌，寓意溪涧之水因流量大，最后形成河川。

因此，帛书《老子》中的"浴"可理解为包含山川溪河、陆地降雨在内的水循环体系。

值得一提的是，楚简《老子》甲本简2、简3上的三个"浴"字，与甲本简20、丙本简11上的"浴"字写法不同，也在一定程度上印证了上述关于"浴"字含义的范畴认定，详细考辨可参考《楚简道德经甄辨》（老子新考系列二）。此外，战国时代的其他楚系简帛中也出现过"浴"字，如信阳楚简的"五浴"[①]、楚帛书"山川满浴"[②]等。同理，这些"浴"字如果被简单训释为"谷"的话，就非常狭隘了。

另外，"谓浴毋已盈将恐渴"的"浴毋已盈"有两种情况：一是水流变少，但不会枯竭，如人感到口渴；二是水流逐渐枯竭，如人口渴到脱水。今本等版本的"竭"未包含上述第一层含义，而"竭"的本字"渴"则兼具上述两层含义。注意，这种一个字兼具两层甚至多层含义的用法在《老子》中比较多，或与上古文字相对较少有关，这是帛书注家大多未曾提及的情况。

"江""河""川"的概念简辨

在一些古籍中，"江"特指长江，"河"特指黄河。除此之外，"江""河"主要有以下划分标准。

一是，南方的河流多称"江"，北方的河流多称"河"。如南方有长江、珠江、漓江、九龙江、钱塘江、岷江、金沙江、怒江、澜沧江、雅鲁藏布江等；北方有黄河、洛河、泾河、渭河、汾河、淮河、辽河、饮马河、沁河、塔里木河、柴达木河等。

二是，有说法认为，注入外海或大洋的河流叫作"江"，例如珠江注入南海，长江注入东海；注入内海或湖泊的河流叫作"河"，例如塔里木河注入罗布泊，辽河注入渤海，黄

[①] 河南省文物研究所：《信阳楚墓》，文物出版社，1986年3月第1版，图版第113页。

[②] 李零：《长沙子弹库战国楚帛书研究》，中华书局，1985年7月第1版，第143页。

河注入渤海。还有说法认为，地表径流比较稳定、一年四季变化不大的河流叫作"江"，如长江可全年通航；地表径流因季节变化而发生巨大变化的河流叫作"河"，如黄河冬季经常断流。

三是，一般情况下，国内岛屿上的河流都叫作"河"或"溪"，如万泉河、浊水溪、大甲溪等；而国外的河流则大多叫作"河"，如勒拿河、鄂毕河、叶尼塞河、拉普拉塔河、密西西比河、尼罗河、亚马孙河等。

上述划分标准都有道理，而有一条标准更为直观，就是在所有可以被称为河流的水体中，只有大中型河流才有资格被称为"江"（也可以不称为"江"，如黄河），如长江、鸭绿江、黑龙江、松花江、嫩江、乌苏里江等，它们的特点是长度、流量、流域等都属于大中型河流；而小型河流则不能被称为"江"，可以称为河。这正是有些江的支流、人工水道被称为"河"，但河的支流不会被称为"江"的原因。

也就是说，"江"从规模上来说，一定与大"河"相当。同理，只有大"川"才有资格被称为"江"。这也是第二十九章（今本66章）"江海之所以能为百浴王者"中"江"的概念。

因此，从狭义上讲，帛书《老子》中的"浴"主要指的是"谷"（山涧、小溪），以及中小型河川；而从广义上讲，"浴"指的是包含山川溪河、陆地降雨在内的水循环体系。

"與""与""舆"的辨析

"故致数与无与"的"与"，帛书甲本为"舆"，帛书整理

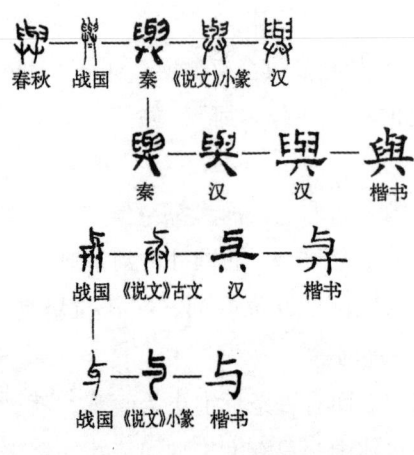

图 2-5 "舆"字的字形演变及"与"字的分化①

小组校勘为"与",帛书乙本与今本等版本为"舆"("车"的意思),傅奕本、范应元本等版本为"誉"。具体解读如下:

如图 2-5 所示,"舆"和"与"在古汉语中是两个字,同源于"舁"字;从战国中后期开始,字形有了分化,到汉代分化成"舆""与"二字;如今"舆"字又简化为"与"。

《说文》:"舆,党舆也。从舁,从与。"段玉裁注:"会意,共举而与之也。"有学者参考"舆"的金文字形,提出"舆"从舁(众人四手共举)、从口(表结好)、从牙(表交互),而"与"为"牙"的讹变。综合考量,此观点或更为合理。

值得一提的是,"舆"有给予的意思。《孟子·万章上》:"天子不能以天下舆人。"《韩非子·忠孝》:"此明君且常舆,而贤臣且常取也。""与"字同样包含这层含义。《说文》:"与,赐予也。一勺为与。此与舆同。"《玉篇》:"与,赐也,许也,予也。亦作舆。"现代推行简化字后,"舆"和"与"又合二

---

① 李学勤主编《字源》,天津古籍出版社、辽宁人民出版社,2012 年 12 月第 1 版,第 205 页。

第二章 昔之得一

为一了。

同时,"與"又有赞许的意思,引申为赞誉。《论语·述而》:"子曰:'與其进也,不與其退也。'"朱熹注:"與,许也。"这就和傅奕本、范应元本等版本的"誉"字意思相近了。

具体到"故致数与无与"的"与(與)",此处取赞许、赞誉的含义,由此,与"故致数誉无誉"含义相近,即:"所以,招来的赞誉太多就不是真的赞誉了。"

"谷""穀"的含义及关系辨析

"谷"的本义是两山之间的水流或水道,引申为两山之间狭长而有出口的地带,即山谷。"谷"在中医学上也有特定含义,常与"豀"并称,"谷"也称"大谷","豀"也称"小豀",均指肢体肌肉之间相互接触的缝隙或凹陷部位,为经络气血输注出入的处所。

另外,"谷"是"穀"的异体字,今为"穀"的简化字。《说文》:"穀,续也,百穀之总名也。从禾,㱿声。""穀"是庄稼和粮食的总称。需要注意的是,"谷"作为"穀"的异体字或简化字时,仅限于粮食、生长、保养等含义;而"穀"的其他含义,就不能写作"谷"了。例如,"穀"有美善的含义。《尔雅·释诂》:"穀,善也。"本章"侯王自胃(谓)曰孤、寡、不橥(穀)"的"橥"是"穀"的异体字,故同"穀","不穀"是古代君王自称的谦辞。过往有人将"不橥(穀)"校勘为"不谷",显然是错误的。

【对照版本】

傅奕本

昔之得一者，天得一以清，地得一以宁，神得一以灵，谷得一以盈，万物得一以生，王侯得一以为天下贞。其致之一也，天无以清将恐裂，地无以宁将恐发，神无以灵将恐歇，谷无以盈将恐竭，万物无以生将恐灭，王侯无以为贞而贵高将恐蹙。故贵以贱为本，高以下为基。是以王侯自谓孤、寡、不穀。是其以贱为本也，非欤？故致数誉无誉。不欲碌碌若玉，落落若石。

王弼本

昔之得一者，天得一以清，地得一以宁，神得一以灵，谷得一以盈，万物得一以生，侯王得一以为天下贞。其致之，天无以清将恐裂，地无以宁将恐发，神无以灵将恐歇，谷无以盈将恐竭，万物无以生将恐灭，侯王无以贵高将恐蹶。故贵以贱为本，高以下为基。是以侯王自谓孤、寡、不穀。此非以贱为本邪，非乎？故致数舆无舆。不欲琭琭如玉，珞珞如石。

河上公本

昔之得一者，天得一以清，地得一以宁，神得一以灵，谷得一以盈，万物得一以生，侯王得一以天下为正。其致之，天无以清将恐裂，地无以宁将恐发，神无以灵将恐歇，谷无以盈将恐竭，万物无以生将恐灭，侯王无以贵高将恐蹙。故贵以贱为本，高必以下为基。是以侯王自谓孤、寡、不榖。此非以贱为本耶，非乎？故致数车无车。不欲琭琭如玉，落落如石。

范应元本

昔之得一者，天得一以清，地得一以宁，神得一以灵，谷得一以盈，万物得一以生，王侯得一以为天下贞。其致之一也，天无以清将恐裂，地无以宁将恐发，神无以灵将恐歇，谷无以盈将恐竭，万物无以生将恐灭，王侯无以为贞将恐蹶。故贵以贱为本，高以下为基。是以王侯自称孤、寡、不榖。是其以贱为本也，非欤？故致数誉无誉。不欲琭琭若玉，落落若石。

第三章　士之闻道

（今本 41 章）

【帛书复真本】

上士闻道，堇而行之。中士闻道，若存若亡。下士闻道，大笑之。弗笑，不足以为道。是以建言有之：明道如费，进道如退，夷道如类。上德如浴，大白如辱，广德如不足，建德如偷，质真如渝。大方无禺，大器免成，大音希声，天象无荆，道褒无名。夫唯道，善始且善成。

【帛书释文本】

〔上士闻〕道，〔堇而行之〔一〕。中士闻道，若存若亡。下士闻道，大笑之。弗笑〔二〕，不足以为道。是以建言有〕之〔三〕：明（明）〔道如费〔四〕，进道如退，夷道如类（纇）〔五〕。上德如浴〔六〕，大白如辱〔七〕，广德如不足，建德如偷〔八〕，质真如渝〔九〕。大方无禺〔十〕，大器免成〔十一〕，大音希声〔十二〕，天象无荆（刑）〔十三〕，道褒（褒）无名〔十四〕。夫唯〕道，善〔始且善成〕。

第三章 士之闻道

【帛书出土图版原文】

甲本

□□道，□□□□□□□□□□□□□□□□□□□□□□□□□□□□之，明□□□道，善□□□□。

乙本

上□□道，董能行之。中士闻道，若存若亡。下士闻道，大芺之。弗芺□□以为道。∟是以建言有之曰：明道如费，进道如偢，夷道如类。上德如浴，大白如辱，广德如不足，建德如揄，质□□□。大方无禺，大器免成，大音希声，天象无刑，道襃无名∟。夫唯道，善始且善成。

【校勘注释】

本章帛书甲本仅存几个字，大部分由帛书乙本补足，帛书乙本缺的七个字由王弼本（今本）补足。

〔一〕"董（qín）"字，今本等版本为"勤"，帛书注家大多也校释为通"勤"，不妥，且意思大变。"董"在这里取"虔诚"之意。董而行之：虔诚地践行。详见【考证辨真】。

〔二〕弗：本义为矫枉、矫正。"弗"在表示否定时，可以理解为不太确定的"不"，又分为三种情况：一是矫枉、矫正的"不"；二是不一定"不"；三是确定的"不"。此处的"弗"属于第一种情况，"弗笑"即非真正的笑，这里寓意并强调"嘲讽"，可理解为"不嘲笑的话……就"，而今本等版本的"不笑"缺乏这种寓意与强调。老子在"弗笑，不足以为道"句中同时使用了"弗"与"不"，予以区分。今本等版本将《老子》中40多处"弗"字全部改成了"不"字，导致多处文意大变。详见【考证辨真】。

另外，《老子》中大量"勿""毋"也被今本等版本改成了"不"字，导致多处文意变化甚大。这里提供一种简单的理解方式："不"表示确定的"不"，"勿"表示明确的拒绝，"毋"表示坚决的"不"。①

〔三〕建言：立言，这里可以理解为古语、箴言等。

〔四〕明："明"的异体字，也为繁文（或称繁化，先秦未统一文字时常见的一种文字写法，在楚简《老子》中出现较多）。费：违背、不顺。《盐铁论·大论》："圣人不费民之性。"王弼本（今本）、河上公本、傅奕本等版本为"昧"。

〔五〕夷：平坦、平顺。夷道：使"道"的普及平顺，即维护、推行"道"。"类"字，帛书甲本缺失，帛书乙本、河上公本、傅奕本、楚简等版本均为"类"，王弼本（今本）、严遵本等版本为"纇"。类：假借为"纇"，意为不平，这里指为"道"设置崎岖不平的障碍，即阻扰、破坏"道"。《左传·昭公十六年》："刑之颇纇。"服虔注："纇，不平也。"

〔六〕"浴"字，帛书甲本毁损，帛书乙本为"浴"，今本等版本为"谷"，帛书注家几乎都校释为通"谷"，实属不妥。"浴"指的是包含山川溪河、陆地降雨在内的水循环体系，范畴比"谷"大得多，这里引申为洗涤身心、净化万

---

① 《姬氏道德经》珍藏版，姬英明译注，朝华出版社，2019年12月第1版，前言第9页。

第三章 士之闻道

类。可参考第二章（今本39章）对"浴""谷"的考辨。

〔七〕辱：污浊、污垢。《广雅》："辱，污也。"《仪礼·士昏礼》："今吾子辱。"郑玄注："以白造缁曰辱。"

〔八〕"偷"字，帛书甲本缺失，帛书乙本为"揄"，今本等版本为"偷"。"揄"的本义是引、挥动、带领，引申为引导，"建德如揄"意为建德于世却好像在引导民众盲从。"偷"的本义是苟且，引申为怠惰、漫不经心。《说文》："偷，苟且也。"建德于世可谓浩繁的"工程"，难免遇到波折，需要循序渐进的战略，需要勤勉与恒心，过程中很容易被误解为怠惰、漫不经心，此处宜校勘为"偷"字。这里的"上""广""建"三个字都是动词，意思分别是崇尚（以……为上）、广播（使……广泛传播）和建立（使……建立）。详见【考证辨真】。

〔九〕渝：本义为水变污，引申为污浊、混浊。《说文》："渝，变污也。"《玉篇》："渝，变也，污也。"

〔十〕方：道理。《庄子·秋水》："今吾无所开吾喙，敢问其方？"大方：大道理。禺：区域。"禺"字，帛书注家大多按照今本等版本校释为通"隅"，意思大变。大方无禺：大道理通行天下而不受区域限制。这与历代版本及注家释义不同，详见【考证辨真】。

〔十一〕"免"字，帛书甲本缺失，帛书乙本为"免"，被后世诸本改为"晚"字，意思大变。免：免除，引申为非刻意而为。"大器免成"的意思是"大才重器本来就非刻意成就"。参见《道德经，古今有何不同》第三章（今本41章）的深入分析。

〔十二〕"音"和"声"是不同的。"音"与"言"同源，对应的器官是口，最初表示发出声音，又具体分为乐音和语音，后引申为声音；而"声"对应的器官是耳，最初表示听到声音，后引申为声音。从人口中发出的声音传导到人耳后被接收，因人、因事、因时不同，结果也是不一样的。也就是说，"音"是客观的，"声"是主观的，所以才有"大音希声"的情况存在。希：稀少、不多见，后作"稀"。

〔十三〕"天象无刑"句，帛书甲本缺失，帛书乙本如此，帛书注家大多按照今本等版本校勘为"大象无形"，意思大变。刑："型"的古字，塑型、刑刻。"刑"是"五行"作用关系之一，意为万物通过"刑刻"成就不同的形态，详见第十四章（今本51章）对"刑""形"的考辨。天：天然的、天成的。"天"与后文"道褒无名"的"道"字对应，即"大—天—道"意境层层递进。天象无刑：天象浩荡不受刑造故而无形无迹。

〔十四〕褒："褒"的异体字，本义为衣襟宽大，引申为广大、褒奖等。"道褒无名"指"道"广博而伟大，却无形无名，寓意"道"的伟大无法用名分来定义与赞美，体现了"道"的超越性。

【意解译文】

上士听了"道"，虔诚践行；中士听了"道"，将信将疑；下士听了"道"，哈哈大笑。好像"道"不被嘲笑就不足以成其为"道"。所以古来就有这样的说法：懂得"道"的好像违背了"道"；接近"道"的好像在退步；推行"道"的好像在阻扰"道"。崇德向上却好似"浴"之向下沐浴山川、净化万物,太过白净的器物却好似藏有污垢,德泽广布却好似残缺而不足,建德于世的勤勉与渐进却好似怠惰而漫不经心,质朴纯真却好似混浊不清。大道理通行天下而不受区域限制,大才重器本来就非刻意成就,洪大的声响反而难以听到,天象浩荡不受刑造故而无形无迹,"道"广博而伟大,却无形无名。只有像"道"那样安于"无名",才会有好的开端与好的结局。

【考证辨真】

"堇而行之"与"勤而行之"辨真

有学者通过音韵训诂法将"堇而行之"的"堇"字训释为通"勤",然而,由现代学者编纂的辞书(如《古字通假会典》《古文字通假字典》等)在该义项下,使用的例证正是本章的文句,这显然陷入了循环论证的误区,实属不妥。"堇"的本义是以人牲火祭求雨,寓意非常虔诚,如图3-1所示。所以,"堇"字可引申出"诚敬、虔诚"之意,这是

会意图示　　　　甲骨文　　　　金文

图 3-1　"堇"字的字形演变①

---

① 谷衍奎编著:《汉字源流大字典》,商务印书馆,2023年3月第1版,第1309页。

"勤"字不具备的内涵。

从金文开始，"堇"字的下方的火逐渐讹变成了"土"，意思也发生了变化，而诚敬、虔诚之意依然蕴含其中。《管子·五行》："修槩水土，以待乎天堇。"尹知章注："堇，诚也。言天子能以中正自修，以槩自平，上待天诚也。"

另外，有学者认为，这里的"堇"字是"（天）时、时机"的意思。郭沫若等学者引用章炳麟的说法："'天堇'即'天几'，义谓'天期'。犹云天时。言修平水土，以待天时。天时者，旱潦之时也。"

综上所述，今本等版本将"堇而行之"改为"勤而行之"是有问题的。"堇而行之"的意思就是"虔诚地践行"。

"弗"与"不"的考校

今本等版本将"弗"改为"不"是为了避讳汉昭帝刘弗陵的"弗"，当然还有其他原因。由于《老子》中有40多处"弗"字被后世版本改动，涉及面很广，这里有必要进一步细考。

如图3-2所示，从商朝一直到春秋，"弗"字没有多大变化，其字形就是捆束箭杆使其变直，本义为矫枉、矫正。在表示否定时，"弗"不完全等于"不"，意思是不太确定的"不"。

《说文》："弗，矫也。"段玉裁注："弗之训矫也。今人矫、弗皆作拂，而用弗为不，其误盖亦久矣。《公羊传》曰：'弗者，不之深也。'固是矫义。凡经传言不者，其文直；言弗者，其文曲。……弗与不不可互易。"王筠句读："经多以

图 3-2 "弗"字从商代到春秋的字形演变①

弗为不,而借拂、佛为弗。……惟《贾子·过秦下》云'尽忠弗过',用此字之本义。"

"弗"作为不太确定的"不",又衍生出三种情况:一是矫枉、矫正的"不";二是不一定"不",即被约束、限制的"不"(其中有些否定,有些肯定;或有时否定,有时肯定);三是确定的"不",即"约束、限制"名存实亡。

本章的"弗笑"可以理解为矫枉、矫正的笑,而非发自内心的笑,即所谓皮笑肉不笑的"嘲讽"。这就属于上述第一种情况。

第二种情况,如第十九章(今本56章)"知者弗言,言者弗知",意思是"懂得多的人不说,爱说的人懂得不多"。这里的"弗"就不是绝对的"不",而是指一般情况下的"不"。

第三种情况,如第十四章(今本51章)"生而弗有也,为而弗恃也,长而弗宰也,此之谓玄德",又如第二十九章(今本66章)"故居前而民弗害也,居上而民弗重也。天下乐准而弗厌也"。这里的"弗"就是确定的"不"。

---

① 李学勤主编《字源》,天津古籍出版社、辽宁人民出版社,2012年12月第1版,第1104页。

"上德""广德""建德"辨析

"上德""广德""建德",这三种德的层级步步向上,境界属于三级跳。"上""广""建"三个字在这里都是动词,意思分别是崇尚(以……为上)、广播(使……广泛传播)和建立(使……建立)。

对此,有人可能会质疑:如果是这样的话,那么"上德如浴,大白如辱"的句式和意境就失去了对应的效果,因为"大白"的"大"字是形容词,那么对应的"上"就该是形容词,即"上等的"。实际上,这种观点是不对的,原因如下:

一是,后文中的"建德如偷,质真如渝"也不对应。老子为何一定要使"上德如浴,大白如辱"形成类似于骈文的对应关系呢?这种不对应的句式在《老子》中基本上是常态;二是,"广""建"二字明显是动词,"上"如果不是动词的话,意境缺失了连贯性;三是,如果"上"是形容词"上等的"的话,那么"上德""广德""建德"就不构成文意上的递进关系,就明显不符合文境推进的逻辑。

因此,"上德如浴,大白如辱,广德如不足,建德如偷,质真如渝"的意思就是:"崇德向上却好似'浴'之向下沐浴山川、净化万物,太过白净的器物却好似藏有污垢,德泽广布却好似残缺而不足,建德于世的勤勉与渐进却好似怠惰而漫不经心,质朴纯真却好似混浊不清。"

"大方无禺"与"大方无隅"辨真

"方"的本义是起土之锸。如图3-3甲骨文所示,"方"字的上短横为横把,中长横为足踏之处,下边为多股分叉。

第三章　士之闻道

《诗经·甫田》："以社以方，我田既臧。"《诗经·云汉》："祈年孔夙，方社不莫。"引申出大地、边境等含义，还有邦国之意，如《尚书·多方》："告尔四国多方，惟尔殷侯尹民。"另有学者认为，"方"的字形像一把刀，或模拟刀悬于架上之形；还有学者提出，"方"的本义是将罪犯剠发刺字，流放边疆。

图3-3　"方"字的甲骨文字形

"隅"的意思是边角、角落，联系上文对"方"的解读，那么"大方无隅"最为恰当的意思应该是"邦国、地区或大地大到没有边界的程度"。而今本等版本一般将这句话解读成"最大的方正没有棱角与边界"或"广大的空间好似没有角落"等，笔者一直感觉不太准确。不过，其中的道理总体上还算说得过去。

后来，帛书《老子》出土，人们才发现这里不是"隅"字，而是"禹"字，"禹"有"区域"的意思。从这个意义上理解，"禹"与"方"形同孪生关系，也就是说有"方"必有"禹"，有"禹"方成"方"，即有邦国就有区域，有区域才能成为邦国，那么"大方无禹"就与前后文意不协调了。

而换个角度思考，"方"还有"学问、道理"的意思。"大方之家"正是出自道家学派的另一位大师庄子的《庄子·秋水》："吾长见笑于大方之家。""大方之家"在这里指"见多识广、懂得大道理的人"，"大方"就是"大道理"的意思，或许这才最接近老子所谓"大方"的本义。由此，联系"大方无禹"的下一句"大器免成"，"大器"与"大方"形成对应关系，就很好理解了。有人将"禺"校释为通"隅"，但"大方无隅"与后文"大器免成""天象无刑"并不是很契合。

因此，"大方无禺"可以理解为世上的大道理是没有区域限制的，在任何区域都普遍适用。例如，2023年年初的人工智能工具 ChatGPT 被训练出具有浅显、初级的"通用智能"的时候，让整个世界为之亢奋，这种通用智能技术之所以伟大，就在于它适用于任何领域，而非局限于某一区域。

综上所述，笔者认为帛书乙本的"大方无禺"很合理，不应被改为"大方无隅"。而"大方无禺，大器免成"的意思就是："大道理通行天下而不受区域限制，大才重器本来就非刻意成就。"

"天象无刑"与"大象无形"辨真

帛书《老子》中，共有三处"刑"字。罗列如下：

第三章（今本41章）：天象无荆（刑）。

第十四章（今本51章）：物荆（刑）之而器成之。

第四十六章（今本2章）：长，短之相刑也。

"荆"是"刑"的古字。《集韵》："荆，通作刑。"有学者认为，"刑"字存在甲骨文，如图 3-4 中的 a 字。由此可知，"刑"的本义是处罚、治罪。《尔雅义疏》："释文引《韩诗》云：'刑，正也。'正亦法也。"

a 甲骨文　　b 西周金文

图 3-4

《周礼·大司寇》:"以五刑纠万民。"然而,如果将该甲骨文辨识为"刑",放进一些殷商时代的卜辞里则解释不通,如《甲骨文合集》[①]中编号00580、00581片上的甲骨文卜辞等,故《甲骨文合集释文》[②]将该甲骨文直接隶定为"死"。此处存在争议。

更多学者认为,"刑"字最早见于西周金文,如图3-4中的b字。《说文》:"荆(刑),罚罪也,从井从刀。""刀"代表刑刻,"井"代表"法"。《周易·井卦》郑玄注:"井,法也。""刑"由此引申出"铸造器物的模子"之意(后另加"土"字,以"型"字表示)。《荀子·强国》:"刑范正,金锡美,工冶巧,火齐得,剖刑而莫邪已。"杨倞注:"刑范,铸剑规模器也。"由此,"刑"字可以理解为按照一定的规则、模子去塑型、刑刻事物。

再来看"形"字。《字源》:"战国秦汉文献常见形字,多用其引申义。形字未见于先秦古文字资料。"[③]意思是说,在现代保存的战国秦汉文献中有很多"形"字,但是先秦的古文字资料里却没有"形"这个字。《墨子·经上》:"生,刑与知处也。"毕沅注:"刑,同形,言人处世,惟形体与知识。"《吕氏春秋·正名》:"凡乱者,刑名不当也。"此处的"刑"通"形"。

如上文所述,"刑"是动态的,是动词,是过程;而

[①] 郭沫若主编《甲骨文合集》,中国社会科学院历史研究所编,中华书局,1982年10月第1版。
[②] 胡厚宣主编《甲骨文合集释文》,中国社会科学出版社,2009年12月第1版。
[③] 李学勤主编《字源》,天津古籍出版社、辽宁人民出版社,2012年12月第1版,第788页。

"形"是静态的,是名词,是结果,即刑物以使其成形。

当然,退一步来说,即使将图3-4中的a字隶定为"刑",由其处罚、治罪的含义也可以引申出刑刻等义项。此外,"刑"字的上述内涵与引申含义还得到了中华传统文化中的重要理论——五行学说的强力支撑。其中的奥秘,笔者将在第十四章(今本51章)进行深入解读。

现在回到本章内容。显然,这里将"天象无刑"的"刑"字理解为塑型、刑刻,能够很好地解释上文的三个例句。所以,帛书《老子》中的"刑"被今本等版本改为先秦之后方才使用的"形",或被历代注家(含帛书注家)校勘为"形",皆不妥,这样就使得相关文句的内涵单薄、意境降低,而且无形中贬低了老子的才学水平。

另外,"天象无刑"的"天"与后文"道褒无名"的"道"相对应,即从前文的"大"到"天",再到"道",意境层层递进,可见帛书《老子》甲本用字很是考究。这里的"天"意为天然的、天成的,"天象无刑"的意思是:"天象浩荡不受刑造故而无形无迹。"

【对照版本】

傅奕本

上士闻道,而勤行之。中士闻道,若存若亡。下士闻道,而大笑之。不笑,不足以为道。故建言有之曰:明道若昧,夷道若类,进道若退。上德若谷,大白若黼,广德若不足,建德若偷,质真若输。大方无隅,大器晚成,大音稀声,大象无形,道隐无名。夫惟道,善贷且成。

第三章 士之闻道

王弼本

上士闻道,勤而行之。中士闻道,若存若亡。下士闻道,大笑之,不笑不足以为道。故建言有之:明道若昧,进道若退,夷道若纇。上德若谷,大白若辱,广德若不足,建德若偷,质真若渝。大方无隅,大器晚成,大音希声,大象无形,道隐无名。夫唯道,善贷且成。

河上公本

上士闻道,勤而行之。中士闻道,若存若亡。下士闻道,大笑之,不笑不足以为道。故建言有之:明道若昧,进道若退,夷道若类。上德若谷,大白若辱,广德若不足,建德若偷,质真若渝。大方无隅,大器晚成,大音希声,大象无形,道隐无名。夫唯道,善贷且成。

范应元本

上士闻道,勤而行之。中士闻道,若存若亡。下士闻道而大笑之,不笑不足以为道。故建言有之曰:明道若昧,进道若退,夷道若纇。上德若谷,大白若䫉,广德若不足,建德若输,质真若渝。大方无隅,大器晚成,大音稀声,大象无形,道隐无名。夫惟道,善贷且善成。

第四章　道动道用

（今本40章）

【帛书复真本】

反也者，道之勤也。弱也者，道之用也。天下之物生于有，有生于无。

【帛书释文本】

〔反也者〕[一]，道之勤（动）也[二]。弱也者[三]，道之用也。天〔下之物生于有[四]，有生于无〕[五]。

【帛书出土图版原文】

甲本

□□□，道之勤也。弱也者，道之用也。天□□□□□□□□。

乙本

反也者，道之勤也。□□者，道之用也。天下之物生于有=（有，有）生于无。

第四章 道动道用

【校勘注释】

本章被今本等版本与第三章（今本41章）调换了位置，且文中的"也"被今本等版本删除。

〔一〕"反"在此处有两层意思：一是事物朝着对立面变化，如万物盛极而衰，物极必反；二是假借为"返"，故通"返"，指事物循环往复的运行规律，如岁月循环往复，万物生生死死，永不停息。《庄子·逍遥游》："旬有五日而后反。"详见【考证辨真】。

〔二〕勭（dòng）："动"的异体字，运动。《银雀山汉墓竹简·王兵》："勭如雷神，起如蛰鸟。"

〔三〕弱也者：从柔弱、渺小开始发展变化，或保持柔弱胜强的状态。

〔四〕有：这里指道的有形质。

〔五〕"有生于无"句，楚简中没有"有"字。无：这里指道的无形。

【意解译文】

事物循环往复或朝着相反的方向转化，是道的运动；万物从柔弱开始发展变化或守住"弱能胜强"的态势，是道在发挥作用。天下万物产生于可见的"有"，"有"产生于不可见的"无"。

【考证辨真】

对"反也者，道之动也。弱也者，道之用也"的再认识

笔者在《道德经，古今有何不同》中提出了一个观点：

"'反也者，道之动也。弱也者，道之用也'句，可能真正揭示了'道'的本质，只是几乎无人注意而已。"这里继续深入探究。

先说"弱也者，道之用也"，这句话蕴藏着四重意境。

一是，"道"从最幽微处展示它无法估量的力量，例如所有高等动物，不论多么巨大，都是从微小的受精卵开始分化成长的。二是，"道"通过数以万计、数以亿计的轻微作用形成巨大的力量来改变世界，例如一滴水微弱到瞬间蒸发，但是数以亿计的水滴汇集成的大洪水可以排山倒海。三是，始终守住"弱能胜强"的态势，就能"四两拨千斤"般涌现"道"的力量与智慧，并对大千世界予以润泽，这样的例证在自然界和人类社会中有很多。四是，"道"由微弱不可见到引发巨变的过程，正是"道"的不招摇、守下且永不停歇的务实精神的最好展示。例如，你到一片竹林中仔细辨认每一棵竹笋，即便是持续一整天，也很难看出有什么变化；但是等你过几天再入竹林的时候，便会发现所有的竹笋都长高了一大截。"道"的这种微妙属性和巨大作用融汇于宇宙、天地，并主导万事万物的运行。这就是"弱也者，道之用也"的妙处和魅力。

再说"反也者，道之动也"的微妙。老子在第五章（今本42章）中提出一个宏大的论断，即"道生一，一生二，二生三，三生万物"的宇宙生成论。其中的"二"被后人解读为"阴阳学说"中的"阴阳"。这个"阴阳"有两种含义，其一是事物在物质层面的对立面，如一片树叶，其向阳的一面就是阳，而背阳的一面就是阴；其二是超出物质层面的对立概念，即"阳"是物质世界的一切,而"阴"则代表非物质世界的东西,例如人们常说的"阴间"概念。这样,"一生二"的"二"就既包含物质层面的内容,又包含非物质层面的内容了。

由此,"反也者,道之动也"揭示了宇宙与万物的三层关系。

一是,从物质层面来讲,万物都包含两种对立的力量,它们通过相互博弈,此消彼长,从而推动事物的变化。比如人从婴儿到成年,细胞生长的能量大于细胞死亡的能量,所以人便渐渐长大;而人从成年到老年则相反。这个过程正是"反也者,道之动也"的作用。

二是,由于"道生一,一生二"的"二"还包含"非物质层面的阴阳",所以"道"的反面肯定不是"阴"。"也就是说,'道'既不是物质层面的对立统一关系,也不是唯心主义的'阴间'观念。那么,'道之动的反面'就只能是'道'的镜像。意思是说,我们所处的物质世界是'道'的镜像及其所衍化出来的幻象(这里合称'镜幻世界'),这个'镜幻世界'之所以浩瀚无边、精彩纷呈,是因为其反面世界中'道'的运动。这将颠覆我们对物质世界本质的认知。"①

三是,上述物质与非物质层面的结合,即万物从"无"到"有",再从"有"到"无",促成整个过程的循环往复,这种关系还是"反也者,道之动也"的作用。

综上所述,"反也者,道之动也。弱也者,道之用也"揭示了世界和"道"的本质。同时,这也再次证明了笔者在第

---

① 王骥:《道德经,古今有何不同》,华文出版社,2023年1月第1版,第38—39页。

一章（今本38章）和第二章（今本39章）的判断，即"道"是从非物质层面统领宇宙与万物，而"德"或"一"是从物质层面统领宇宙与万物，是物质层面的真正开始。

对"物"及其与"道"的关系的辨析

本章字数虽然很少，但是却包含着"道"的伟大道理。天下万物来自"有"和"无"，"有""无"是什么？"物"到底是"无"还是"有"？这引发我们对"物"的概念的思考与辨析。

帛书《老子》中，涉及"道"与"物"紧密联系的文句主要有以下两处：

第六十五章（今本21章）：道之物，唯望唯忽（帛书乙本为"沕"）。

第六十九章（今本25章）：有物昆成，先天地生。

《说文》："物，万物也。牛为大物，天地之数，起于牵牛。故从牛，勿声。"应是在当时社会语境下所作的解读。如图4-1所示，由"物"的甲骨文字形可知，"物"字从牛

甲骨文　　先秦文字　　秦系简牍　　《说文》小篆

图4-1　"物"字的字形演变

从勿("勿"本义为云的形色),本义为杂色牛。

另外,郭沫若在《殷契粹编·考释》中说:"物,犁之初文,象以犁启土之状。"马如森又在《殷墟甲骨学》中说:"从牛从勿,勿象(犁的)末端刺田起土,土色非一色,引申为杂色,字从牛,故物为杂色牛。"这是另一种说法。上述观点有待进一步考证。

《周礼·牧人》:"牧人掌牧六牲,而阜蕃其物,以共祭祀之牲牷。"孙诒让正义:"物犹言种类也……凡牲畜,区别毛色,各为种类,通谓之物。"《周礼·保章氏》:"以五云之物,辨吉凶水旱降丰荒之祲象。"郑玄注:"物,色也。视日旁云气之色……知水旱所下之国。"也就是说,"物"衍生出"形色"的含义,这属于物质概念,诸如分子、中子、夸克等构成物质的基本粒子,无论多么微小,理论上用显微镜是可以看得见的。

"物"还有以下几种内涵。一是指事、事情,如《周礼·大司徒》:"以乡三物教万民而宾兴之。"二是指现象,如《礼记·中庸》:"诚者物之终始。"三是指环境,如《荀子·劝学》:"君子生非异也,善假于物也。"四是指神灵、精怪,如《汉书·武帝纪》:"朕巡荆扬,辑江淮物,会大海气,以合泰山。"五是指事物的内容与实质,如《周易·家人卦》:"君子以言有物而行有恒。"

如上,其中第五点内容与实质可以归类为信息,第四点神灵、精怪可以归类为精神、意识。因而,"物"的概念即指事物,也就是客观存在于自然界和人类社会的一切物质、事情、环境和现象,同时还包括精神、意识和信息等。显然,这一概念的内涵和外延在古代就存在了。

另外，按照现代科学理论的认知，物质是能量存在的一种形式，那么，诸如事情、环境、现象，乃至精神、意识和信息等，从某种意义上来说也可以理解为能量存在的不同形式。由此，《老子》中的"有"可能就是指上述"物"的概念，"无"可能类似于中医学和道家思想中"炁"等能量的概念。

所谓"道生无，无生有"，就是说"道"创生了包括"炁"在内的一切能量"无"，这个"无"又创生了宇宙中的一切事物。所以，《老子》中的"道"是个远远高于"物"的概念，两者不能混淆和等同。当然，"炁"不仅包含能量，还包含从"无"到"有"再到"万物"的衍生机制。例如中医学上的"炁"，即指构成人体（五脏、六腑、经脉等）和维持生命活动的最基本能量，及其对应的生理机能。

注意，第六十五章（今本21章）"道之物"的"物"意为"物用"，即"道"的用途，而并非"道这个物"的含义；第六十九章（今本25章）"有物昆成"意为"万物在'道'之后创生"，而并非今本"有物混成"的含义，其中的"昆"即"之后"的意思，如《尔雅·释言》："昆，后也。"上述"物"的深刻内涵及其与"炁""道"等的区别与关联，几乎被历代注家（含帛书注家）悉数忽略或错释。详见相关章节的考辨。

【对照版本】

傅奕本

反者道之动，弱者道之用。天下之物生于有，有生于无。

王弼本

反者道之动,弱者道之用。天下万物生于有,有生于无。

河上公本

反者道之动,弱者道之用。天下万物生于有,有生于无。

范应元本

反者道之动,弱者道之用。天下之物生于有,有生于无。

第五章　道与万物

（今本 42 章）

【帛书复真本】

道生一，一生二，二生三，三生万物。万物负阴而抱阳，中气以为和。天下之所恶，唯孤、寡、不橐，而王公以自名也。勿或敗之而益，益之而敗。故人之所教，夕议而教人。故强良者不得死，我将以为学父。

【帛书释文本】

〔道〕生一，〔一〕生二，〔二生三，三生万物〕[一]。万物负阴而抱阳〕[二]，中气以为和[三]。天下之所恶[四]，唯孤、寡、不橐（榖），而王公以自名也。勿（物）或敗（损）之〔而益[五]，益〕之而敗（损）。故人之〔所〕教，夕议而教人[六]。故强良（梁）者不得死[七]，我将以为学父[八]。

【帛书出土图版原文】

甲本

□生一，□生二，□□□□□□□□□□□，中气以为和。天下之所恶，唯孤、寡、不橐，而王公以自名也。勿或敗之□□□之而敗。故人之□教，夕议而教人。故强良者不得死，我将以为学父。

乙本

道生一＝（一，一）生二＝（二，二）生三＝（三，三）生万＝物＝（万物。万物）□□□□□□以为和。人之所亚，唯孤、寡、不𥞤，而王公以自□□□□□云＝（云，云）之而益。是故人之所教，□义而□□□□□死，吾将以为学父。

【校勘注释】

〔一〕一：混沌不分，形变之始，属于老子思想中"有"的开端。有人将这里的"一"等同于"无"或"元气"，皆不妥，详见第二章（今本39章）、第四章（今本40章）对"一""物"的考辨。二：指阴阳，包括形变之初的阳质、阳气和阴质、阴气。三：阴阳互相作用产生天、地、人"三才"，进而生发万物。《史记·律书》："数始于一，终于十，成于三。"

〔二〕"万物负阴而抱阳"句，帛书甲乙本毁损，此处根据今本等版本补足。负阴而抱阳：这里泛指万物由阴阳构成，详见【考证辨真】。

〔三〕"中"字，帛书甲本为"中"，帛书乙本毁损，帛书注家大多按照今本等版本校勘为"冲"，不妥。只有依靠一种"中"的力量予以制衡，阴阳才能真正达到平和、平顺的状态。中：中和、制衡。和：均匀和谐的状态。详见【考证辨真】。

〔四〕"天下"，帛书甲本如此，帛书乙本与今本等版本为"人"。考虑到老子是针对侯王、君主而言的，所以帛书甲本的"天下"最准确。

〔五〕勿：帛书整理小组校勘为"物"，即假借为"物"。敗（sǔn）："损"的异体字，减少、减损。

〔六〕"夕议而教人"句，帛书乙本仅存"义而"二字，帛书甲本为"夕议而教人"。夕：傍晚、夜晚。议：议论、讨论。"人之所教，夕议而教人"的意思是，别人教给我的东西，我为了决定第二天是否拿出来传授他人，要连夜与有识之士商讨、辨识，潜台词是"绝不自以为是"，这样就使上下文意连贯起来。而部分注家依照今本等版本字句，认为"夕"通"亦"，"议"通"仪"（引申为照样），于是这句话的意思变成："别人这样教我，我也这样去教导别人。"这样不仅有不负责任的"人云亦云"式教学定势框套之嫌，而且导致上下文意断裂，笔者认为不妥。

值得一提的是，"教"字取"教育、训诲"之意时，推测在战国之前针对孩子用得更多，而在两种情况下也可用于成年人，一是教者与被教者之间差距很大（地位或德行），如圣人或有德的君王像对待孩子一样去引导、教导民众，《老子》中绝大多数"教"字就是这个含义；二是侧重体现谆谆教诲、殷切希望的内涵。参考第六章（今本43章）对"教"的考辨。另外需要注意，"人"与"民"的内涵在古代存在差异，详见第十三章（今本50章）【考证辨真】。

〔七〕良：假借为"梁"。强梁：勇武，这里指强横独断。

第五章 道与万物

〔八〕学：这里指教授、教导。历代注家（含帛书注家）将这里的"学"释义为学习，不妥。"学"字取"教授、教导"之意时，推测在战国之前（特别是殷商时代和西周初期）针对成年人用得更多。《广雅》："学，教也。"《国语·晋语》："顺德以学子，择言以教子，择师保以相子。"从战国中后期开始，"学"字逐渐失去了"教授、教导"的含义。参考第六章（今本43章）、第十一章（今本48章）对"教""学"的考辨。父：万物来源之根系，引申为根本。有学者注释为"父"通"甫"，笔者认为不妥。学父：指导行事的根本。

【意解译文】

"道"产生混沌不分的"一"，"一"再分化而成初始阴阳（含气和质），初始阴阳交合形成"天、地、人"三才，三才进而生成万事万物。万物负阴而抱阳，阴阳的气和质激荡中和形成新的和谐。天下所厌恶的是"孤""寡""不穀"，但王公却用这些字来称呼自己。有的事物，减损了反而收获了增益，增益了反而受到了减损。所以别人教我的东西，我都要与人商讨辨析过后才拿出来传授他人。强横独断的人没有好结果，我把这句话当作指导行事的根本。

【考证辨真】

"负阴而抱阳"的由来与内涵辨析

"万物负阴而抱阳"这一说法的由来是什么？对于人体来说，背部为阳，胸腹部为阴，与"负阴而抱阳"相反，这又该怎样理解呢？这里从阴阳学、五行学、经络学、中医学、古代建筑风水学、古代习俗礼仪，以及现代人文地理学、气候学等方面进行简要分析。

阴阳学是中国古典哲学的核心之一，这里涉及三个重要内涵：一是对阴阳属性的认定；二是万物皆由阴阳构成，阴阳消长，有时可相互转换；三是万物阳中有阴，阴中有阳。简单理解，外向的、萌动的、旺盛的、强壮的、剧烈的、阳刚的、积极的、运动的、上升的、温热的、明亮的、兴奋的、雄性的、动能的、正气的、正统的属阳；而内在的、内守的、静止的、宁静的、下降的、阴柔的、雌性的、消极的、抑制的、寒冷的、晦暗的、邪气的属阴。

所谓"阳中有阴，阴中有阳"，即指阴阳的相互交织与嵌套。比如动物，雄性属阳，其背部、六腑为阳，而胸腹部、五脏则为阴，其抑郁、退缩的性格与表现也属阴。又比如南方分东南、正南、西南，分别对应十二地支的巳、午、未，其中的巳属阴火，午属阳火，未属阴土；而南方在五行学中为火方，属于阴阳学上的阳，所以巳（阴火）、未（阴土）并不影响南方属阳。同理，北方分西北、正北、东北，分别对应十二地支的亥、子、丑，其中的亥属阴水，子属阳水，丑属阴土；而北方在五行学中为水方，子（阳水）也并不影响北方属阴。由于南方属阳，具有阳光、阳刚、积极、向上、正气、正统等内涵，古人以其为尊，由此衍生出古代重要的习俗礼仪观念和风水布局思想。

所谓习俗礼仪，如君见臣、尊长见卑幼，皆面南而坐，所以古代有"南面称王""北面称臣"的说法。所谓风水布局，如古代建筑物，特别是帝都、重镇，都讲究坐北朝南，也就是面对充满阳刚之气、蒸蒸日上的南方（阳），背对阴柔婉转、势下归藏的北方（阴）。如北京中轴线就是贯通南北的子午线（略有偏差），坐落在它上面的所有重要建筑都体现了"坐北朝南"的风水观与"以南为尊"的古代习俗礼仪。

不论是君见臣、尊长见卑幼的"面南而坐"，还是建筑风水学上的"坐北朝南"，都是背部朝向北方如负阴，面部朝向南方如抱阳，即所谓的"负阴抱阳"，由此引申出"万物负阴而抱阳"这一说法。当然，此种说法的本质是表达"万物皆由阴阳构成"这一古人认知世界与万物的哲学思想。

实际上，古代这种风水布局、习俗礼仪是有科学道理的。因为中国位于北半球，太阳光从南方照射，故而面南则向阳，面北则背阴。如山脉的南边日照充足，北面则相反；加之季风气候影响，山的南面可以阻挡寒冷的北风，相对暖和，被称为阳坡，反之，山的北面则被称为阴坡。另外，中国的地势西高东低，河流多自西向东流，地球自转的偏向力使得河流在流动时偏向南边，故而河流的北岸相对干燥且更容易受到阳光照射，因此被称为阳岸；而南岸则相对潮湿且阴暗，被称为阴岸。由此，形成了"山南水北为阳，山北水南为阴"的古代人文地理常识。

接下来谈谈人体背部为阳、胸腹部为阴的道理。从中医经络学的角度来说，人体背部分布的基本都是阳经，脊柱是主一身阳气的督脉所在，督脉为"阳经之海"，统摄一身之阳，全身阳气的运行无不与之相关。脊背两旁是足太阳膀胱经等循行的部位，膀胱经阳气最多，且与肾经互为表里。所以说，人体的背部属阳，胸腹部属阴。

显然，"背阳腹阴"可理解为人体构造使然，而这种人体构造又与农耕时代古人的生活方式存在某种巧合。比如古人在农耕劳作的时候，需要弯着腰，太阳直射让背部获得充足的"阳气"；而胸腹部面对大地，获得的"阳气"则要少很多。

"阴阳""五行"的诞生及其广泛表意形成时代考辨

"万物负阴而抱阳"文句，帛书甲乙本皆毁损，此处根据今本等版本补足。其中，"阴""阳"二字在《老子》中只在本章出现过一次。于是，有人怀疑帛书原文未必如此。

鉴于此，对"阴阳五行"（"阴阳"与"五行"本属于不同学说，由于它们之间存在难以分割的关系，故这里一起探讨）诞生及其广泛表意形成时代的考辨就显得格外重要了。关于这一点，学界一直存在很大争议。所以，如果能够考证干支纪法中"阴阳""五行"结合的时期早于春秋末期，那么便能间接解决这里的问题和争议。

先来谈五行。学界普遍认为，"五行"最早见于《尚书》。《尚书·甘誓》："有扈氏威侮五行，怠弃三正，天用剿绝其命。"《尚书·洪范》："鲧堙洪水，汩陈其五行。帝乃震怒，不畀洪范九畴，彝伦攸斁。鲧则殛死，禹乃嗣兴。天乃锡禹洪范九畴，彝伦攸叙。……五行：一曰水，二曰火，三曰木，四曰金，五曰土。水曰润下，火曰炎上，木曰曲直，金曰从革，土爰稼穑。润下作咸，炎上作苦，曲直作酸，从革作辛，稼穑作甘。"

到了近代，梁启超在《阴阳五行说之来历》中说："春秋战国以前，所谓阴阳，所谓五行，其语甚希见，其义极平淡。且此二事从未尝并为一谈。诸经及孔、老、墨、孟、荀、韩诸大哲，皆未尝齿及。"① 之后，梁启超的弟子刘节又作《洪范疏证》，指出《洪范》成书于战国末期，其中所载五行之说，是战国时期邹衍等阴阳家之言，并非上古学问。

刘节于1928年提出的上述观点受到梁启超的大力推崇，很快在学术界成为权威论断。但是，在之后的八九十年间，学界出现了大量质疑声。

如1961年徐复观发表的《阴阳五行观念之演变及若干有关文献的成立时代与解释的问题》、20世纪80年代刘起釪发表的《〈洪范〉成书时代考》、2013年丁四新发表的《近九十年〈尚书·洪范〉作者及著作时代考证与新证》，以及李学勤对晋叔家父盘②与燹公盨铭文的考证和朱凤瀚、李零等对燹公盨铭文的考证，都明确否定了刘节的观点，即："刘节否定箕子作《洪范》的传统看法，而强行将其著作时代拉至战国末季的做法，除了迎合当时的疑古思潮而故作惊世骇俗之异论外，实际上并没有提供什么真实、可靠的证据和论证。"③ 同时，这些学者的大量研究也论证了《尚书·洪范》属于周朝初期的作品。

近几十年来，一些学者提出，五行源于天道历数，又名

---

① 梁启超：《阴阳五行说之来历》，《东方杂志》第二十卷第十号，1923年。
② 西周晋叔家父盘，年代为西周早期至春秋早期，长45厘米，宽42.5厘米，口径35.7厘米，高20.5厘米，出土于晋侯墓地64号墓。
③ 丁四新：《近九十年〈尚书·洪范〉作者及著作时代考证与新证》，《中原文化研究》2013年第5期，第12—22页。

五节、五辰、五时、五气、五常、五部、五运等，指的是行气、时令、节气、季节等，而非水、火、木、金、土；同时将《尚书》《史记》等古籍中提及的"五行"与通常意义上"阴阳五行"的"五行"（水、火、木、金、土）割裂开来，特别命名为"天道历数五行"，认为此"五行"非彼"五行"，并得出结论："以阴阳变迁赅论天道变迁，以四时五行变化赅论阴阳变化，这是原始阴阳五行说的思想内涵，是先秦天道哲学的最科学性之精华。可惜金、木、水、火、土五材观念侵入、占据历数五行说后，五行说的天文学内涵就被侵蚀及淹没了，以致今人难解基于十月制历法的阴阳五行说之真实内涵，难解古人基于天文学、天象学及黄帝历法的天道哲学体系。"[1]

上述关于五行学的观点有待商榷，因为五行学的天文学内涵一直存在，而且后世对"天文学中的五行对万物的影响"进行了广泛的探索。与其说"五材侵入了五行"，不如说"五材"是五行学广泛表意的体现和内容之一。另外，"五行"很有可能起源于天道历数，当然也存在其他可能，而这些都不是这里讨论的重点。笔者更关心"阴阳"与"五行"的结合，以及"五行"作为事物构成的基本元素、属性与运行方式的广泛表意（对"阴阳"的深入与细化）到底开始于什么时代？很多观点认为，这开始于战国末期的阴阳学派，晚于《老子》产生的时代（春秋末期）。然而，笔者认为，"阴阳"与"五行"的结合应该始于黄帝时代的"大挠作甲子"，而"五行"的广泛表意最晚开始于东周

---

[1] 林桂榛:《"五行"本为历数概念详证》,《哲学与文化》2016年第11期。

第五章 道与万物

早期,甚至可追溯到西周乃至殷商时代。接下来,笔者通过以"阴阳五行"为基础的干支纪法进行简单论述。

截至目前,出土的甲骨文多达15万片,内容主要是商王室的占卜记录,而占卜所标明的日期采用的就是干支纪法。例如,武丁时期的一块牛胛骨上就刻着完整的六十干支表,这是目前见到的最早、最完整的干支表,收录于《甲骨文合集》(编号37986片),如图5-1所示。

《山海经·大荒南经》:"羲和者,帝俊之妻,生十日。"《山海经·大荒西经》:"帝俊妻常羲,生月十有二。"帝俊即帝喾,在黄帝之后、尧帝之前;"十日"指十天干,"月十有二"指十二地支。①《竹书纪年》中也有"尧元年丙子"的记载,丙子即干支纪年。

图 5-1 商代武丁时期六十干支表②

由此可以确定,干支纪法在殷商时代已经普遍使用,甚

---

① 有人用神话解释,说帝俊的妻子羲和生下了太阳,常羲生下了月亮。但这里实则指羲和与常羲一起创立了干支纪法或制定了历法:第一种解释是,羲和制定了太阳历,常羲制定了太阴历;第二种解释是,"十日"代表十天干并以此轮回纪日,"月十有二"代表十二地支并以此轮回纪月。笔者认为,第二种解释更准确。

② 郭沫若主编《甲骨文合集》,中国社会科学院历史研究所编,中华书局,1982年10月第1版。

至可以追溯到五帝时代。

《史记·历书》："盖黄帝考定星历，建立五行，起消息，正闰余。"《世本》说："容成作历，大挠作甲子。"《吕氏春秋·尊师》："黄帝师大挠。"高诱注："大挠作甲子。"《五行大义》："支干者，因五行而立之。昔轩辕之时，大挠之所制也。"蔡邕《月令章句》："大挠采五行之情，占斗机所建也，始作甲乙以名日，谓之干；作子丑以名月，谓之支。有事于天则用日，有事于地则用月。阴阳之别，故有支干名也。"意思是说，大挠在五行的基础上，根据北斗七星斗柄所指方位的变化创立了天干地支，因涉天地日月，故分阴阳。其中的"斗机"泛指北斗，"建"意为北斗七星斗柄所指的方位。

由此可推知三点：其一，干支纪法产生的时间可上溯至黄帝时代，此时便实现了"阴阳"与"五行"的结合；其二，黄帝考定的星历应该是在容成所创历法（涉及天道历数）的基础上融入了大挠所创干支纪法（涉及阴阳五行），当为干支历法；其三，这里的"五行"不仅仅指天道历数，而应该具备包括事物构成的基本元素、属性与运行方式在内的初始表意，即所谓"五行之情""有事于天则用日，有事于地则用月"。

同时，《五行大义》又进一步阐释了"五行"从哪个时代开始具有了广泛表意。《五行大义·论律吕》："周以天统，服色尚赤者，阳道尚左，故天左旋。周以木德王，火是其子，火色赤左行，用其赤色也。殷以地统，服色尚白者，阴道尚右，其行右转。殷以水德王，金是其母，金色白，故右行，用其白色。"《吕氏春秋·应同》："及汤之时，天先见金刃生于水。汤曰：'金气胜。'金气胜，故其色尚白，其事则金。"《礼记·檀弓》:"殷人尚白,大事敛用日中,戎事乘翰,牲用白。"上述文献不仅提及了"五行"对应的颜色(如"火色赤""金色白")、"五行"的内在作用机制(如木生火、金生水、火克金),而且谈到了左右尊卑、服饰、战事、祭祀等涉及"五行"广泛表意的礼仪制度。

据《国语·郑语》记载,周幽王九年(前773年)太史伯在回答郑桓公的提问时说:"故先王以土与金木水火杂,以成百物。"《左传·昭公二十五年》(前517年):"则天之明,因地之性,生其六气,用其五行。气为五味,发为五色,章为五声。"《孙子兵法》(约成书于前515—前512年):"故五行无常胜。""声不过五……色不过五……味不过五。"可见,此时"五行"已具备事物构成的基本元素、属性与运行方式的广泛表意,涉及声、色、味等各方面。

上述记载表明,早在商周时期,人们已经对"阴阳五行"的广泛表意(而非仅仅指天道历数)有了深刻的理解与应用。

实际上,所谓"天道历数五行"只是"阴阳五行"的一个分支。"水、火、木、金、土"的广泛表意包括时令、节气、历数等天道变迁。而干支纪法可谓最直观、科学地体现天文学、天象学、气象学、物候学等天道运行、变迁规律的历法。它之所以如此完美而智慧,核心就在于其内在"五行"博大精深的表意,在于"生克制化、刑冲破害"等复杂而玄妙的交互、运动与作用。甚至可以说,若失去"五行"的宏大表意,干支纪法在很大程度上便失去了存在的价值和意义。

例如,"三伏"的概念就是因干支纪法与阴阳五行学的紧密联系而产生的。所谓"夏至三庚便数伏",意思就是从夏至日开始往后数,数到第三个庚日便入伏了。为何是"庚"日呢?因为庚属金,在炎热的夏季,天干上的"金"(而非地支上的"金")如同根系很浅的树苗,"金气"很弱。根据五行相生相克的法则,金生水,火克金,而薄弱的"金"能生的"水"很少,遇到烈火反而能激起"火"的烈性,让天气变得更热。进一步讲,属金的天干有"庚""辛",为何"三伏"要选"庚"呢?这是因为"庚金"属阳,有刚直、不屈的属性;"辛金"属阴,有雌柔、顺从的属性,遇到烈火反而从化为"火"。

实际生活中,人们确实感觉入伏天比其他时候更热。据《史记·秦本纪》记载,六月三伏之节始于秦德公(前710—前676年),也就是说,"三伏"不仅印证了"五行"的价值,而且是东周初期干支纪法与"阴阳五行"的广泛表意紧密结合的例证之一。这类例证还有很多。

又如彝族的十月太阳历,每两个月为一季,分别用五行"斯(木)、都(火)、杂(土)、赫(铜)、依(水)"命名,代表五季。这里代表五季的五行,也就是所谓"天道历数五行",如上文所述,是"阴阳五行"的一个分支。

另外,由于"五行"是实体与虚体并存的(并不只是一些学者定义的物质概念),各自具有不同的属性,如"木"具有生长、曲直、仁厚等属性,"金"具有消杀、收敛、刚健等属性,等等。不同时间、不同地点、不同事物或事件,结合"五行"相互作用的变化,可以在一定程度上展现世间万事万物的动态运行、变迁轨迹,其中体现的万物运行规则和

第五章 道与万物

哲学道理深邃无底、广大无边，这正是中华民族伟大智慧的结晶。

接下来，笔者对梁启超的观点进行反驳，提供三方面的理由。

第一，在群经之首《周易》中，虽然没有"阴阳"一词，但是《周易》最基础、最核心的构架和思想载体"--""—"就带有明确的含义指向。其中，"--"代表静止的、内向的、下降的、寒冷的、晦暗的、有形的、抑制的、内收的、被动的、柔性的、圆的、偶数等（对应"阴"的概念）；"—"则代表运动的、外向的、上升的、温热的、明亮的、无形的、兴奋的、外延的、主动的、刚性的、方的、奇数等（对应"阳"的概念）。而且，这二者的变化演绎淋漓尽致地体现出"五行"的特征（虽然没有用"五行"或"水、火、木、金、土"等字），可以简单地概括出生克制化、互为其根、物极必反等关系。

到了《易传》出现的年代，人们才启用"阴阳五行"的概念对古老的《周易》进行阐释。也就是说，"阴阳"及"五行"之"实"早就在周朝甚至伏羲年代就有了，"阴阳"及"五行"的广泛表意早在殷商时代就存在了，而其"名"到了战国后期才被阴阳学派发扬光大，从而成就了古人认知世界万物的哲学。

第二，1987年河南濮阳西水坡遗址出土的形意墓（45号墓），距今6500多年。墓中用贝壳摆绘的青龙、白虎图像栩栩如生，与近代几无差别。河图四象、二十八宿俱全，其布置形意，上合天星，下合地理。据专家考证，形意墓中之星象图可上合 25,000 年前，这一点也间接证明河图洛书为远古星图的说法有一定可信度。而河图洛书上的黑白点与奇偶数等含义，就对应着《周易》中的"--""—"属性，也就是后来的"阴阳"及"五行"的内涵。以河图为例（如图 5-2 所示），后人解读如下：

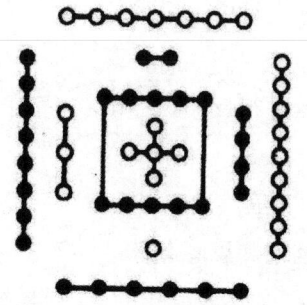

图 5-2　河图中的黑白点与奇偶数

北方：一个白点在内，六个黑点在外，表示玄武星象，五行为水。

东方：三个白点在内，八个黑点在外，表示青龙星象，五行为木。

南方：二个黑点在内，七个白点在外，表示朱雀星象，五行为火。

西方：四个黑点在内，九个白点在外，表示白虎星象，五行为金。

中央：五个白点在内，十个黑点在外，表示时空奇点，五行为土。

四象之中，每象各统领七个星宿，共二十八宿。其中四象，以古人坐北朝南的方位为正位就是：前朱雀，后玄武，左青龙，右白虎。[①]

[①]《河图相信之象与河图理论》，国学网，2017 年 12 月 22 日，http://sino.newdu.com/m/view.php?aid=68803。

第五章 道与万物

这就是堪舆学及古代建筑讲究顺应自然、大道之象的由来。

需要说明的是，河图洛书、先天八卦图等古代图示都是南方（午火、炎上，为至阳）在上，北方（子水、润下，为至阴）在下，如此符合天道地伦。

第三，谈谈古人的建筑风俗。早在原始社会，中国先民就按照坐北朝南的方向修建村落房屋，到了商周时期，测量方向是选择环境的先行步骤。《诗经·公刘》："既景乃冈，相其阴阳。"可见，古代以阴阳学说为指导进行选址建屋的理念，至少在周朝就有文字记载了。

以上内容说明：其一，阴阳学说在建筑风水学中早就得到广泛而深入的运用了，但春秋时期乃至商周时期很可能只有少数人用"阴阳"（内在运行机理高度契合五行原理）来命名这套理论，故当时谈及"阴阳"的大哲很少；其二，有"阴阳五行"之"实"的高深哲学理论早在商周时期就存在（如在建筑学上的应用）；其三，正式以"阴阳""五行"来命名上述理论并将其发扬光大，很可能开始于战国后期。

而梁启超所谓"诸经及孔、老、墨、孟、荀、韩诸大哲"的著作中，一般很少涉及建筑风水学，且《周易》等古籍中尚未使用"阴阳""五行"等文字进行相关命名或解读（或许已经有人以此命名或解读，但尚未成为主流，未被诸子百家知晓或认同）。例如，老子在《道德经》中往往以"牝牡"来代替"阴阳"，以"必贵而以贱为本，必高矣而以下为基""反也者，道之动也。弱也者，道之用也"等来解释阴阳通过五行"生克制化"的力量推动以实现诸如均衡守和、物极必反、互为其根、相互转化等规律和奥妙。

上述三方面的论据看来是梁启超等学者未曾考量的，所以他们得出的结论也是不成立的。

同时，上述三方面的论据也对当下众多研究者所持有的一种观点作出了回应，这种观点与梁启超等学者的看法类似（或者说就是受其影响），即："阴阳五行学说如果是自黄帝时期传承下来的学问，诸子百家不可能不提及，纵然不反对又不提倡，也决然做不到只字不提；之所以不提及，是因为他们并不知道有这么一套学问（即没有这套学问）。"

另外，一些人可能会说，我国有系统性文字（指始于甲骨文）印证的信史文明不过约3600年，并以此质疑上述某些论述与观点。笔者对此不敢苟同：第一，近现代的大量考古发现已将我国的画符、刻符文化上推到了8000多年前；第二，笔者一直认为，天文学及其广泛运用也应该成为信史文明的一条重要参考因素，因为只有人类智力水平和文明发展到一定的高度，才有能力去做这样浩繁的工作，而由西水坡遗址（距今6500—6000年）与双墩遗址（距今约7300年）等考古发现可知，当时我国古人已经极其惊人地掌握了二分二至等天文学知识；第三，上文所涉及的众多上古、远古文献记录、文化传承案例和考古实证，请问疑古者可有力证——证伪或否决吗？这里回到本小节的主题上来。笔者认为，"万物负阴而抱阳"确有可能不是《老子》的原文，但是从其所表达意境的深度、广度、玄妙和哲学意义，以及与上下文意的契合度上来说，可谓至臻完美，无可替代。

第五章 道与万物

总之,以上简略且不够成熟的考辨,未来还待继续深入。这里,我们列举部分古籍中涉及"阴阳五行"的文字:

《国语·周语》:"夫天地之气,不失其序;若过其序,民乱之也。阳伏而不能出,阴迫而不能蒸,于是有地震。"

《诗经·公刘》:"笃公刘,既溥既长,既景乃冈,相其阴阳,观其流泉。"

《左传·襄公二十七年》:"天生五材,民并用之,废一不可。"("五材"即"五行"。)

《周礼·卜师》:"凡卜,辨龟之上下左右阴阳,以授命龟者,而诏相之。"

《礼记·郊特牲》:"阴阳和而万物得。"

《黄帝内经》:"日为阳,月为阴。"

《荀子·天论》:"天地之变,阴阳之化。"

《白虎通》:"阳数奇,阴数偶。"

此外,阴阳家根据《尚书·禹贡》中记载的九州划分,提出"大九州""小九州"的概念;根据《尚书·洪范》中"五行"的说法,提出"五德终始说";根据《老子》《易传》等哲学著作,提出宇宙演化论。刘歆评价阴阳家"历象日月星辰,敬授民时";司马谈评价阴阳家精于天文历算,"序四时之大顺"。据《汉书·艺文志》记载:"阴阳二十一家,三百六十九篇。"不过大部分著作均已失传,其代表人物邹衍提出的"五德终始说",在古代王朝更替中发挥着重要的作用。

需要特别说明的是，虽然"万物负阴而抱阳"的"阴阳"二字只在《老子》中出现过一次，但是涉及阴阳五行说的表述在《老子》中出现较多，如第十四章（今本51章）"道生之而德畜之，物刑之而器成之"的"刑"，以及《老子》中其他涉及"刑"字的篇章；第二十六章（今本63章）"为无为，事无事，味无未"的"未"；第六十七章（今本22章）"曲则金，枉则定"的"金"；等等。笔者将在相关章节进行考辨。

"中气以为和"与"冲气以为和"辨真

"中气以为和"的"中"字，帛书甲本为"中"，帛书乙本毁损。今本等版本将其改为"冲"字，不太合理，这里予以辨析。

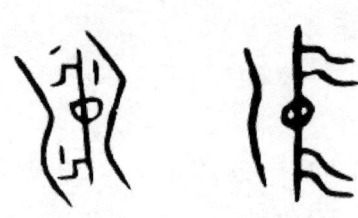

图5-3　"冲"字的甲骨文字形

"冲"的本字为"沖"，在甲骨文中早已出现，如图5-3所示，一例两旁为"水"，中间为"中"；一例是左部为"水"，右部为"中"。"沖"的本义为水流涌动、激荡，后俗省作"冲"。《说文》："沖，涌摇也。从水、中。"

由此，我们来看"冲气以为和"。如果万物内在的阴阳汹涌激荡地冲击或发生冲突，根本不可能出现平和、平顺的情况；只有依靠一种"中"的力量予以制衡，阴阳才能真正达到平和、平顺的状态。就如同两军对阵，双方只要保持均衡对峙的状态而不真正发生冲突，就能达到一种平衡；一旦发生冲突，只能出现两种情况，两败俱伤或一方取胜。这种均衡双方而又避免阴阳激烈冲击的力量就是"中"。

当然，这种"中"是动态的，如人体从幼儿到中年，机体的活性很旺盛、很强大，"中"要保持这种对等"向上"的平衡，就得让成长的"阳"的力量在一定程度上胜过收敛的"阴"的力量，所以，人就平稳地长大；而从中年到老年，正好相反。在这个过程中，一旦失去"中"的制衡，阴阳冲突激烈对抗，人就会生病或死亡，所以，"中"可以理解为在一定限度内维持相对均衡态下此消彼长的一种动态的博大精深的规律和艺术，正所谓"允执厥中"。

所以说，后世诸本将这里的"中"改为"冲"，也许是没有明晓（或者有意忽视）阴阳理论的精髓。事实上，很多学者刻意排斥"阴阳五行"这种深邃而高妙的理论，甚至将其定性为"旁门左道"，这一点笔者不敢苟同。

【对照版本】

傅奕本

道生一，一生二，二生三，三生万物。万物负阴而抱阳，冲气以为和。人之所恶，惟孤、寡、不穀，而王侯以自称也。故物，或损之而益，或益之而损。人之所以教我，亦我之所以教人。强梁者不得其死，吾将以为学父。

王弼本

道生一，一生二，二生三，三生万物。万物负阴而抱阳，冲气以为和。人之所恶，唯孤、寡、不穀，而王公以为称。故物或损之而益，或益之而损。人之所教，我亦教之。强梁者不得其死，吾将以为教父。

河上公本

道生一，一生二，二生三，三生万物。万物负阴而抱阳，冲气以为和。人之所恶，唯孤、寡、不穀，而王公以为称。故物或损之而益，或益之而损。人之所教，我亦教之。强梁者不得其死，吾将以为教父。

范应元本

道生一，一生二，二生三，三生万物。万物负阴而抱阳，盅气以为和。人之所恶，惟孤、寡、不穀，而王侯以自谓也。故物或损之而益，或益之而损。人之所以教我，而亦我之所以教人。强梁者不得其死，吾将以为学父。

第六章　至柔至坚

（今本43章）

【帛书复真本】

天下之至柔，驰骋于天下之致壁。无有入于无閒，五是以知无为之有益也。不言之教，无为之益，天下希能及之矣。

【帛书释文本】

天下之至柔，〔驰〕骋于天下之致（至）壁（坚）^{〔一〕}。无有人〈入〉于无閒（间）^{〔二〕}，五（吾）是以知无为之〔有〕益也^{〔三〕}。不〔言〕之教^{〔四〕}，无为之益，〔天〕下希能及之矣^{〔五〕}。

【帛书出土图版原文】

甲本

天下之至柔，□骋于天下之致壁。无有人于无閒，五是以知无为之□益也。不□之教，无为之益，□下希能及之矣。

乙本

天下之至柔，驰骋乎天下之至□□□□□□无閒，吾是以□□□□□益也。不□□□□□□□下希能及之矣。

【校勘注释】

〔一〕致：假借为"至"，尽、极。《论语·子张》："丧致乎哀而止。"《荀子·荣辱》："志意致修，德行致厚，智虑致明，是天子之所以取天下也。"墜："坚"的变体（变体在楚简《老子》中很常见）。

〔二〕无有：指不见形象的事物与无形的力量。閒："间"的异体字。无间：没有间隙的事物。

〔三〕无为：万物处于"无"或被复盘到"无"的状态下的作为。这里的"无为"如果只理解为顺应自然或大道而不妄为、不乱为、不私为、不强求，则较为片面，详见第一章（今本38章）对"无为"的考辨。

〔四〕不言之教：指言传身教中的"身教"。关于"教"字的考辨，详见【考证辨真】。

〔五〕及：到、达到。

【意解译文】

天下最柔弱的事物，驰骋穿行于最坚硬的事物之中。无形的力量可以穿透没有间隙的事物，我因此认识到"无为"的好处。"不言"的教导，"无为"的好处，普天之下很少有人能够做到啊。

【考证辨真】

"教"的本义考辨

"教"字从甲骨文开始，主要存在四种字形与演变路径，

| 第六章　至柔至坚 |

1.　商甲骨文　西周金文《说文》古字　战国简字

2.　商甲骨文　传抄古字　战国简字

3.　商甲骨文　战国金文　楚系简帛　秦小篆　西汉隶书　楷体

4.　传抄古字　楚系简帛　楚系简帛

图 6-1　"教"字的字形及演变路径

如图 6-1 所示。其中，前两种字形在战国中后期就消失了；第四种较杂乱的字形结构只出现在楚系简帛或汉代后传抄先秦的古字之中，比较少见；而第三种字形传承下来，就是如今的"教"字。

在早期甲骨文中，"教"字的右部是"攴"，表示手持棍状器械施教；左部是"爻"，极少情况下写作"乂"；其下是"子"，代表孩子、儿童。

关于"爻"字有几种解释：一是，"爻"在这里表音，即"教"字的读音与"爻"字相同或相近；二是，"爻"代表被教鞭轻轻抽打，是象征性符号；三是，"爻"代表算筹的筹码，与下面的"子"组合起来，表示孩子学习筹算的意思。

这些解释或许都有道理，但是笔者认为，更合理的解释应该是，"爻"指组成《周易》中卦的基本符号，"—"为阳爻，"--"为阴爻；每三爻合成一卦，即成八卦；两卦（六爻）相重则得六十四卦，称为别卦。也就是说，衍生万物的八卦是通过"爻"的组合和变化得以实现的，"爻"是推演万事万物演变的最基本要素，"爻"字含有交错组合和各种变化的意思，从这个意义上理解，"爻"可代表宇宙间万事万物的知识与学问。

由此，"教"的本义可以理解为将万事万物的知识传授、传承给下一代。再来看图6-1，第四种字形中的第一个字表示"传给孩子"，第二个字和第三个字都来自楚系简帛，意思是要用"口"与"音"来传授；而其他字形，如早期甲骨文、金文，都有一个代表棍状器械的督促学习的工具——"攴"。所以，笔者推断，战国之前的"教"字，主要是指针对孩子的教育，到了战国时期，特别是战国中后期，"教"字开始逐步扩大使用范围，并延续至今。

当然，春秋时期的"教"字也可以用于成年人，此时往往蕴含着谆谆教诲、殷切希望的内涵，或是体现教者与被教者之间差距很大（地位或德行），如圣人或有德的君王像对待孩子一样去引导、教导民众。《左传·襄公三十一年》："教其不知，而恤其不足。"《礼记·乐记》："教者，民之寒暑也。"《周礼·师氏》："以教国子弟。"郑玄注："教之者，使识旧事也。"

那么，在战国之前（特别是殷商时代和西周初期）针对成年人的教育和指导，用得更普遍的是哪个字呢？答案是"学"字。参考第五章（今本 42 章）、第十一章（今本 48 章）、第六十四章（今本 20 章）对"学"的考辨。

"不言之教"的含义辨析

"不言之教"即言传身教中的"身教"，主要包含三层含义：

一是，身教重于言教，即王阳明所说的知行合一。以身作则的教化是最有说服力的，也是最能让人倾服的，说一套做一套的危害是非常大的。

二是，他人说破不如自己领悟。一个人自己琢磨出道理，和别人直接告诉他道理相比，领悟的深度与感受是完全不一样的，有时甚至有天壤之别。正所谓"纸上得来终觉浅，绝知此事要躬行"，教育的最高境界即"不言之教"。

三是，正如老子所言："道，可道也，非恒道也。"即"道"一旦被人言说、言传，便不再是原本的、永恒的道了。因为人类的语言无论多么完美，对事物表述的力量都是有限的，所以，任何事物只要通过人类（即便是最优秀的语言学家）的语言被表述出来，就注定了它与事物本来面目的差异。这或许正是老子在帛书甲本德篇之中用"圣人"，而在道篇之中用"声人"的重要原因之一。因为在道篇开篇第一章，老子便设下一个前提，那就是"道"从此开始正式被言说了（即"道，可道也，非恒道也。名，可名也，非恒名也"），所以，道篇中的"道"就不再是德篇中未被正式言说的那个原本的"道"了。

注意，帛书《老子》甲本的用字特别考究，考究到几乎尽善尽美，对此，笔者将在第四十五章（今本1章）详细阐释。

【对照版本】

傅奕本

天下之至柔，驰骋天下之至坚。出于无有，入于无间，吾是以知无为之有益也。不言之教，无为之益，天下稀及之矣。

王弼本

天下之至柔，驰骋天下之至坚。无有入无间，吾是以知无为之有益。不言之教，无为之益，天下希及之。

河上公本

天下之至柔，驰骋天下之至坚。无有入无间，吾是以知无为之有益。不言之教，无为之益，天下希及之。

范应元本

天下之至柔，驰骋于天下之至坚。出于无有，入于无间，吾是以知无为之有益。不言之教，无为之益，天下希及之。

第七章　名身孰亲

（今本44章）

【帛书复真本】

名与身孰亲？身与偾孰多？得与亡孰病？甚爱必大费，多臧必厚亡。故知足不辱，知止不殆，可以长久。

【帛书释文本】

名与身孰亲？身与偾（货）孰多〔一〕？得与亡孰病〔二〕？甚〔爱必大费〕〔三〕，多臧（藏）〔必厚〕亡〔四〕。故知足不辱〔五〕，知止不殆〔六〕，可以长久。

【帛书出土图版原文】

甲本

名与身孰亲？身与偾孰多？得与亡孰病？甚□□□□，多臧□□亡。故知足不辱，知止不殆，可以长久。

乙本

名与□□□。

【校勘注释】

〔一〕偵:"償"的变体,而"償"是"货"的异体字。货:财物、财富。多:重、重要。

〔二〕得:指获取名利。亡:指丧失性命。病:有害。

〔三〕甚:过分、过于。大费:很大的耗费。

〔四〕臧:"藏"的异体字。《汉书·礼乐志》:"臧于理官。"多藏:丰厚的藏货。厚亡:惨重的损失。

〔五〕"知"字始见于商代甲骨文,从口,从于,从矢,本义为言辞敏捷,引申为知晓、懂得。参见第二十八章(今本65章)对"知"的考辨。辱:困辱。

〔六〕殆:危险。

【意解译文】

名望和生命相比哪个更值得亲近?生命和财富相比哪个更为贵重?获取名利和丧失生命相比哪个更为有害?过分爱好名利就会付出更大的代价,过分积敛财富就会招致更大的损失。所以懂得满足就不会遭受困辱,懂得适可而止就不会遭遇危险,这样才能长存久远。

【考证辨真】

本章没有需要重点考辨的字句。

【对照版本】

傅奕本

名与身孰亲?身与货孰多?得与亡孰病?是故甚爱必大

费,多藏必厚亡。知足不辱,知止不殆,可以长久。

王弼本

名与身孰亲?身与货孰多?得与亡孰病?是故甚爱必大费,多藏必厚亡。知足不辱,知止不殆,可以长久。

河上公本

名与身孰亲?身与货孰多?得与亡孰病?甚爱必大费,多藏必厚亡。知足不辱,知止不殆,可以长久。

范应元本

名与身孰亲?身与货孰多?得与亡孰病?是故甚爱必大费,多藏必厚亡。知足不辱,知止不殆,可以长久。

第八章　大成若缺

（今本 45 章）

【帛书复真本】

大成若缺，亓用不币；大盈若浊，亓用不窫。大直如诎，大巧如拙，大赢如炪。趮胜寒，靓胜炅。请靓，可以为天下正。

【帛书释文本】

大成若缺，亓（其）用不币（敝）[一]；大盈若浊（盅）[二]，亓（其）用不窫（穷）[三]。大直如诎[四]，大巧如拙，大赢如炪（绌）[五]。趮胜寋〈寒〉[六]，靓胜炅[七]。请靓，可以为天下正[八]。

【帛书出土图版原文】

甲本

大成若缺，亓用不币；大盈若浊，亓用不窫。大直如诎，大巧如拙，大赢如炪。趮胜寋，靓胜炅。请靓，可以为天下正。

乙本

□□□□□□□□盈如冲，亓用不穷。大巧如拙，大

第八章 大成若缺

直如屈,大经如绌。趯朕寒,□□□□□□□□□。

【校勘注释】

〔一〕币:假借为"敝",残余、剩余。大成若缺,其用不敝:最成功的事情看似有缺陷,其作用就会充分发挥。另外,"若"字的甲骨文可会意为顺从、容许,由此,本句还可以理解为"大成之才只有包容小缺点,其作用才能充分、持久发挥"。也就是说,"大才"大用,不应拘泥于细枝末节。这也非常有道理,笔者将在《楚简道德经甄辨》(老子新考系列二)中进行深入考辨。

〔二〕"𣶒"字,帛书甲本为"𣶒",帛书整理小组校勘为"冲",帛书乙本与今本等版本为"冲",傅奕本、范应元本等版本为"盅"。"冲"是"沖"的古字,又可假借为"盅"。综上所述,"𣶒"可训释为"盅"。"盅"因中空而寓意空虚。

〔三〕䵆(qióng):"穷"的异体字,尽。不䵆:不会穷尽。

〔四〕"诎(qū)"字,帛书甲本为"诎",帛书乙本与今本等版本为"屈",二者在此处含义相同。诎:弯曲。《广雅》:"诎,曲也,折也。"《玉篇》:"诎,枉曲也。"《礼记·祭义》:"孝子之祭可知也,其立之也敬以诎,其进之也敬以愉。"《荀子·劝学》:"若挈裘领,诎五指而顿之,顺者不可胜数也。"

〔五〕"大赢如炳"句,帛书甲本如此,帛书乙本为"大经如绌(chù)",今本等版本将本句删除(或改为"大辩若讷"),帛书整理小组注释为"炳即讷字之误",不妥。严遵在《老子指归》中说"是以赢而若绌",由此推断,帛书甲本的"炪"可能是"绌"的误写。绌：欠缺、不足。

〔六〕趮：疾速，引申为激发活力。《说文》："趮，疾也。"趮胜寒：激发自身活力能够战胜外在的寒冷。

〔七〕靓（jìng）：艳丽、美好，这里引申为内在的美好。"靓"字，帛书注家大多按照今本等版本校释为通"静"，不妥，且含义大变，详见【考证辨真】。炅（jiǒng）：光、明亮，这里引申为外表光亮。靓胜炅：内在的美好胜过外在的光亮。这样，"靓胜炅"就和前文"趮胜寒"形成意境上的融洽互动，一个是"从内向外激发活力"，另一个是"从内向外展现美好"。

〔八〕"请靓"句，帛书甲本如此，帛书乙本缺失，传世诸本大多为"清静"，帛书注家大多也校勘为"清静"，不妥。正：正统。请靓，可以为天下正：亮出才干，做出政绩，才能统治天下。详见【考证辨真】。

【意解译文】

最成功的事情看似有缺陷，其作用就会充分发挥；最充盈的东西看似空虚，其作用就不会穷尽。最正直的东西好似弯曲，最灵巧的东西好似笨拙，最丰盛的东西好似欠缺。激发自身活力能够战胜外在的寒冷，内在的美好能够胜过外在的光亮。亮出才干，做出政绩，才能统治天下。

【考证辨真】

"靓"与"静"考辨

"趮胜寒，靓胜炅。请靓，可以为天下正"在今本等版

本中为"躁胜寒,静胜热,清静为天下正",后者存在逻辑不通的问题,主要体现在两个方面:

一是,由"躁胜寒,静胜热"推导不出"清静为天下正"这个结论,逻辑上讲不通。

二是,"清静为天下正"的"正"是"正统"之意,结合"天下",这里讲的应该是侯王治理天下的大事(而非单纯的修身养性),释义为"清静是治理天下的正统",道理上也讲不通。

后来,帛书《老子》的出土,使我们看到了不同的内容,这要从"靓"字说起。

"靓"在此处的读音是 jìng,而非 liàng。《说文》:"靓,召也。从见,青声。"如图 8-1 所示。"靓"有"艳丽、美好"之意,这里指内在的美好。由此,"请靓"就有两层含义:

图 8-1 "靓"字的小篆字形

其一,把优异的才干展现出来,做出卓越的政绩。那么,"请靓,可以为天下正"的意思就是:把才干、政绩展现出来,这样才可以让天下信服,这才是治理天下的正统之所在。

其二,把才干、政绩展现出来,体现的是一个动态过程,即从内向外真实地显露。这就意味着要做到表里如一,有本领而不虚伪,便具备外在魅力。这样的侯王就能获得天下人的拥护。

综合上述两层含义,"请靓,可以为天下正"的意思就是:"亮出才干,做出政绩,才能统治天下。"

【对照版本】

傅奕本

大成若缺，其用不敝；大满若盅，其用不穷。大直若诎，大巧若拙，大辩若讷。躁胜寒，靖胜热，知清靖以为天下正。

王弼本

大成若缺，其用不弊；大盈若冲，其用不穷。大直若屈，大巧若拙，大辩若讷。躁胜寒，静胜热，清静为天下正。

河上公本

大成若缺，其用不弊；大盈若冲，其用不穷。大直若屈，大巧若拙，大辩若讷。躁胜寒，静胜热，清静为天下正。

范应元本

大成若缺，其用不敝；大满若盅，其用不穷。大直若诎，大巧若拙，大辩若讷。躁胜寒，静胜热，知清静以为天下正。

第九章　有道无道

（今本46章）

【帛书复真本】

天下有道，却走马以犝；天下无道，戎马生于郊。罪莫大于可欲，禍莫大于不知足，咎莫憯于欲得。故知足之足，恒足矣。

【帛书释文本】

天下有道，却走马以犝（粪）〔一〕；天下无道，式〈戎〉马生于郊〔二〕。罪莫大于可欲〔三〕，禍（祸）莫大于不知足〔四〕，咎莫憯（憯）于欲得〔五〕。〔故知足之足〕〔六〕，恒足矣〔七〕。

【帛书出土图版原文】

甲本

・天下有道，却走马以犝；天下无道，式马生于郊。・罪莫大于可欲，禍莫大于不知足，咎莫憯于欲得。□□□□，恒足矣。

乙本

□□□道，却走马□粪；无道，戎马生于郊。罪莫大可欲，祸莫□□□□□□□于欲利。故知足之足，恒足矣。

【校勘注释】

〔一〕却：屏弃、退还。走马：战马。鞤："鞤"的变体，而"鞤"是"粪"的异体字。粪：施肥，引申为耕种。

〔二〕戎马：战马。生于郊：指母马在战场边郊产下马驹。

〔三〕"罪莫大于可欲"被今本等版本删除后，将治国问题变成了个人修行问题。

〔四〕旤："祸"的异体字。

〔五〕曙：应是"憯（cǎn）"的假借或变体，惨、惨痛。《说文》："憯，痛也。"

〔六〕知：知晓、懂得。参见第二十八章（今本65章）对"知"的考辨。

〔七〕"恒"字，为了避讳汉文帝刘恒的"恒"，今本等版本改为"常"字（或借避讳有意为之），意思变化很大。详见【考证辨真】。

【意解译文】

治理天下遵循大道，连战马都会退还田间耕种；治理天下悖逆大道，连怀胎的母马也要送上战场。统治者的罪孽莫大于任情纵欲，祸害莫过于不知满足，罪过莫惨于贪得无厌。所以统治者要懂得满足的限度，才能获得长久的丰足。

第九章 有道无道

【考证辨真】

"罪莫大于可欲"辨真

"罪莫大于可欲"句,帛书甲乙本、楚简、河上公本、严遵本、傅奕本、范应元本及《韩非子·解老》《韩非子·喻老》等版本中都有本句(文字或有差异,如帛书乙本无"于"字),王弼本(今本)等少数版本删除本句,于是整章文意彻底转变了。

老子把"罪""祸""咎"作为统治者的三大警戒线,其中以"罪"为最:统治者如果一心追求个人利益最大化,而不顾民众的死活,就等于对人民犯下了大罪。而今本等少数版本删除本句后,便将重大的治国问题变成了个人的修行问题(因为"罪"这一条不应列入修行者的惩戒范畴)。

"恒"与"常"辨析

图 9-1 "恒"字的甲骨文、金文字形

"恒足矣"的"恒"字,今本等版本为避讳汉文帝刘恒的"恒"而改为"常"字。显然,"恒""常"是有区别的。

"恒"字的甲骨文、金文字形如图 9-1 所示,甲骨文从"二"(表天地),从月,本义为如同天地、月亮一样长存,恒久不变；金文加义符心，表示"心"如天地、月亮一样恒久不变。"恒"有长久不变乃至亘古不变的意思。

再来看"常"字。《说文》："常，下裙也。""常"字本义为下身穿的裙子，引申为经常、一直等含义。"常"又是古代长度单位，一丈六尺为常。与"恒"相比，"常"是有限的，可以是时断时续的，也就是说某种状态出现的频率较高，严格来讲可以存在间断，即起伏变化，这与"恒"所强调的永恒不变的含义肯定不同。

所以说，"恒"与"常"两个字看似区别不大，实则差异很大。帛书《老子》中共有30处"恒"字，其中有29处被今本等版本改成了"常"字，导致解读发生了很大变化。

【对照版本】

傅奕本

天下有道，却走马以播；天下无道，戎马生于郊。罪莫大于可欲，祸莫大于不知足，咎莫憯于欲得。故知足之足，常足矣。

王弼本

天下有道，却走马以粪；天下无道，戎马生于郊。祸莫大于不知足，咎莫大于欲得。故知足之足，常足矣。

河上公本

天下有道，却走马以粪；天下无道，戎马生于郊。罪莫大于可欲，祸莫大于不知足，咎莫大于欲得。故知足之足，常足。

范应元本

　　天下有道,却走马以粪;天下无道,戎马生于郊。罪莫大于可欲,祸莫大于不知足,咎莫憯于欲得。故知足之足,常足矣。

第十章　户知天下

（今本 47 章）

【帛书复真本】

不出于户，以知天下；不规于牖，以知天道。亓出也弥远，亓知弥少。是以圣人弗行而知，弗见而名，弗为而成。

【帛书释文本】

不出于户〔一〕，以知天下〔二〕；不规（窥）于牖〔三〕，以知天道〔四〕。亓（其）出也弥（弥）远（远）〔五〕，亓（其）〔知弥（弥）少。是以圣〕人弗〔行而知，弗见〕而〔名〕〔六〕，不〈弗〉为而〔成〕〔七〕。

【帛书出土图版原文】

甲本

不出于户，以知天下；不规于牖，以知天道。亓出也弥远，亓□□□□□人弗□□□□□而□，不为而□。

乙本

不出于户，以知天下；不規于□，以知天道。亓出弥远者，亓知弥□□□□□□□□□而名，弗为而成。

第十章 户知天下

【校勘注释】

〔一〕户：门户。《说文》："半门曰户。"

〔二〕知：这里指推知、判断。参见第二十八章（今本65章）对"知"的考辨。

〔三〕规：假借为"窥"，窥视、探看、洞察。牖（yǒu）：先秦时，墙壁上开的窗叫作"牖"，屋顶上的天窗叫作"窗"，参见第五十五章（今本11章）相关考辨。

〔四〕天道：天行之道，即天理、天意，泛指万物运行的规律。

〔五〕其：这里指凡人或昏昧的君主，而后文的"圣人"指遵"道"而行的圣明君主。弭（mǐ）："弥"的异体字，更加。徐：应是"远"的变体。

〔六〕"弗见而名"被部分学者校勘为"弗见而明"，如此一来，意思大变，说明没有理解老子所谓"名"的深刻含义，详见【考证辨真】。

〔七〕弗为：不亲为。这里要注意"弗"与"不"的重大区别，参见第三章（今本41章）对"弗"的考辨。

【意解译文】

智者贤达，不出门户，就能推断天下大事；不望窗外，就能推知万物运行的规律。而凡夫俗子，外出得越远，看到的越多，就越容易被浮华表象所迷惑，懂得的真知反而越少。所以，圣人根据自身丰富的知识、经验与超常的判断力，不经历就能推知事理，不眼见就能明辨事由，不亲为就能有所成就。

【考证辨真】

"不出于户，以知天下"与"不出户，知天下"辨析

本章内容历来争议很大，主要集中在两点：一是说老子是唯心主义的先验论者；二是说老子过分夸大书本理论知识而忽视了实践。实际上这是两种误解，关键就在于对这句话的辨析。

"不出于户，以知天下"被今本等版本改为"不出户，知天下"。前者暗含不出门就可以凭借过往知识、经验的积累及超强的推理判断能力推知天下大事的意思，而后者根本没有上述意思。同理，"不窥于牖，以知天道"被今本等版本改为"不窥牖，见天道"。

有一句成语叫作"运筹帷幄之中，决胜千里之外"，与老子在此处表达的观点一致。一个人的精力非常有限，不可能事事亲为。对于智者贤达而言，他们依靠过人的智慧与能力，同时借助外力，往往无须"亲为"就能高质量、高效率地解决问题。

例如，总裁为何能够高瞻远瞩？他所掌握的市场信息主要来自众多员工在市场上的打拼，而非"亲为"；他所了解的行业趋势往往来自行业政策与经济环境变化，很多时候还需要行业咨询，更非"亲为"；等等。总裁的智慧在于从庞杂的信息中厘清关键问题，抓住核心枢纽，作出正确决策。这就需要智者贤达的能力了。这类案例现实中存在太多，不胜枚举。

第十章 户知天下

"其出也弥远,其知弥少"辨析

有人说,这句话明显与"读万卷书,不如行万里路"相矛盾,没有道理,其实不然。例如,你要了解乌鸦的内部构造,即使看尽了天下所有的乌鸦(类似"行万里路"),也不可能知晓真相;而实际上,你只需要待在实验室(类似"不出于足")解剖一只乌鸦就足够了。前者是庸人的做事方式,后者是智者的处事策略。

所以说,"其出也弥远,其知弥少"主要针对的是凡夫俗子,他们走得越远,看的越多,往往反而"乱花渐欲迷人眼",被庞杂的信息弄得摸不着头脑。

"弗见而明"与"弗见而名"辨真

本章后半部分,帛书甲乙本毁损严重,其中,帛书乙本有"而名"二字,一些帛书研究者将其校勘为"而明"。那么这里到底是"弗见而名"还是"弗见而明"呢?笔者认为应该是"弗见而名",原因要从老子所谓"名"的特别含义说起。

在《老子》中,"名"是个非常重要的概念,这里略举两例:

> 第四十五章(今本1章):无名,万物之始也;有名,万物之母也。(例一)
>
> 第五十八章(今本14章):视之而弗见,名之曰微。听之而弗闻,名之曰希。捪之而弗得,名之曰

夷。（例二）

例二中的"名"是命名、定义的意思，而例一中的"名"则截然不同。这个"名"之有无，统领了"万物之始"与"万物之母"，也就是将创世之初及此后世间存在的一切事物都予以认知、辨别，所以，这个"名"具有宏大而深远的内涵。

结合例一、例二，我们可以推断《老子》中的"名"包含两层含义：一是认知天下万事万物，并将其甄别；二是在甄别的基础上对其命名、定义，同时转化成人类可以传承的知识。

而"弗见而明"的"明"只能释义为"明晓"，与老子的"名"相比，就显得非常单薄了。

【对照版本】

傅奕本

不出户，可以知天下；不窥牖，可以知天道。其出弥远，其知弥尠。是以圣人不行而知，不见而名，不为而成。

王弼本

不出户，知天下；不窥牖，见天道。其出弥远，其知弥少。是以圣人不行而知，不见而名，不为而成。

河上公本

不出户，知天下；不窥牖，见天道。其出弥远，其知弥少。是以圣人不行而知,不见而名,无为而成。

范应元本

不出户,可以知天下;不窥牖,可以见天道。其出弥远,其知弥尟。是以圣人不行而知,不见而名,不为而成。

第十一章　为学闻道

（今本 48 章）

【帛书复真本】

为学者日益，闻道者日损。损之又损，以至于无为，无为而无不为。圣人之取天下也，恒无事，及亓有事也，又不足以取天下矣。

【帛书释文本】

为〔学者日益[一]，闻〕道〔者日损[二]〕。损之又损，以至于无为，无〕为而无不〔为[三]。圣人之〕取天下也[四]，恒〔无事[五]，及亓（其）有事也[六]，又不足以取天下矣〕。

【帛书出土图版原文】

甲本

为□□□□道□□□□□□□□□□□=而无不□□□□取天下也，恒□□□□□□□□□□□□□。

乙本

为学者日益，闻道者日云=（云。云）之有云，以至于无□□□□□为也。耴人之取天下，恒无事，及亓有事也，

第十一章 为学闻道

有不足以取天下矣。

【校勘注释】

〔一〕笔者认为,这里有两大关键点被历代注家(含帛书注家)忽视或误解。

一是,本章承接上一章,在谈圣人"弗为而成"之后,过渡到讲述侯王、君王等统治者该如何通过自身的修为,真正践行"无为而无不为"的道理。所以,这里的"为学者""闻道者"指的都是统治者,只因处于不同的修为等级,故称谓不同。历代注家(含帛书注家)大多将其泛化为天下所有的修为者、求学者,不妥。对此,通过后文"圣人之取天下也"也能得到明确的印证。

二是,历代注家(含帛书注家)大多将这里的"学"字释义为"学习、求学、学问",不妥。此处的"学"是"教授、教导"的意思,联系上下文,"为学者"可引申为"好为人师的统治者,不放手任何一件事,事必躬亲",详见【考证辨真】。故"为学者日益"的意思应该是"好为人师的统治者事必躬亲,政务与日俱增",而非"求学之人的私欲妄见日日增长"。

〔二〕闻道:知闻而遵循大道。本章的三个"损"字,帛书甲本缺失,帛书乙本均为"云",或为"损"之误,待考。闻道者日损:知闻大道的统治者,遵循"道"的规律而善于放手,并任贤使能,故而繁杂之事日渐减少。

〔三〕"无为而无不为"句,有学者校勘为"无为而无以为",而楚简《老子》中则是"亡(无)为而亡(无)不为",

这个早于帛书一百多年的版本印证了前者的正确性。无为：万物处于"无"或被复盘到"无"的状态下的作为。这也属于遵"道"而为，其主流释义仅为上述概念下的部分内涵。详见第一章（今本38章）相关考辨。

〔四〕取：治理。帛书乙本图版中，有学者根据反印文，发现"耴人之"的小残片应当补入此处，即帛书乙本原文应为"耴人之取天下"，而包括北大汉简本、楼正本、敦煌本在内的几乎所有现存版本均未见此表述，多为"故取天下""取天下""将（欲）取天下"等。因帛书甲本此处毁损，故据此校勘。

〔五〕恒：持久、永恒。"恒"字被今本等版本改为"常"字，使文意变化很大，参考第九章（今本46章）对"恒"的考辨。无事：顺道而为，不生事，不扰攘民生。

〔六〕有事：以私欲之心用事，以繁杂苛政骚扰民生。

【意解译文】

好为人师的统治者事必躬亲，政务与日俱增，而知闻大道的统治者善于放手，故繁杂之事日渐减少。减少又减少，最后达到"无为"的境地。无为即遵"道"而行，任何事情都可以有所作为。统治者治理天下，要以无私心、不扰民为准则，如果以私欲之心苛政扰民，就难以取信于天下而使之归顺。

【考证辨真】

"学"字本义及其使用时代的辨析

在早期甲骨文中，"学"字的组成部分"爻"或"乂"指

第十一章　为学闻道

图 11-1　"学"字在殷商及西周初期的甲骨文字形

的是组成《周易》中卦的基本符号,"—"为阳爻,"--"为阴爻,代表宇宙间万事万物的知识与学问。参见第六章(今本 43 章)对"教"的考辨。

经笔者统计汇总,截至目前所发现的甲骨文中"学"字的字形主要有九种,如图 11-1 所示,第一排的两种字形出现频率很低,第二排的七种字形出现频率很高。

其中,第一排第一个字"爻"就代表知识,第二个字最上面有两个"乂",可解读为双手捧着知识,意为传授知识和学问。由此可推测,早在殷商时代,"学"就有知识、学问的含义了,尽管用得比较少。

而第二排的七种出现频率很高的不同字形,下面的房屋形状代表场所(一说为算筹形),上面双手捧着的"爻""乂"代表知识,合在一起就是在某些固定场所传授、教授知识。所以说,"学"在殷商时代及西周初期的主要含义就是教授和教导。

《广雅》:"学,教也。"《国语·晋语》:"顺德以学子,择言以教子,择师保以相子。"韦昭注:"学,教也。"《礼记·文王世子》:"凡学世子及学士,必时。"郑玄注:"学,教也。"《礼记·学记》:"《兑命》曰:'学学半。'其此之谓乎!"《说文》段玉裁注:"《兑命》上'学'字谓教,言教人,乃益己之学半,教人谓之学者。学所以自觉,下之效也;教人所以觉人,上之施也。故古统谓之学也。"唐代经学家孔颖达对"学学半"也有类似的解释:"上学为教,音教;下学谓学习也。言教人乃是益己学之半也。"也就是说,古代的"学"字包含"教授、教导"与"受教、学习"的双重含义,教导者在教授的过程中自己也在学习,正所谓教学相长。

如图11-2所示,从西周早期的金文开始,"学"字添加了表意偏旁"子",突出表示教育孩子,与"教"字的用法出现了重叠,参见第六章(今本43章)对"教"的考辨。据此推测,甲骨文中的"学"字或许主要针对的是成年人。

| 西周早期 | 战国早期 | 西周早期 | 战国晚期 | 秦小篆 |

图11-2 "学"字从西周到战国的金文字形和秦小篆字形

同时,部分金文又添加了"攴"(手持棍形,"教"字的甲骨文、金文字形同样有"攴"),篆文承接金文,隶变后分别写作"學(学)"与"斅(敩,xiào)"。《说文》:"敩,觉悟也。……学,篆文斅省。"《增韵》:"受教传业曰学。"朱子曰:"学之为言效也。"《墨子·鲁问》:"鲁人有因子墨子而学其子者。"于省吾《双剑誃诸子新证》:"学,应读作敩。"

如图 11-2 所示，从秦小篆开始，"学"字的字形就固定了下来，时至今日经过两千多年基本没变化。从战国中后期开始，"学"字逐渐失去了"教授、教导"的含义。

"为学者日益""闻道者日损"意境的辨析

很多学者将本章与上一章联动，并产生了误解，说老子反对实践、反对知识，提倡无知无畏，即所谓的"无知才能无为"。

之所以存在如此巨大的误解，笔者认为，一方面与后世对《老子》的改动所引发的种种误导有关；另一方面是因为后世注家站在各自阶层的立场，以各自的认知角度进行片面解读，就像"盲人摸象"。例如，河上公解读为："学，谓政教礼乐之学也。日益者，情欲文饰，日以益多。道，谓自然之道也。日损者，情欲文饰，日以消损。"而王弼的观点是："务欲进其所能，益其所习。务欲反虚无也。"等等。

本章承接上一章"弗行而知，弗见而名，弗为而成"（圣人根据自身丰富的知识、经验与超常的判断力，不经历就能推知事理，不眼见就能明辨事由，不亲为就能有所成就），进一步升华智慧和思想，主要从两个方面展开，一个是"日益"，另一个是"日损"，二者殊途同归。

其中的"日损"，在"损之又损"之后，就达到"以至于无为"的境界了；而"为学者日益"则是为了反衬"闻道者日损"。老子上述表述的最终目标指向就是"无为而无不为"。

【对照版本】

傅奕本

为学者日益,为道者日损。损之又损之,以至于无为,无为则无不为。将欲取天下者,常以无事,及其有事,又不足以取天下矣。

王弼本

为学日益,为道日损。损之又损,以至于无为,无为而无不为。取天下常以无事,及其有事,不足以取天下。

河上公本

为学日益,为道日损。损之又损,以至于无为,无为而无不为。取天下常以无事,及其有事,不足以取天下。

范应元本

为学者日益,为道者日损。损之又损之,以至于无为,无为则无不为。将取于天下者,常以无事,及其有事,不足以取天下。

第十二章　圣人无心

（今本49章）

【帛书复真本】

圣人恒无心，乃以百姓之心为心。善者善之，不善者亦善之，德善也。信者信之，不信者亦信之，德信也。圣人之在天下，翕翕焉，为天下浑心。百姓皆属耳目焉，圣人皆孩之。

【帛书释文本】

〔圣人恒无心[一]，乃〕以百姓之心为〔心〕[二]。善者善之[三]，不善者亦善〔之，德善也[四]。信者信之，不信者〕亦信〔之，德〕信也。圣人之在天下，翕（歙）翕（歙）焉[五]，为天下浑心[六]。百姓皆属耳目焉[七]，圣人皆〔孩〕之[八]。

【帛书出土图版原文】

甲本

□□□□□□以百姓之心为□。善者善之，不善者亦善□□□□□□□□□□亦信□□信也。圣人之在天下，翕=焉，为天下浑心。百姓皆属耳目焉，圣人皆□之。

乙本

耴人恒无心，以百眚之心为心。善□□□□□□□□，德善也。信者信之，不信者亦信之，德信也。耴人之在天下也，欲＝焉，□□□□□生皆注元□□□□人皆□之。

【校勘注释】

〔一〕"恒无心"，帛书甲本毁损，帛书乙本如此，今本等版本为避讳汉文帝刘恒的"恒"而改为"无常心"，使文意变了。无心：无私心。

〔二〕"姓"字，帛书甲本疑缺失，后据新缀残片残留笔画，可认定为"姓"，帛书乙本为"眚"（"省"的异体字）。"百姓"在战国之前是对贵族的统称，战国之后演变为对平民的通称。历代注家（含帛书注家）将《老子》中的"百姓"释义为民众、人民，实属不妥。以百姓之心为心：以王公贵族、士大夫的意愿为意愿。详见【考证辨真】。

〔三〕"善者善之"等句，今本等版本添加"吾"字，意思就变了。这样就有意拉开了"圣人"形象与当世社会生活的距离，神圣化君王。

〔四〕德：很多学者注释为通"得"，不妥，应该是以德成就、感化与教化的意思。详见【考证辨真】。

〔五〕翕（xī）：帛书整理小组校勘为"歙"，吸气，这里指收敛妄欲。

〔六〕浑心：质朴、淳朴之心。

〔七〕百姓皆属耳目焉：王公贵族、士大夫就会成为统治者（如周天子）知晓、掌握天下的耳目。详见【考证辨真】。

第十二章 圣人无心

〔八〕"孩"字,帛书甲乙本缺失,取用王弼本(今本)、河上公本等版本的"孩"。孩之:要像对待孩子一样对待他们。

【意解译文】

圣人没有私心,以王公贵族、士大夫的意愿为意愿。善良者要善待,不善良者也要善待,以"德"教化、感化他们向善。守信者要信任,不守信者也要信任,以"德"教化、感化他们守信。圣人在位治理天下时,收敛妄欲,使天下人的心思归于浑朴。于是王公贵族、士大夫就会为圣人治理天下充当耳目,所以圣人要像对待自己的孩子一样对待他们。

【考证辨真】

古代的"百姓"与"百省"辨析

围绕"百姓",笔者发现了四点问题:一是,主流观点将《老子》中的"百姓"按照现代概念释义为民众、人民,然而"百姓"在战国之前是对贵族的统称,战国之后才演变为对平民的通称;二是,在用字特别究究的帛书《老子》甲本中,出现了两处"百省"、三处"百姓",根据上下文意,这三处"百姓"指的确实是贵族而非民众;三是,帛书乙本先是用"百眚",后来用"百姓",似乎在这两个词之间徘徊选择,最后确定选用"百姓";四是,楚简《老子》中出现的"百眚"有力印证了帛书本中"百省"的正确性。

由此,笔者认为,帛书本中的"百省",绝非"百姓"之笔误,一定有特别含义。这里进行考辨,供读者朋友们探讨。

先说"百姓"。先秦时代,"百姓"指贵族及当官的士人,主要包括天子、诸侯、卿,以及大部分士大夫;士人包括当官的人,以及有声望的读书人。《诗经·天保》:"群黎百姓。"郑玄笺:"百姓,官族姓也。"《尚书·尧典》:"九族既睦,平章百姓。"孔颖达疏:"百姓即百官。"

现代概念中的"百姓"指平民,其历史上的称谓多达数十种,例如黔首、编伍、黎民、黎氓、黎苗、黎甿、黎烝、黎首、黎庶、黎元、庶民、庶人、草民、生民、小民、人民、民众、生灵、苍生、平人、野人、白士、白丁、白屋、白衣、布衣、匹夫,等等。

如图 12-1 所示,"省"字始见于商代甲骨文,字形像用眼观察草木,本义为察看、观察,与"眚"同源。

《周礼·大行人》:"王之所以抚邦国诸侯者,岁遍存,三岁遍眺,五岁遍省。"郑玄注:"存、覜、省者,王使臣于诸侯之礼,所谓间问也。"《周礼·小行人》:"存、覜、省、聘、问,臣之礼也。"贾公彦疏:"存、覜、省三者,天子使臣抚邦国之礼。"先秦时代的"省"包含"天子使臣安抚邦国之礼"的意思,也就是安抚、慰问、礼遇邦国,这是从诸侯国的角度来说。

图 12-1 "省"字从商代到西周的字形演变①

从统治者(如周天子)的角度来说,情况则有很大的不同。周天子不仅有分封

---

① 李学勤主编《字源》,天津古籍出版社、辽宁人民出版社,2012 年 12 月第 1 版,第 287 页。

第十二章 圣人无心

诸侯国的权力，而且从制度上还对诸侯国的具体运行有着重要的影响，甚至具有操控的权力（到了周朝中后期，这种权力逐渐衰微）。《礼记·王制》："大国三卿，皆命于天子。""次国三卿，二卿命于天子，一卿命于其君。""小国二卿，皆命于其君。"

"省"可谓五年一次重大视察，天子的使臣实地了解、问询诸侯国的状况，从而让统治者知晓、掌握邦国实情，这些实情包括涉及王公贵族、士大夫，以及底层民众的经济、政治、文化、教育、物产等各个方面。

"百省"的"百"字有两层意思：一是指多而全，即分布于四面八方的所有邦国；二是指长期而持续，即持续性的安抚、慰问，以知晓最真实的状况。

由此，"百省"的意思就是通过长期的、多次对各邦国进行实地视察、安抚慰问，知晓、掌握邦国各方面的真实状况，可以简单理解为"对邦国及人民的安抚"。

其中的"人"，主要包括贵族和士大夫。这是因为，在老子所处的春秋末期，国家主要还是由诸侯国构成，分封制的核心还是以家族、氏族为对象，所以在邦国之中，除了王公贵族和士大夫，绝大多数平民的地位是很低的，而且还有奴隶。除了极少数从平民甚至奴隶飞升至官宦的人，他们严格意义上讲不在"百省"的范畴之内。但是，涉及平民、奴隶等阶层的详情，属于天子使臣视察诸侯国时需要了解的范畴。可参见第十三章（今本50章）对"人""民"的考辨。

由此归纳，"百省"指天子使臣对邦国及人民的大型（五年一次）巡视与安抚，以及对其实情的了解与掌握，后来或借以代指"邦国及人",其中的"人"主要指贵族和士人,还包括出身于平民甚至奴隶而后当官的人,以及普通民众;而"百姓"则是指贵族,以及其他当官的士人(不含平民出身的士人),可简单理解为王公贵族和士大夫。显然,"百省"的范围比"百姓"更广,更接近现代概念下的民众。

"百省""百姓"含义的验证与再考

针对"百省""百姓"的不同含义,这里再作考证。现将帛书《老子》中涉及"百省""百姓"的文句罗列于此:

第十二章(今本49章):圣人恒无心,乃以百姓之心为心。……百姓皆属耳目焉,圣人皆孩之。(帛书乙本:圣人恒无心,以百省之心为心。……生皆注其耳目焉,圣人皆孩之。今本:圣人无常心,以百姓心为心。……百姓皆注其耳目,圣人皆孩之。)

第四十章(今本75章):百姓之不治也。(帛书乙本:百生之不治也。今本:民之难治。)

第四十九章(今本5章):声人不仁,以百省为刍狗。(帛书乙本:圣人不仁,以百姓为刍狗。今本:圣人不仁,以百姓为刍狗。)

第六十一章(今本17章):成功遂事,而百省谓我自然。(帛书乙本:成功遂事,而百姓谓我自然。今本:功成事遂,百省皆谓我自然。)

其中,第十二章(今本49章)帛书甲本两处均为"百

第十二章　圣人无心

姓",帛书乙本第一处为"百省"("省"是"省"的异体字,下文以"百省"表述),第二处为"百生";第四十章(今本75章)帛书甲本为"百姓",帛书乙本为"百生";第四十九章(今本5章)帛书甲本为"百省",帛书乙本为"百姓";第六十一章(今本17章)帛书甲本为"百省",帛书乙本为"百姓"。

可见,帛书甲本三处为"百省",两处为"百姓";而帛书乙本一处为"百省",两处为"百生",最后两处为"百姓"。

帛书甲本不避讳汉高祖刘邦的"邦",应为楚汉时期至汉高祖七年(前200年,长乐宫建成,儒学博士叔孙通安排群臣行朝仪,使刘邦感到"吾乃今日知皇帝之贵也")之间誊抄的作品,当时"百姓""百省"的含义相较于先秦时代应没有明显变化。而帛书乙本避讳汉高祖刘邦的"邦",应为汉高祖至汉文帝十二年(前168年,马王堆三号墓下葬)之间誊抄的作品,当时的"省"或许已经失去了"天子使臣安抚邦国之礼"的含义,而"百姓"的含义也正在逐渐转化,所以帛书乙本的誊抄者在抄录过程中流露出了"徘徊"的心理,具体表现为:

"百省"是帛书乙本开篇不久第十二章(今本49章)抄录的词(或在"百省"与"百姓"古今义的选取上徘徊,误选了"百省",因为帛书甲本此处为"百姓"),同一章又出现了误抄的"(百)生"("百"字毁损)。到了中间部分第四十章(今本75章),帛书乙本再次出现了误抄的"百生"(或印证了抄录者继续在"百省"与"百姓"古今义的选取上纠结）。到了后面的第四十九章（今本 5 章）、第六十一章（今本 17 章），帛书乙本全部使用"百姓"，而对应的帛书甲本用词都是"百省"（含义接近"平民"）。

也就是说，帛书乙本的抄录者或许在徘徊许久后，最后终于决定不再纠结，"百姓"在当时已经转变为平民的含义了。由此也可反证，帛书甲本的"百省"比当时的"百姓"一词更接近平民的含义。

"德善也""德信也"辨析

"德善也"的"德"字，景龙本、遂州本、敦煌己本、严遵本、傅奕本、司马光本、吴澄本等版本为"得"。很多学者将"德"注释为通"得"，是不正确的。这里的"德"字包含两层含义：

其一，"善者善之""信者信之"，是一种成就"善""信"的方式，这种"成就"的内涵就包含在"德"里面。

其二，"不善者亦善之""不信者亦信之"，这就不仅仅是成就"善""信"了，而是交织着"感化、引导、教化"的内涵。

综上所述，"德善也"就是"以'德'成就、感化与教化向善"，"德信也"就是"以'德'成就、感化与教化守信"。

【对照版本】

傅奕本

圣人无常心，以百姓心为心。善者吾善之，不善者吾亦善之，得善矣。信者吾信之，不信者吾亦信之，得信矣。圣

第十二章 圣人无心

人之在天下，歙歙焉，为天下浑浑焉。百姓皆注其耳目，圣人皆咳之。

王弼本

圣人无常心，以百姓心为心。善者吾善之，不善者吾亦善之，德善。信者吾信之，不信者吾亦信之，德信。圣人在天下歙歙，为天下浑其心。圣人皆孩之。

河上公本

圣人无常心，以百姓心为心。善者吾善之，不善者吾亦善之，德善。信者吾信之，不信者吾亦信之，德信。圣人在天下怵怵，为天下浑其心。百姓皆注其耳目，圣人皆孩之。

范应元本

圣人无常心，以百姓之心为心。善者吾善之，不善者吾亦善之，德善矣。信者吾信之，不信者吾亦信之，德信矣。圣人之在天下，歙歙焉，为天下浑心焉。百姓皆注其耳目，圣人皆咳之。

第十三章　出生入死

（今本 50 章）

【帛书复真本】

出生入死，生之徒十有三，死之徒十有三，而民生生，勤皆之死地之十有三。夫何故也？以亓生生也。盖闻善执生者，陵行不辟矢虎，入军不被甲兵。矢无所揣亓角，虎无所昔亓蚤，兵无所容亓刃。夫何故也？以亓无死地焉。

【帛书释文本】

出生〔入死[一]，生之徒十〕有〔三[二]，死〕之徒十有三[三]，而民生生[四]，勤（动）皆之死地之十有三[五]。夫何故也？以亓（其）生生也[六]。盖〔闻善〕执生者[七]，陵行不〔辟（劈）〕矢（兕）虎[八]，入军不被甲兵[九]。矢（兕）无所揣亓（其）角[十]，虎无所昔（措）亓（其）蚤（爪）[十一]，兵无所容〔亓（其）刃。夫〕何故也？以亓（其）无死地焉[十二]。

【帛书出土图版原文】

甲本

· 出生□□□□□□有□□之徒十有三，而民生＝，勤皆之死地之十有三。夫何故也？以亓生＝也。盖□□执生者，陵行不□矢虎，入军不被甲兵。矢无所楢亓角，虎无所昔亓蚤，兵无所容□□□何故也？以亓无死地焉。

乙本

出生入死，生之徒十又三，死之徒十又三，而民生＝，僮皆之死地之十有三。夫何故也？以亓生＝。盖闻善执生者，陵行不辟累虎，入军不被兵革。累无□□□□□□□亓蚤，兵□□□□刃。夫何故也？以亓无死地焉也。

【校勘注释】

上一章老子谈的是"以百姓之心为心"与治理天下的问题，从文意承接的角度来说，本章绝对不可能探讨"个人养生"问题。果然，帛书的现世，让一切都明了起来。

〔一〕入死：到死。《韩非子·解老》："人始于生而卒于死，始谓之出，卒谓之入，故曰出生入死。"

〔二〕徒：类、同类。十有三：十分之三。

〔三〕死之徒：夭折的一类。

〔四〕"民"字被今本等版本改为"人"字，这就把整个底层阶级"民众"的事情变成了个体"人"的事情了。同时，今本等版本又在后文"以其生生也"（帛书乙本为"以其生生"）句中添加了"之厚"二字，于是老子这篇"反映当世民众生死实情的调查分析报告"就变成了讨论"人之生死哲学"的文章。注意，"人"与"民"在古代是有很大区别的，详见【考证辨真】。

〔五〕勤："动"的异体字。勤皆：即动皆，意为动辄。

之死地：陷入死亡之地。

〔六〕"以其生生也"（帛书乙本为"以其生生"）句，今本等版本添加"之厚"二字，变成"以其生生之厚"，意思就完全改变了。帛书里的"生生"，第一个"生"意为"使生存、存活"，第二个"生"意为"生命"，"生生"即"使生命存活、延续"，可引申为"谋生"。而"厚"有"殷实、丰足"之意，如改为"生生之厚"，那么其意思就是"使生命活得殷实、丰足"，这已经变成"养生之厚"了，文意彻底改变。详见【考证辨真】。

〔七〕盖：句首语气助词。执：掌握，这里指擅长。

〔八〕"陵行"被今本等版本改为"陆行"，而"陵行"比"陆行"更容易遇到野兽。"辟"字，帛书甲本毁损，帛书乙本为"辟"。主流观点参照今本等版本，认为"辟"通"避"，不妥；另有学者认为"辟"假借为"劈"，笔者认同。《说文》："劈，破也。从刀，辟声。""劈"意为"用刀、斧等破开"，这里指"用劈刀招惹"。矢：帛书整理小组校勘为"兕（sì）"，或为同音假借，指犀牛一类的动物。

〔九〕"被甲兵"，帛书甲本如此，帛书乙本为"被兵革"，意思一样。被：覆盖。甲兵：铠甲和兵械，泛指兵器。"被甲兵"这里指披坚执锐引起敌人注意，主流观点释义为被兵甲伤害，不妥。

〔十〕揣（duǒ）：剟（duō）、刺，指犀牛等猛兽用角冲刺撞击。"揣"字被今本等版本改为"投"字，部分学者校勘为"揣"，不妥。

〔十一〕昔：帛书整理小组校勘为"措"，即假借为

"措"。《集韵》:"昔,音错。"《说文》:"措,置也。从手,昔声。"蚤:假借为"爪"。《荀子·大略》:"争利如蚤甲,而丧其掌。"

〔十二〕无死地:没有置身于死亡的境地。

【意解译文】

当今民众从生到死的现状是,能生存下来的占十分之三,夭亡的占十分之三,而民众为了谋生动辄陷入死地而死亡的占十分之三。为什么会这样呢?因为民众要与严苛的生存条件抗争(指春秋末期,贵族之间及贵族与民众的矛盾激化,诸侯争霸,兵戈四起,民不聊生)才能得以生存。据说善于保护生命的人,在山林中行走不用劈刀招惹犀牛和猛虎,在战争中不会披坚执锐引起敌人注意。因而犀牛用不上它的角,猛虎用不上它的爪,敌人用不上他的刀刃。这是什么原因呢?这是因为他们没有置身于死地啊(所以,好的社会及统治者不会把民众置于死地)。

【考证辨真】

古代"人"与"民"含义辨析

在古代,"人"与"民"是有区别的,先说"民"字。

商甲骨文　　春秋金文　　楚简老子甲　　秦系简牍

图 13-1　"民"字从商代到秦朝的字形演变

如图 13-1 所示，从商代的甲骨文到春秋时期的金文，再到战国时期的楚系简帛，"民"字的字形像一只被刺伤的眼睛，表示由刺瞎一只眼睛的战俘充当奴隶。郭沫若在《甲骨文字研究》一书中考证："（周代彝器）作一左目形，而有刃物以刺之。""周人初以敌因为民时，乃盲其左目以为奴征。"这一观点得到学界广泛认同。

《说文》："民，众萌也。从古文之象。"上古时代把"民"称为"萌（氓、泯）"，故有"兴粥利萌"一说。有学者认为，"民"字是"盲"字的初文，从眼盲引申出蒙昧无知的内涵，指民众没有文化，蒙昧无知，像盲人一样。

另外，有学者认为，甲骨文、金文中的"目"不一定专指眼睛，也可以代表头和脸面，并推导出"民"字最早应该来自人的文身；又参考《说文》所谓"民，众萌也"，将"萌"理解为"初生草芽"，故将"民"字的最初含义解释为文身的小儿，理由是古代巫术认为文身能够保佑儿童成长。这种观点属一家之言，而对于"目"字代表头和脸面的说法，这里有必要略略展开谈一下。

上古时代有一种刑罚叫作黥刑，又称墨刑，就是在人的脸上刺字并染以黑色。遭受黥刑的人四肢健全，不影响劳作，可以做各种苦役，同时，由于他们脸上刺有耻辱的标记，走到哪里都会被认出来，所以一般都不会逃跑。黥刑从西周开始就有记载（或许早在殷商时代就存在），使用非常普遍，如周初刑法规定"墨罪五百"，即列举应处以墨刑的罪状有五百条之多，《尚书·吕刑》亦云"墨罚之属千"，意思是墨刑的罪状多达千条。

第十三章 出生入死

上古五刑之一的黥刑,对于一般平民都被广泛使用,那么对于奴隶和战败的俘虏来说,在他们的脸面上刺字做标记以防逃跑,极有可能是很普遍的事情。如果认可"目"字代表头和脸面,那么甲骨文、金文中"民"字的字形所表达的意思就应该是刺面做标记。

综上所述,无论赞同哪种观点,有一点是明确的,即"民"的本义是奴隶(来源于战俘、有罪之人等)。《穀梁传·成公元年》:"古者有四民:有士民,有商民,有农民,有工民。"其中的"士民"泛指士大夫阶层和普通读书人,属于"民"中的最高等级。也就是说,"民"的概念逐渐扩展。很可能在春秋及更早的时代,"民"已经包含了"商民、农民、工民",或暂未包含"士民",这一点可参考帛书《老子》(特别是帛书甲本)中"民""人"混用的情况,根据对上下文意及"民""人"内涵的研判,大体上来说是成立的。到了战国时期,"民"的概念继续扩展,直至包含所有平民。

上古时代,由于世袭制、分封制处于主导地位,除了天子、王公、诸侯、权卿等贵族及其家族成员,以及服务于贵族的人员(如士),其余的底层平民(或称民众、庶民),虽

商甲骨文　　西周金文　　楚系简帛　　秦系简牍

图 13-2　"人"字从商代到秦朝的字形演变

然不是奴隶身份，但是与奴隶相比，他们的社会地位也高不了多少（周代相比于殷商要好一些）。

再来谈"人"字。"人"字为象形字，如图13-2所示，从甲骨文、金文的字形可以看出，"人"字象侧面站立的人形。

《说文》："人，天地之性最贵者也。此籀文象臂胫之形。"《礼记·礼运》："故人者，其天地之德，阴阳之交，鬼神之会，五行之秀气也。""故人者，天地之心也，五行之端也，食味、别声、被色而生者也。"《中庸》："仁者，人也。"《孟子·滕文公上》："劳心者治人，劳力者治于人。"

由此，可以大致推测，"人"在春秋及更早的时代，很可能主要指的是天子、王公、诸侯、权卿等贵族及其家族成员，以及服务于贵族的人员（如士），后来发展到包含整个平民阶层。

也就是说，至少在春秋及更早的时代，"民"很可能指的是奴隶和绝大多数平民（即《穀梁传》所谓"商民、农民、工民"等庶民），而"人"很可能指的是所有贵族群体（包含《穀梁传》所谓"士民"）。到了战国时期，特别是战国中后期，随着分封制的逐步瓦解，尤其是秦国商鞅变法开启了平民可以通过军功跻身贵族的制度先河之后，"民"与"人"的概念才渐渐模糊起来。

上述推断，主要从"民"与"人"的字形构造及演变的角度出发，并参考相关古籍文献进行分析，大体上能够成立。当然，此处观点仍值得商榷，有待进一步考证。

第十三章　出生入死

"民之生死"与"哲学养生"的问题辨真

在本章中，今本等版本仅靠三个字的改动（整体改动不止三个字），便将老子所述当世民众"十有八九都会面临死亡威胁"的残酷社会现状，改换成一篇讨论"人之生死哲学"和"如何养生"的闲谈。这是怎么做到的呢？笔者在《道德经，古今有何不同》中已经作了比较详细的考校，这里再进行补充和归纳。

帛书甲乙本中"而民生生，动皆之死地之十有三"的"民"字，被今本等版本改为"人"字，变成了"人之生动之死地，亦十有三"。这样一改，整个底层民众的整体性问题就悄无声息地转化为人的个体问题。

显然，帛书原文的意思是"民众为了谋生动辄陷入死地而死亡的占十分之三"，说的是民众谋生异常艰难，基本上是拿命去换的。老子揭示的是当时各诸侯国的统治者及上层阶级（包括王侯将相、奴隶主、新兴的地主阶级等）为了私利，相互征伐、横征暴敛，视民众如蝼蚁。而今本等版本将"民"改为"人"，意思就变成了"为了追求更好的生活，人们往往盲目贪婪妄为，结果反而让自己陷入死地，这就占了三成"。前者说的是残酷环境导致底层民众死亡，后者变成了人们为追求过度享乐而导致自己死亡。

或许是为了进一步坐实这种被修改后的文意，今本等版本在后文中作了进一步的改动。帛书甲本的"以其生生也"句（帛书乙本为"以其生生"），今本等版本添加了"之厚"二字，变成了"以其生生之厚"。于是，带有"谋生"含义的"生生"就瞬间"华丽转身"，变成"生生之厚"，即"养生之厚"了!

显然,帛书原文的意思是"因为民众要与严苛的生存条件抗争才能得以生存",而改动后,意思就变成了"因为人们要使生命活得殷实、丰足"。这是多么大的反差啊!

综上所述,如此改动,整章文意就彻底改变了。老子这篇"反映当世民众生死实情的调查分析报告",展示的是一幅残酷的社会场景图;而今本等版本则将其变成了讨论"人之生死哲学"和"如何养生"的闲谈记录,可谓闲情逸致。

【对照版本】

傅奕本

出生入死,生之徒十有三,死之徒十有三,而民之生生而动,动皆之死地,亦十有三。夫何故?以其生生之厚也。盖闻善摄生者,陆行不遇兕虎,入军不被甲兵。兕无所投其角,虎无所措其爪,兵无所容其刃。夫何故也?以其无死地焉。

王弼本

出生入死,生之徒十有三,死之徒十有三,人之生动之死地,亦十有三。夫何故?以其生生之厚。盖闻善摄生者,陆行不遇兕虎,入军不被甲兵。兕无所投其角,虎无所措其爪,兵无所容其刃。夫何故?以其无死地。

河上公本

出生入死,生之徒十有三,死之徒十有三,人之生动之死地,十有三。夫何故?以其生生之厚。盖闻善摄生者,陆行不遇兕虎,入军不避甲兵。兕无投其角,虎无所措爪,兵无所容其刃。夫何故?以其无死地。

范应元本

出生入死,生之徒十有三,死之徒十有三。民之生生而动之死地,亦十有三。夫何哉?以其生生之厚也。盖闻善摄生者,陆行不遇兕虎,入军不被甲兵。兕无所投其角,虎无所错其爪,兵无所容其刃。夫何哉?以其无死地。

第十四章　道生德畜

（今本 51 章）

【帛书复真本】

道生之而德畜之，物荆之而器成之。是以万物萆道而贵德。道之尊，德之贵也，夫莫之寽，而恒自然也。道生之，畜之，长之，遂之，亭之，毒之，养之，覆之。生而弗有也，为而弗寺也，长而弗宰也，此之谓玄德。

【帛书释文本】

道生之而德畜之，物荆（刑）之而器成之〔一〕。是以万物萆（尊）道而贵德〔二〕。〔道〕之尊（尊），德之贵也，夫莫之寽（爵）〔三〕，而恒自𥙒〈然〉也〔四〕。道生之，畜之〔五〕，长之，遂之〔六〕，亭之〔七〕，〔毒〕之〔八〕，〔养〕之〔九〕，覆之〔十〕。〔生而〕弗有也〔十一〕，为而弗寺（恃）也〔十二〕，长而弗宰也〔十三〕，此之谓玄德〔十四〕。

【帛书出土图版原文】

甲本

・道生之而德畜之，物荆之而器成之。是以万物萆道而贵德。□之尊，德之贵也，夫莫之寽，而恒自𥙒也。・道生之，

第十四章 道生德畜

畜之，长之，遂之，亭之，□之，□□之。□□弗有也，为而弗寺也，长而弗宰也，此之谓玄德。

乙本

故道生之，德畜之，物刑之而器成之。是以万物尊道而贵德。道之尊也，德之贵也，夫莫之爵也，而恒自然也。道生之，畜之，□□，育之，亭之，毒之，养之，复之。□□□□□而弗之心，长而弗宰，是胃玄德。

【校勘注释】

〔一〕"刑""器"二字，帛书甲乙本均如此，帛书注家大多按照今本等版本校勘为"形""势"，实属不妥，且意思大变，境界大降，详见【考证辨真】。刑："刑"的古字。"刑"是"五行"作用关系之一，意为万物通过"刑刻"成就不同的形态。器：器具，泛指各种用具，因其属性与功用不同，故可引申为万物各具不同的属性与功用。

〔二〕尊："尊"的异体字。

〔三〕夫：句首语气助词。时（jué）："爵"的异体字，这里指授予爵位。莫之时：不受爵位，指不求名分。

〔四〕自然：自化自成。"道"创生万物，是主导宇宙万物的，故这里的"自然"即"'道'自身本来的模样"。恒自然：永久遵循"道"自身的规律，即循"道"而为，直至永远。

〔五〕在"畜之"句前，帛书甲乙本、易玄本、庆阳本、磻溪本、赵孟頫本、楼正本、北大汉简本、司马光本、范应元本、苏辙本、吴澄本等版本都没有"德"字，今本等版本添加了"德"字。此处帛书或许省略了"德"字。

〔六〕遂：养育。《广雅》："遂，育也。"

〔七〕亭：安定。《说文》："亭，民所安定也。"

〔八〕"毒"字，帛书甲本缺失，帛书乙本、王弼本（今本）、傅奕本、范应元本等版本为"毒"，其他版本有"熟""孰"等字，帛书整理小组认为"此处残划不似毒或孰字，故缺而未补"，这里暂校勘为"毒"字。《说文》："毒，厚也，害人之草，往往而生。"《周易·噬嗑卦》："六三，噬腊肉，遇毒。""毒"在这里引申为苦难之意。

〔九〕养：保养、养护。

〔十〕覆：倾覆。《说文》："覆，覂（fěng）也。……一曰盖也。"结合万物"生、长、衰、退"的自然规律，这里将其理解为"倾覆"，即"道""德"通过"刑""器"等力量使万物"衰老消退"。这或许才符合老子对事物的真正认知。过往几乎所有注家在此处只关注了万物"生长育护"的一面，而忽视了万物"衰老消退"的另一面，不妥。

〔十一〕生：生养。

〔十二〕为：这里指助推。寺：假借为"恃"，这里指自恃。

〔十三〕长：使长久，指引导。

〔十四〕玄德：幽深、久远的德。参见第四十五章（今本1章）、第六十五章（今本21章）对"玄"的考辨，以及对"孔德""玄德""恒德"的比较。

【意解译文】

道生化万物，德养育万物。万物通过"刑"成就各种形态，通过"器"形成不同属性。所以万物尊道贵德。"道""德"之所以被尊崇，是因为它们生养万物而不求名分，永远循"道"而为。道生化万物，通过德畜养万物，使其生长，使其发育，使其安定，使其苦难，使其保养，使其倾覆。对于万物来说，生养而不据为己有，助推而不自恃有功，导引而不主宰，这就是幽深、久远的德。

【考证辨真】
老子的大学问与大智慧如何被"抹杀"

本章开篇，今本等版本改动了两个字，竟然就把老子的大学问与大智慧"抹杀"了。这是怎么做到的呢？

"物刑之而器成之"句，帛书甲乙本均如此，说明该文字大概率是帛书原貌。然而，这句话中的"刑"和"器"，被今本等版本改为"形"和"势"，变成了"物形之，势成之"。两字之差，谬以千里。

"物刑之而器成之"的意思是，"道"与"德"通过"刑"成就了万物的形态，通过"器"区分了万物的属性与功用。"万种形态"与"万种属性"的组合，能够成就天地间可名乃至无名的一切事物。而"物形之，势成之"的意思是，物质使万物得以成形，环境使万物得以成长。这样一改，后者不但与前文"道生之，德畜之"扯不上关系，而且将老子所谓"道""德"的伟大作用改换成"物质"与"环境"的作用，简直是天壤之别！这样一来，老子的大学问与大智慧也就被"抹杀"了。

先来重点谈谈"刑"字。"刑"可以用中国传统文化中著名的阴阳五行学说来解读（梁启超等学者认为，涉及"水、火、木、金、土"的阴阳五行学说产生于战国中后期，第五章已通过考证对这一观点进行反驳）。该学说认为，世间万物都是由水、火、木、金、土这五种元素力量、作用或运行方式（即五行）构成，与干支纪法、节气、春夏秋冬乃至岁月、天地的流转，以及万事万物的创生、演化轨迹都有密切的关系，也是古代中医学、天象学、气候学、预测学、堪舆学、经络学等学说的理论基础和重要元素。

按照该理论，五行成就万事万物的作用力可以用"生克制化、刑冲破害"这八个字来概括。其中，"生克制化"代表天，对应天干中五行的作用；"刑冲破害"代表"地"，对应地支中五行的作用。正所谓"地是根，天是苗"，大地孕育万物，所以"刑冲破害"属于根基性的因素。其中的"刑"，就是这里要探讨的对象。

《说文》："刑，罚罪也。从井，从刀。"《广雅疏证》："井，训为法，故作事有法谓之井井。"《尔雅义疏》："释文引《韩诗》云：'刑，正也。'正亦法也。"正如第五章（今本42章）所言，"刑"的本义是处罚、治罪，引申出"铸造器物的模子"之意，在一定的语境下可以理解为按照一定的标准规则、法度刑刻、雕刻万物，即"物"是通过"刑"而成形的。也就是说，"道"以自然之力，将万物雕刻成了各种不同的形状，因此，万事万物的外在形体的成因就在于"刑"字。"刑"是过程，是动态的；而"形"是结果，是静态的。

所以说，老子用"刑"字，其背后蕴含着巨大的学问和智慧。今本等版本将"刑"改为"形"，不仅使得意思大变，

第十四章 道生德畜

境界大降,而且还将"刑"字背后蕴含的大学问与大智慧给"抹杀"了。

再来谈谈"器"字。"器"是会意字,本义是器具。《说文》:"器,皿也。象器之口,犬所以守之。"有说法认为,"器"是指犬朝向四面叫着,以守护各类器具。还有学者指出,"器"的四个"口"表示众器物的口,由犬守护着。

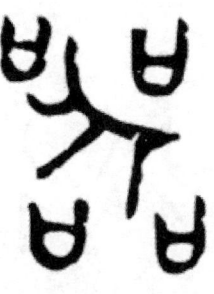

图 14-1 西周金文"器"字的字形

笔者在《道德经,古今有何不同》中列举了"器"的三种意思:

> 一是器具,指生活中各种物件。这些物件之所以有分别,就在于它们有不同的特点,即属性。二是才华、功用。器具有功用,人物、动物有功用或才华,就可以被称为器,这也是由其特有的属性决定的。三是各类器官。人体的器官功用肯定不同,这是由其属性决定的。人有器官,万物也有部件,天地更有其组成部分。这些部件、部分是不是也可以用人体的器官来衍生、类比或想象呢?由此可知,器是区分万事万物属性的根本所在。①

可见,今本等版本将帛书中的"刑"和"器"改为"形"和"势",可谓谬以千里。

---

① 王骥:《道德经,古今有何不同》,华文出版社,2023年1月第1版,第80页。

"道""德"的本义辨析

图 14-2　甲骨文"行""道""人""直""德"（从左到右）的字形

关于"道""德"的本义，需要从有文字记载的殷商甲骨文谈起，与"行""人""直"有关。图 14-2 中，从左到右分别是"行""道""人""直""德"的甲骨文字形，这些字形简单而清晰地表明了它们所代表的内涵。

"行"字最早见于甲骨文，本义是十字路口。《说文》："行，人之步趋也。"如图 14-2 所示，"行"是象形字，甲骨文象十字路口形。注意，这个"十字路口"的下方，呈两个单边箭头符号，指向上方，表明"行"要把握向上的方向。

"道"字即"行"与"人"的结合，表明当"人"处于"十字路口"时，需要选择"向上的方向"，而非旁门左道。

需要说明的是，图 14-2 中"道"字的甲骨文"衍"是摘自《甲骨文合集》中编号 28800 片上的文字，学界似乎并未完全认可"道"字这一甲骨文写法。而"衍"在楚系简帛中出现较多，如郭店楚简《老子》《尊德义》《性自命出》《忠信之道》《六德》《语丛》，以及上海博物馆藏战国楚竹书，均可印证"衍"就是"道"。详细考辨可参考《楚简道德经甄辨》（老子新考系列二）。

"德"字则是"直"与"行"的结合，如图 14-2 所示，

第十四章 道生德畜

"直"字在"十字路口"明确指明"向上",意思是"沿着正确的方向,一直向上",没有丝毫含糊的表意。

由此可知,"道"的本义就是人在十字路口作出了选择,找到了向上的充满活力的正确方向,"德"的本义就是沿着这个向上的正确方向一直走下去。

接下来,我们再从字形演变的角度简要分析一下"德""道"的表意,首先看"德",还是从"直"字入手。

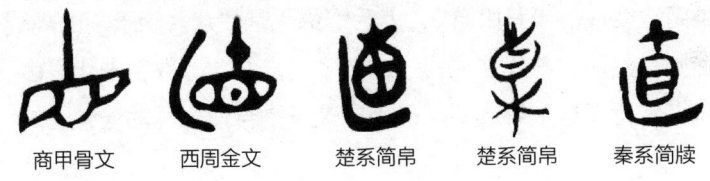

商甲骨文　　西周金文　　楚系简帛　　楚系简帛　　秦系简牍

图 14-3　"直"字的字形演变

甲骨文的"直"字是眼睛上面有根竖直的标杆,会意为用目正对标杆以测端直。这令人联想到木匠传统的墨斗弹线对齐找直方法,"准直"即准绳之意,可引申为"做事的规范"。

将"直"字放到"十字路口"的"行"字之中,就变成了"德"。"德"的本义就是(在复杂情况下)找准"向上的、积极进取的"正确方向,不能被各种诱惑左右。

到了商朝后期和西周时期,金文"德"在"眼睛"下面添加了"心",可以解读为"德"字增加了"心直"的内涵;同时,在"眼睛"上面的标杆上还加了一点以示强调,强调"心直"才能"眼直",只有心眼结合,才能真正做到"路直"。也就是说,只有心中有了正道规范,路才不会走偏。

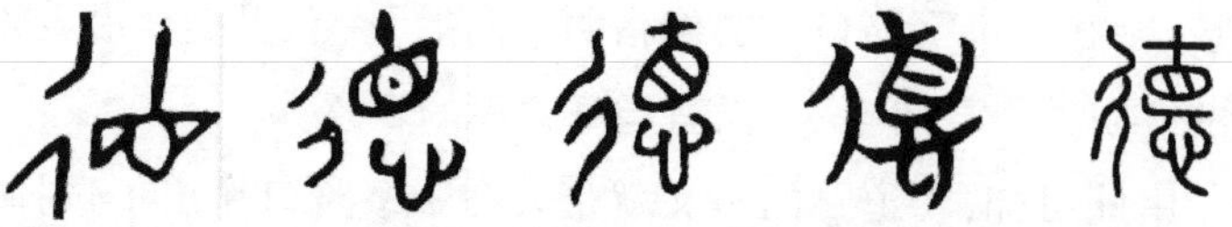

| 帛书道德经甄辨（上册）　德篇 |

　　商甲骨文　　西周金文　　春秋金文　　战国楚简　　《说文》小篆

图 14-4　"德"字的字形演变

　　"直"和"德"中的标杆上那个表示强调的"点"，逐渐变成了"横"，出现了"十"字。对此，有人解读为"一只眼睛"变成"十只眼睛"，表示"德"是"众目睽睽"的规范准则。然而，古代往往用"三""六""九"等数字来代表多、众多，所以这个解读不准确，应该只是自然书写的演化。

　　商甲骨文　　西周金文　　战国楚简　　秦系简牍　　《说文》小篆

图 14-5　"道"字的字形演变

　　下面来看"道"字的字形演变。金文"道"将甲骨文中"道"中的"人"换成了"首"，有的金文字形另加了"止"（脚），以强调行走。"道"由简单的"人行"转化为"首行"，或许是在强调，正确道路的发现需要依靠智慧的大脑，要靠首领的指引或带领。

　　综上所述，这里仅从文字演化的角度推导"道""德"等字的初始含义及其渊源，这或许能为大家带来认知文字内涵与外延的立体性启发。

第十四章　道生德畜

【对照版本】

傅奕本

道生之，德畜之，物形之，势成之。是以万物莫不尊道而贵德。道之尊，德之贵，夫莫之爵，而常自然。故道生之，德畜之，长之，育之，亭之，毒之，盖之，覆之。生而不有，为而不恃，长而不宰，是谓玄德。

王弼本

道生之，德畜之，物形之，势成之。是以万物莫不尊道而贵德。道之尊，德之贵，夫莫之命，而常自然。故道生之，德畜之，长之，育之，亭之，毒之，养之，覆之。生而不有，为而不恃，长而不宰，是谓玄德。

河上公本

道生之，德畜之，物形之，势成之。是以万物莫不尊道而贵德。道之尊，德之贵，夫莫之命，而常自然。故道生之，德畜之，长之，育之，成之，孰之，养之，覆之。生而不有，为而不恃，长而不宰，是谓玄德。

范应元本

道生之，德畜之，物形之，势成之。是以万物莫不尊道而贵德。道之尊，德之贵，夫莫之爵，而常自然。故道生之，蓄之，长之，育之，亭之，毒之，盖之，覆之。生而不有，为而不恃，长而不宰，是谓玄德。

第十五章　天下有始

（今本52章）

【帛书复真本】

天下有始，以为天下母。既得亓母，以知亓子，复守亓母，没身不殆。塞亓闷，闭亓门，终身不堇。启亓闷，济亓事，终身不棘。见小曰明，守柔曰强。用亓光，复归亓明，毋遗身央，是胃袭常。

【帛书释文本】

天下有始〔一〕，以为天下母〔二〕。既（既）得亓（其）母〔三〕，以知亓（其）〔子〕〔四〕，复守亓（其）母，没身不殆。塞亓（其）闷（闷）〔五〕，闭亓（其）门〔六〕，终身不堇〔七〕。启亓（其）闷〔八〕，济亓（其）事，终身〔不棘〔九〕。见〕小曰〔明（明）〕〔十〕，守柔曰强。用亓（其）光〔十一〕，复归亓（其）明（明）〔十二〕，毋道〈遗〉身央〔十三〕，是胃（谓）袭常〔十四〕。

【帛书出土图版原文】

甲本

・天下有始，以为天下母。既得亓母，以知亓□，复守亓母﹂，没身不殆。・塞亓闷﹂，闭亓门，终身不堇。启亓闷，

第十五章　天下有始

济亓事，终身□□□小曰□，守柔曰强⌞。用亓光，复归亓明，母道身央，是胃袭常。

乙本

天下有始，以为天下母。既得亓母，以知亓子，既〇知亓子，复守亓母，没身不佁。塞亓垧，闭亓门，冬身不堇。启亓垧，齐亓事，冬□不棘。见小曰明，守□曰强。用亓光，复归亓明，母〇遗身央，是胃袭常。

【校勘注释】

〔一〕始：初始、起始、本初。

〔二〕母：根源、根本。

〔三〕旣：帛书整理小组校勘为"既"。

〔四〕知：认识、推断、明晓。子：引申为派生物，这里指万物。此处，帛书乙本与今本等版本均添加了"既知其子"，笔者认为没有必要，应尊重帛书甲本原貌。

〔五〕参考帛书甲本后文的"启其冈"，以及第十九章（今本56章）的"塞其冈"，笔者认为此处的"閲"是"冈"的繁文，而非今本等版本的"兑"字。冈：烦闷、烦扰，强调由内而外的感受。笔者对此的解读与主流观点差异较大，详见【考证辨真】。

〔六〕门：五官等与外界交流的门户。

〔七〕"堇"字，帛书注家大多按照今本等版本校释为通"勤"，不妥。这里的"不堇"可解读为"不会陷入被动且所获甚多"。详见【考证辨真】。

〔八〕启其闷：开启过滤世间万事的心门。

〔九〕"棘"字，帛书甲本缺失，帛书乙本为"棘"，今本等版本为"救"，帛书注家大多也校勘为"救"，不妥，且意思大变。"棘"的本义是酸枣树，又泛指多刺的灌木，引申为艰难，又可假借为"亟"，意为急迫。这里"不棘"的意思是"不会陷入急迫而艰难的境地"，也就是很顺利。老子通过"塞其闷"与"启其闷"的对立告诉人们，无论是关闭心门，还是开启心门，只要到达"既得其母，以知其子，复守其母，没身不殆"的境界，就能够做到应对自如，并成就万事万物，更上一层楼。详见【考证辨真】。

〔十〕小：微小、细微。明：明智、精明。

〔十一〕光：这里指智慧之光。

〔十二〕明：这里指质朴之明。

〔十三〕此处取用帛书乙本的"毋遗身央"。其中，"毋"意为坚决的"不"，今本等版本改为"无"，帛书注家大多也释义为"无"，不妥；"身"指事物本身；"央"是中心、重心的意思，今本等版本改为"殃"，帛书注家大多也校释为通"殃"，不妥。详见【考证辨真】。

〔十四〕袭常：沿袭"常道"。

【意解译文】

天下万物皆有起源，这个起源就是万物的根本。知道了事物的根本，就能明白事物的结果，坚守事物的根本，那么终身就不会有危险。达到这样的境界后，如果掩上过滤世间繁杂事物的内在心门，关闭五官等与世界交流的外在门户，那么终身都不会陷入被动且收获甚多；反之，如果开启过滤世间繁杂事物的内在心门，还能够成就事物，那么终身都不会陷入急迫而艰难的境地。见微知著叫作精明，坚守柔弱胜强的态势叫作刚强。运用智慧之光，复返内心质朴之明，始终都不丢弃事物本身的重心，这才叫作遵循"常道"。

【考证辨真】

"闷"与"兑"的辨真

在《老子》中，有三处与"塞其闷"有关的文字：

> 第十五章（今本52章）：塞其閦（帛书乙本为"垗"），闭其门。
>
> 第十五章（今本52章）：启其閦（帛书乙本为"垗"），济其事。
>
> 第十九章（今本56章）：塞其闷（帛书乙本为"垗"），闭其门。

其中，"閦"在"閦（闷）"字中添加了"="，应是"閦（闷）"的繁化写法。至于帛书乙本的"垗"字，《集韵》："垗，墙堕也。"《篇海类编》："垗，墙隔也。""垗"并不能假借为"兑"，文献中没有相关用例。

因此，这里取用帛书甲本的"闷"字，而非今本等版本的"兑"字，此处与主流解读差异较大。"闷"的本义是心烦，这里可解读为"内心感受到的烦闷、烦扰"。"塞其闷，闭其门"的意思是"掩上过滤世间繁杂事物的内在心门,关闭五官等与世界交流的外在门户"。我们来看"闷"和"门",一个是"门中有心",属于心门,是内在的门;另一个是"门中无心",是外在的门。由此可以看出帛书《老子》甲本用字的精妙。而今本等版本的改动,说明其未能领悟老子高深的境界。

"堇"与"不堇"辨真

这里结合之前对"堇"的考证,对"不堇"进行解析。帛书《老子》中涉及"堇"或"不堇"的文字有三处:

第三章(今本41章):上士闻道,堇而行之。

第十五章(今本52章):塞其闷,闭其门,终身不堇。

第五十章(今本6章):玄牝之门,是谓天地之根。绵绵呵若存!用之不堇(仅)。

上述三处文字,帛书甲乙本均为"堇"字(或缺失),而传世诸本将其改为"勤"字,是有问题的。

笔者在第三章(今本41章)对"堇"字进行了辨析。"堇"的本义是以人牲火祭求雨。于是,"堇"就引申出"诚敬、虔诚"之意,这对于人牲来说,是极度被动、痛苦的。此外,"堇"又可假借为"仅",形容稀少。《广雅》:"堇,少也。"

第三章(今本41章)"堇而行之"的"堇"取"虔诚"之意,"堇而行之"的意思是"虔诚地践行"。

第五十章(今本6章)"用之不堇(仅)"的"堇(仅)"取

"稀少"之意,"不堇(仅)"就是"不少,不会穷尽"的意思。

而本章"终身不堇"的"堇"偏向于被动、艰难、痛苦等含义,同时还有"稀少"的含义,"不堇"可以解读为"不会陷入被动且收获甚多"。

"塞其闷,闭其门,终身不堇"文意辨真

我们先来看看部分学者对今本等版本"塞其兑,闭其门,终身不勤。开其兑,济其事,终身不救"的翻译:

> 塞住知识的穴窍,关上知识的大门,终身不生疾病。如果打开知识的穴窍,完成知识的事业,终身不可救药。(任继愈)①

> 塞住耳目诸觉官,关闭喜怒等欲门,那就终身不会受窘困。打开耳目诸觉官,完成世间众事业,那就终身不会得救药。(张松如)②

> 治国者堵住他们的窍穴,关闭他们的门户,他们一辈子不会得病。如果打开他们的窍穴,助成他们求知逞欲的事,他们一辈子不可救药。(高亨)③

---

① 任继愈译著:《老子新译》修订本,上海古籍出版社,1985年5月第2版,第173页。
② 张松如:《老子说解》,齐鲁书社,1987年4月第1版,第329页。
③ 高亨:《老子注译》,华钟彦校,河南人民出版社,1980年3月第1版,第115页。

塞住嗜欲的孔窍，闭起嗜欲的门径，终身都没有劳扰的事。打开嗜欲的孔窍，增添纷杂的事件，终身都不可救治。（陈鼓应）[①]

显然，按照今本等版本的内容解读，陈鼓应的译文应该更准确些。而高亨将其与侯王治理天下的大事结合了起来，更接近老子所要表达的主题。另外两种译文则带有反对知识、反对开放、反对成就事业的消极含义了。而帛书的面世，对其中几个重要的字进行了"纠正"，就需要进行新的解读。

今本等版本把帛书本"塞其闷，闭其门，终身不堇"的"闷"和"堇"改成了"兑"和"勤"。前文已经对"闷"和"堇"字进行了详细解读，这里进一步联系上下文，同时联动之前章节的内容，进行"连贯性"考证。

"塞其闷，闭其门"的意思是堵住内在的心门与外在的五官之门，此时，凭借前文"既得其母，以知其子，复守其母，没身不殆"的行事原则、能力和智慧，完全可以推导出解决世间大事的办法和策略，做到"终身不堇"。这就与第十章（今本47章）"不出于户，以知天下；不窥于牖，以知天道"的观点一脉相承，相互呼应。

据此，我们对"塞其闷，闭其门，终身不堇"的文意就有了更加深刻的理解，即：掩上过滤世间繁杂事物的内在心门，关闭五官等与世界交流的外在门户，只要具备"既得其母，以知其子"智慧和境界，那么终身都不会陷入被动且收

[①] 陈鼓应：《老子注译及评介》，中华书局，1984年5月第1版，第267页。

获甚多。

"启其闷,济其事,终身不棘"文意辨真

"启其闷,济其事,终身不棘"在今本等版本中对应的文句是"开其兑,济其事,终身不救",后者将帛书乙本的"棘"(帛书甲本缺失)改成了"救",这就出现了问题:"济其事"属于褒义("济"在古今文献中用作动词时,多为褒义),而"终身不救"属于贬义,这不是自相矛盾了吗?所以说,后者的改动是有问题的。

"棘"是会意字,从二朿(cì)相并。"朿"是"刺"的本字,两个"朿"并排,会意为低矮丛生的酸枣树,又泛指多刺的灌木,即荆棘。"棘"又引申为艰难,还有紧急、急迫的意思(假借为"亟")。《诗经·出车》:"王事多难,维其棘矣。"郑玄笺:"棘,急也。"

"启其闷,济其事,终身不棘"的意思是:开启过滤世间繁杂事物的内在心门,只要具备"既得其母,以知其子"智慧和境界,即便世间万事万物企图扰乱你的心扉,你还是能够成就事物,终身都不会陷入急迫而艰难的境地(即顺水顺风)。这种理解与今本等版本的解读差异很大。

再结合前文对"塞其闷,闭其门,终身不堇"的解读,本章的意思就是说,无论是关闭心门(与外界间接接触)与五官之门(与外界直接接触),还是开启心门与五官之门,只要到达"既得其母,以知其子,复守其母,没身不殆"的境界,就不仅能够做到应对自如,而且还能成就万事万物,更上一层楼。这是何等境界啊,当然比今本等版本的内涵要深刻得多。

另外，如果按照今本等版本的改动去解读的话，那么老子则会背上"反知识、反学习、不开化"的"千年黑锅"。这种误导是非常严重的。

"毋遗身央"与"毋遗身殃"辨真

今本等版本的"用其光，复归其明，无遗身殃，是谓（为）袭（习）常"存在严重性的逻辑问题，主要体现在两点：

一是，"用其光，复归其明"与"无遗身殃"的逻辑冲突。前者的意思是"运用智慧之光，复返内心质朴之明"，后者的意思是"不给自己留下祸殃"。前者如此"高大上"的境界，难道仅仅是为了"避免祸殃"吗？

二是，"无遗身殃"与"是谓袭常"的逻辑冲突。从如此狭隘的"避免祸殃"，又突然到了"高大上"遵循"常道"，逻辑更是讲不通。

所以说，今本等版本的"无遗身殃"本就存在问题。帛书出土后，人们发现，帛书甲本是"毋道身央"，帛书乙本是"毋遗身央"。由此可见，此处是"央"而非"殃"，取"中心、重心"之意更符合逻辑。而"身"在这里指一切事物本身。

"毋遗身央"的意思是"始终都不丢弃事物本身的重心"，这样就与前文"用其光，复归其明"及后文"是谓袭常"形成文意上的连贯。当然，帛书甲本的"道"在这里讲不通，应该取用帛书乙本的"毋遗身央"。其中，"毋"意为坚决的"不"，参见第三章（今本41章）对"毋"的考辨。

综上所述,"用其光,复归其明,毋遗身央,是谓袭常"的意思是:"运用智慧之光,复返内心质朴之明,始终都不丢弃事物本身的重心,这才叫作遵循'常道'。"

【对照版本】

傅奕本

天下有始,可以为天下母。既得其母,以知其子。既知其子,复守其母,没身不殆。塞其兑,闭其门,终身不勤。开其兑,济其事,终身不救。见小曰明,守柔曰强。用其光,复归其明,无遗身殃,是谓袭常。

王弼本

天下有始,以为天下母。既得其母,以知其子。既知其子,复守其母,没身不殆。塞其兑,闭其门,终身不勤。开其兑,济其事,终身不救。见小曰明,守柔曰强。用其光,复归其明,无遗身殃,是为习常。

河上公本

天下有始,以为天下母。既知其母,复知其子。既知其子,复守其母,没身不殆。塞其兑,闭其门,终身不勤。开其兑,济其事,终身不救。见小曰明,守柔曰强。用其光,复归其明,无遗身殃,是谓习常。

范应元本

天下有始,以为天下母。既得其母,以知其子。既知其子，复守其母，殁身不殆。塞其兑，闭其门，终身不勤。开其兑，济其事，终身不救。见小曰明，守柔曰强。用其光，复归其明，无遗身殃，是谓袭常。

第十六章　我挈有知

（今本53章）

【帛书复真本】

使我挈有知也，行于大道，唯佗是畏。大道甚夷，民甚好解。朝甚除，田甚芜，仓甚虚，服文采，带利剑，猒食货，财有余，是胃盗桍，非道也。

【帛书释文本】

使我挈有知也〔一〕，〔行于〕大道，唯〔佗（他）是畏〔二〕。大道〕甚夷〔三〕，民甚好解〔四〕。朝甚除〔五〕，田甚芜，仓甚虚，服文采，带利〔剑〕，猒（厌）食货，〔财有余〔六〕，是胃（谓）盗桍〔七〕，非道也〕。

【帛书出土图版原文】

甲本

・使我挈有知也，□□大道，唯□□□□□甚夷⌐，民甚好解⌐。朝甚除⌐，田甚芜⌐，仓甚虚，服文采，带利□，猒食⌐货，□□□□□□□□。

乙本

使我介有知，行于大道，唯佗是畏。大道甚夷，民甚好懈。朝甚除，田甚芜，仓甚虚，服文采，带利剑，猒食而齎财有□□□盗□，非□也。

【校勘注释】

〔一〕"擤（xié）"字，帛书甲本为"擤"，帛书整理小组校勘为"挈"，帛书乙本与今本等版本为"介"，意思大变。我：指有道的人。擤：束缚、约束。有知：有头脑的人。

〔二〕"佗"字，帛书甲本缺失，帛书乙本为"佗"，表示第三人称，今作"他"，有"别的、相异的"的意思，这里指与大道相异，即小道、歧路、邪路。《吕氏春秋·贵生》："又况于他物乎？"高诱注："他，犹异也。"今本等版本改为"施"字，意思差不多，此处取用"佗（他）"，更符合古貌。

〔三〕夷：平坦。

〔四〕"解"字，帛书甲本为"解"，帛书乙本为"懈"，一些注家因"解"古音同"径"而校勘为今本等版本的"径"字，不妥。"解"在这里有两种解读：其一，"解"假借为"嶰"，意为山间沟壑，指山谷间的小道，这实际上是依照今本等版本的反向注解；其二，有学者将"好解"释义为曲解，即喜好自己不正确的理解，那么"大道甚夷，民甚好解"的意思就是"大道平顺而简易，但民众却喜欢曲解而我行我素（致使难以畅行）"。笔者认为，第二种解读相对来说更契合上下文意。

| 第十六章　我擦有知 |

〔五〕朝：朝政、朝堂。"除"有两种释义：一是修整、修治，意指朝堂整齐华美；二是去除、去掉，意指朝政被去除，寓意朝政败坏。这里取用第二种释义。

〔六〕"厌食货，财有余"句，历代版本大多在"食"字前添加了一个"饮"字，帛书整理小组将"食""货"分开来校勘，笔者认为不妥，详见【考证辨真】。猒（yàn）："厌"的异体字，厌恶、厌倦。"厌食货，财有余"的意思是"厌倦了吃喝日用，却依然搜刮富余钱财"。

〔七〕"桍（kū）"字，帛书甲本缺失，帛书乙本残留木字旁，补作"桍"字。"桍"意为空，又指器具插柄的空筒。"盗桍"寓意盗魁，指为取富贵或名位而不择手段者，即盗魁贼首。

另外，《老子》现存版本还有"夸""竽"等用字。其中，《韩非子·解老》与北大汉简本为"竽"，韩非子解读为："大奸作则小盗随，大奸唱则小盗和。竽也者，五声之长者也，故竽先则钟瑟皆随，竽唱则诸乐皆和。"这里也能讲通。但是，因帛书乙本残留木字旁，此处尊重帛书原貌。

【意解译文】

让我管束有头脑的人，行走在大道上，我唯一担心的是他们走上邪路。大道平顺而简易，但民众却喜欢曲解而我行我素。朝政极其腐败，农田极其荒芜，仓廪十分空虚，而侯王仍然穿着锦绣服饰，佩带锋利宝剑，厌倦了吃喝日用，却依然搜刮富余钱财，这就叫作盗魁贼首，多么无道啊！

【考证辨真】

"货""賫""賫"的比较考辨

今本等版本的"厌饮食,财货有余"所对应的帛书文字,帛书整理小组(国家文物局)校勘如下:

〔厌〕食,货〔财有余〕。(甲本)
猒(厌)食而賫(赍)财〔有余〕。(乙本)①

〔厌〕食〔而賫财有余〕。(甲本)
猒(厌)食而賫(赍)财〔有余〕。(乙本)②

〔厌〕食,货〔财有余〕。(甲本)
猒(厌)食而賫(赍)财〔有余〕。(乙本)③

〔厌〕食,货〔财有余〕。(甲本)
猒(厌)食而賫(赍)财〔有余〕。(乙本)④

先来看帛书乙本的"賫"字。

《说文通训定声》:"賫,持遗也。从贝,齐声。俗字作

---

① 马王堆汉墓帛书整理小组:《马王堆汉墓出土〈老子〉释文》,《文物》1974年第11期,第9、16页。
② 马王堆汉墓帛书整理小组编《马王堆汉墓帛书〔壹〕》,文物出版社,1974年9月第1版。
③ 马王堆汉墓帛书整理小组编《马王堆汉墓帛书老子》,文物出版社,1976年3月第1版。
④ 国家文物局古文献研究室编《马王堆汉墓帛书〔壹〕》,文物出版社,1980年3月第1版。

赍。"《说文》段玉裁注:"《周礼·掌皮》:'岁终则会其财齎。'注:'予人以物曰齎,今时诏书或曰齎计吏。'郑司农云:'齎或为资。'《外府》:'共其财用之币齎。'注:'齎,行道之财用也。'""齎"字今作"赍","赍"假借为"资",意为钱财、物资。

再来看帛书甲本的校勘。

帛书整理小组将"食""货"分开,即"厌食,货财有余"。传世诸本大多在"食"字前添加了"饮"字,或许正是由此,对帛书整理小组及历代主流(含帛书主流)校勘形成了误导,即"货"与"财"搭配而非与"食"搭配。

而笔者认为,帛书甲本原文并没有夺"饮"字,而应该是"厌食货,财有余"。《尚书·洪范》:"八政:一曰食,二曰货。"这里的"货",即货物、商品的意思。"厌食货"的意思是"吃喝日用太多而生厌","财有余"的意思是"钱财多多"。

因此,这里取用"厌食货,财有余",既符合帛书甲本原貌,又与本章相关文句("朝甚除,田甚芜,仓甚虚,服文采,带利剑")形成形式和内涵上的统一。

《老子》中"我""吾"含义的考辨

春秋之前,人们使用的第一人称代词主要是"我","吾"多用于抵御、守御的含义,如《毛公鼎》:"以乃族干吾王身。"从春秋时期开始,"吾"作为第一人称代词的使用频率才逐渐高起来,当然,抵御、守御的含义依然存在,如《墨子·公孟》:"厚攻则厚吾,薄攻则薄吾。"

实际上,"我"和"吾"作为第一人称代词使用时,存在微妙的差异,这要从其甲骨文、金文字形说起。

如图 16-1 所示,"吾"的甲骨文字形,上为"五",代表五行"水、火、木、金、土",也就是构成天地万物的基本要素,即指代万事万物;下为"口",代表视觉、听觉、嗅觉、味觉、触觉等感知系统。由此推断,"吾"的字形包含两层含义:其一,天地万物都是通过"人"来"代言"的;其二,天地万物经过人的五官感受之后,形成意识,再通过"口"被讲出来。

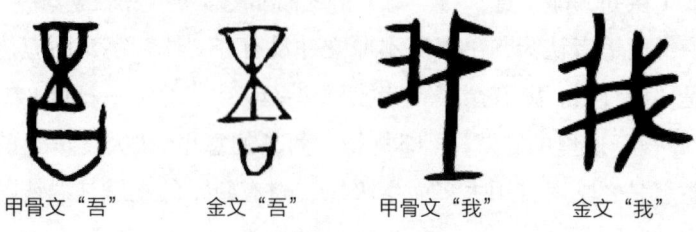

图 16-1 "吾""我"的甲骨文、金文字形

而"我"的甲骨文字形,像带齿的武器,又衍生出杀、固执己见等含义。《说文》:"我,一曰古文杀字。"《尚书·泰誓》:"我伐用张。"《论语·子罕》:"毋意,毋必,毋固,毋我。"朱熹注:"我,私己也。"

由此,"我"和"吾"在古代作为第一人称代词使用时,存在微妙的差异。其中,"吾"更倾向于天地无私的"大我"与"真我",代表意识、良知、天人合一或"道",代表社会性的"我",具有谦卑守下之心;而"我"则更倾向于具有排他性的"小我"与"自我",代表自然人的"我",具有功利心与欲望，往往是独自的、傲慢的，缺乏谦卑守下之心。另有学者认为，"吾"通常做主语、定语，不做宾语；而"我"不仅可以做主语、定语，还可以做宾语。

《庄子·齐物论》："今者吾丧我，汝知之乎？"《孟子·公孙丑上》："我善养吾浩然之气。"黄庭坚《次韵德孺感兴二首》："于此吾忘我，从谁尺直寻。事来千万种，人有两三心。"上述文献都将"我"和"吾"进行了区分。

所以说，《老子》中有时用"我"，有时又用"吾"，其含义是存在差异的。例如第六十四章（今本20章）："众人皆有余，我独遗。我愚人之心也，惷惷呵。"这里的"我"是具有无意识的排他性的"小我"与"自我"。第五十七章（今本13章）："吾所以有大梡者，为吾有身也。及吾无身，有何梡？"这里的"吾"是代表有意识的群体性的"大我"与"真我"。

【对照版本】

傅奕本

使我介然有知，行于大道，惟施是畏。大道甚夷，而民好径。朝甚除，田甚芜，仓甚虚，服文采，带利剑，厌饮食，货财有余，是谓盗夸，盗夸非道也哉。

王弼本

使我介然有知，行于大道，唯施是畏。大道甚夷，而民好径。朝甚除，田甚芜，仓甚虚，服文采，带利剑，厌饮食，财货有余，是谓盗夸，非道也哉。

河上公本

使我介然有知，行于大道。唯施是畏。大道甚夷，而民好径。朝甚除，田甚芜，仓甚虚，服文采，带利剑，厌饮食，财货有余，是谓盗夸，非道哉。

范应元本

使我介然有知，行于大道，唯施是畏。大道甚侇，民甚好径。朝甚除，田甚芜，仓甚虚，服文采，带利剑，厌饮食，货财有余，是谓盗牵，非道也哉。

第十七章　善建善抱

（今本 54 章）

【帛书复真本】

善建者不拔，善抱者不脱，子孙以祭祀不绝。脩之身，亓德乃真。脩之家，亓德有余。脩之乡，亓德乃长。脩之邦，亓德乃夆。脩之天下，亓德乃愽。以身观身，以家观家，以乡观乡，以邦观邦，以天下观天下。吾何以知天下之然茲？以此。

【帛书释文本】

善建〔者不〕拔，〔善抱者不脱〕[一]，子孙以祭（祭）祀〔不绝[二]。脩（修）之身，亓（其）德乃真。脩（修）之家，亓（其）德有〕余。脩（修）之〔乡，亓（其）德乃长[三]。脩（修）之邦，亓（其）德乃夆（丰）[四]。脩（修）之天下〕，亓（其）德〔乃愽（博）〕[五]。以身〔观〕身，以家观家，以乡观乡，以邦观邦，以天〔下〕观〔天下。吾何以知天下之然茲（哉）〕[六]？以此。

【帛书出土图版原文】

甲本

善建□□拔，□□□□□，子孙以祭祀□□□□□□□□□□□□□余˩。脩之□□□□□□□□□□，亓德□□。以身□身，以家观家，以乡观乡，以邦观邦，以天□观□□□□□□□□□□？以此。

乙本

善建者不拔，善抱者不脱，子孙以祭祀不绝。脩之身，亓德乃真。脩之家，亓德有余。脩之乡，亓德乃长。脩之国，亓德乃夆。脩之天下，亓德乃愽。以身观身，以家观□□□□国，以天下观天下。吾何□知天下之然兹？以此。

【校勘注释】

〔一〕拔：拔出。抱：抱住、抱持。"善建者不拔，善抱者不脱"的意思是，善于建立某种事物，就不会被拔除；善于抱持某种事物，就不会脱落。

〔二〕祭："祭"的变体。"绝"字，帛书甲本缺失，帛书乙本为"绝"，今本等版本改为"辍"字，意思变了。绝：断绝、停止。"子孙以祭祀不绝"的意思是，遵循"善建""善抱"的道理，子孙的祭祀就不会断绝。

〔三〕"修之身"等句，帛书甲本绝大部分缺失，帛书乙本、楚简、傅奕本、范应元本等版本都没有"于"字，而王弼本（今本）、河上公本、严遵本等版本均添加了"于"字，

第十七章 善建善抱

改为"修之于身"等句。这里添加"于"字,就把老子所表达的从个人修养到社会整体素养的提升限定在个人修行上了,意思大变。

〔四〕"夆"字是"夆"的繁文,帛书甲本缺失,帛书乙本为"夆"。"夆"是会意兼形声字,从夂,从丰,本义是植物长高到顶,丰满已经到了极限(一说本义是相遇)。今本等版本为"丰"。"夆"的表意比"丰"更加充分,这里取用"夆"字最佳。详见【考证辨真】。

〔五〕"愽"字,帛书甲本缺失,帛书乙本为"愽",今本等版本改为"普",意思变了。愽:"博"的繁文,而"愽"是"博"的异体字。博:广大、丰富,这里指广大的恩泽。

〔六〕"哉"字,帛书甲本缺失,后据新缀残片残留笔画判断,大概率为"戋",帛书乙本为"兹"。戋:"戋"的省文,而"戋"是"哉"的异体字。

【意解译文】

善于建立的就拔除不掉,善于抱持的就不会丢失,因而子孙的祭祀就不会断绝。这个道理用于自身,德行就会纯真。这个道理用于家庭,德行就会有余。这个道理用于乡里,德行就会绵长。这个道理用于邦国,德行就会丰隆。这个道理用于天下,德行就会广播。以修身之德来观察自身,以修家之德来观察家族,以修乡之德来观察乡里,以修邦之德来观察邦国,以修天下之德来观察天下。我是怎么知道天下是这样的呢?就是采用了这个办法。

【考证辨真】

"夆"字本义及"夆"与"丰"的选用辨析

"修之邦,其德乃丰"的"丰"字,帛书甲本缺失,帛书乙本为"夅"(即"夆"),今本等版本为"丰"。关于此处选用哪个字更好,这里进行简要辨析。

"夆"字最早见于甲骨文,是会意兼形声字,从夂,从丰。"丰"的含义是"草木茂盛"。"夂"是象形字,表示"到来";而当"夂"作为古文"终"的讹变字时,意为"停止、终止"。因此,"夆"的意思就是植物长高到顶,也就是说植物已经丰满到了极限。这显然比今本等版本的"丰"字表意更加充分。

【对照版本】

傅奕本

善建者不拔,善抱者不脱,子孙祭祀不辍。修之身,其德乃真。修之家,其德乃余。修之乡,其德乃长。修之邦,其德乃丰。修之天下,其德乃溥。故以身观身,以家观家,以乡观乡,以邦观邦,以天下观天下。吾奚以知天下之然哉?以此。

王弼本

善建者不拔,善抱者不脱,子孙以祭祀不辍。修之于身,其德乃真。修之于家,其德乃余。修之于乡,其德乃长。修之于国,其德乃丰。修之于天下,其德乃普。故以身观身,以家观家,以乡观乡,以国观国,以天下观天下。吾

第十七章 善建善抱

何以知天下然哉？以此。

河上公本

善建者不拔，善抱者不脱，子孙祭祀不辍。修之于身，其德乃真。修之于家，其德有余。修之于乡，其德乃长。修之于国，其德乃丰。修之于天下，其德乃普。故以身观身，以家观家，以乡观乡，以国观国，以天下观天下。何以知天下之然哉？以此。

范应元本

善建者不拔，善抱者不脱，子孙祭祀不辍。修之身，其德乃真。修之家，其德乃余。修之乡，其德乃长。修之邦，其德乃丰。修之天下，其德乃普。故以身观身，以家观家，以乡观乡，以邦观邦，以天下观天下。吾奚以知天下之然哉？以此。

第十八章 含德之厚

（今本 55 章）

【帛书复真本】

含德之厚者，比于赤子。逢㓝螝地弗螫，攫鸟猛兽弗搏。骨弱筋柔而握固。未知牝牡之会而朘怒，精之至也。终日号而不发，和之至也。和曰常，知和曰明，益生曰祥，心使气曰强。物壮即老，胃之不道，不道蚤已。

【帛书释文本】

〔含德〕之厚〔者〕，比于赤子。逢㓝（蜂）螝地弗螫（蜇）[一]，攫（攫）鸟猛兽弗搏[二]。骨弱筋柔而握固。未知牝牡之〔会〕而〔朘怒〕[三]，精〔之〕至也。终日〈日〉号而不发（嚘）[四]，和之至也[五]。和曰常，知和曰明（明）[六]，益生曰祥[七]，心使气曰强[八]。物壮即老[九]，胃（谓）之不道，不〔道蚤（早）巳（已）〕[十]。

【帛书出土图版原文】

甲本

□□之厚□，比于赤子。逢㓝螝地弗螫，攫鸟猛兽弗搏。骨弱筋柔而握固。未知牝牡之□而□□，精□至也。终日号

第十八章 含德之厚

而不发,和之至也。和曰常,知和曰明,益生曰祥⌒,心使气曰强⌒。物壮即老,胃之不＝道（不道,不）□□□。

乙本

含德之厚者,比于赤子。螽疠虫蛇弗赫,据鸟孟兽弗捕。骨筋弱柔而握固⌒。未知牝牡之会而朘怒,精之至也。冬日号而不□,和□至也。□曰常,知常曰明,益生曰祥,心使气曰强。物壮则老,胃之不＝道＝（不道,不道）蚤巳。

【校勘注释】

〔一〕"逢""地"二字,帛书甲本如此,帛书乙本为"螽（蜂）""蛇",今本等版本为"蜂""蛇"。一些帛书研究者依照今本等版本反向注释,认为"逢"通"蜂","地"通"蛇",或不妥。"俐"或假借为"蝲（là）",可能是蝲蛄或蝲蝲蛄,前者生活在淡水中,是肺吸虫的中间宿主;后者为常见的害虫,有微毒。"螝（wēi）"在古文献中有记载,如《玉篇》:"螝,水螝也。"《篇海类编》:"螝,水螝虫。"总之,这里代指有毒的虫子。螫：用毒刺扎人。

〔二〕攫:"攫"的异体字。"攫鸟猛兽弗搏"被今本等版本改为"猛兽不据,攫鸟不搏"后,缺失了原文的朴拙、简练。攫（jué）鸟：鸷鸟,凶猛的鸟。

〔三〕"朘怒"被今本等版本改为"全作",文意大变。牝牡（pìn mǔ）：雌性和雄性。牝牡之会：雌雄交合之事。朘（zuī）：男孩的生殖器。朘怒：生殖器勃起。

〔四〕发：帛书整理小组校勘为"嚘",意为气逆。

〔五〕和：纯和，指阴阳二气和合的状态。

〔六〕"和曰常，知和曰明"句，帛书甲本与楚简均如此，与帛书乙本不同。今本等版本改为"知和曰常，知常曰明"，意思大变。这样修改，便将事物总体表现出"和"的普遍性变成了个人对"和"的认知，从而服务于"个体修行"的总基调。常：常道，事物运行的规律。

〔七〕益生：有益于生命。

〔八〕心使气：任性使气。

〔九〕壮：这里指快速成长。

〔十〕蚤：假借为"早"。

【意解译文】

具有浑厚德行的人（或事物），好比初生的婴儿。身逢毒虫之地而不会被螫咬，凶禽猛兽也不会袭击他。他筋骨柔弱，却拳头紧握。他不懂得男女交合之事，但生殖器却常常勃起，这是精气充沛的缘故。他整天啼哭而不会气逆，这是因为他的元气纯和。纯和叫作"常道"，知道纯和的叫作明智。有益于生命的叫作吉祥，任性使气的叫作逞强。事物生长迅猛就容易衰老，这就叫不合"道"，不遵守"道"的就会加速衰亡。

【考证辨真】

帛书与今本中"常"字的用意对比

今本等版本中出现的绝大多数"常"字，都是由"恒"字改过来的，是为了避讳汉文帝刘恒的"恒"，有时也有借

| 第十八章　含德之厚 |

避讳之名妄改的嫌疑。而帛书《老子》中，"常"字只出现过六次，见于以下三章：

　　第十五章（今本52章）：用其光，复归其明，毋遗身央，是谓袭常。
　　第十八章（今本55章）：和曰常，知和曰明，益生曰祥，心使气曰强。
　　第六十章（今本16章）：情，是谓复命。复命，常也。知常，明也。不知常，芒芒作凶。知常容，容乃公，公乃王，王乃天，天乃道，道乃久，汲身不怠。

注意，帛书甲本第六十章（今本16章）的"情，是谓复命"被今本等版本改为"（归根曰）静，是谓复命"，由此引发后文的"常"字及整章内涵发生巨大转变，此处仅列示出来，将在第六十章（今本16章）进行专门探讨。这里只对另外两章的"常"字进行解读。

第十五章（今本52章）"用其光，复归其明，毋遗身央，是谓袭常"的意思是："运用智慧之光，复返内心质朴之明，始终都不丢弃事物本身的重心，这才叫作遵循'常道'。"今本将其改为"用其光，复归其明，无遗身殃，是为习常"，意思就变成了："运用智慧之光，复返内心质朴之明，不要为自己留下祸殃，这是普遍规律。"前者讲的是，要用智慧之光和质朴之明为世间万事万物服务，这才是"常道"；经后者改动，变成了要将智慧之光和质朴之明用到明哲保身上，首先要对自己负责，以是否会为自己留下"祸殃"作为判断"为或不为"的标准，这种"精致的利己主义"思想才符合"常道"，才是世间的普遍规律。后者的解读明显不符合正确的价值观。

第十八章（今本 55 章）"和曰常，知和曰明"的意思是："纯和叫作'常道'，知道纯和的叫作明智。"今本将其改为"知和曰常，知常曰明"，意思就变成了："知道纯和的叫作'常道'，知道'常道'的叫作明智。"前者的中心是"纯和"，纯和是自然的道理，属于事物的总体表现，具有普适性；后者的中心变成了"知晓纯和的人"，强调个体对事物总体表现的认知。显然，这种改动便将适用于万物的普遍规律局限到"个人修身、修行"的层面了，这也与第一章（今本38章）中今本等版本对《老子》总基调的改动逻辑一致。

【对照版本】

傅奕本

含德之厚者，比之于赤子也。蜂虿不螫，猛兽不据，攫鸟不搏。骨弱筋柔而握固。未知牝牡之合而朘作，精之至也。终日号而嗌不嗄，和之至也。知和曰常，知常曰明，益生曰祥，心使气则强。物壮则老，谓之不道，不道早已。

王弼本

含德之厚，比于赤子。蜂虿虺蛇不螫，猛兽不据，攫鸟不搏。骨弱筋柔而握固。未知牝牡之合而全作，精之至也。终日号而不嗄，和之至也。知和曰常，知常曰明，益生曰祥，心使气曰强。物壮则老，谓之不道，不道早已。

河上公本

含德之厚，比于赤子。毒虫不螫，猛兽不据，攫鸟不搏。骨弱筋柔而握固。未知牝牡之合而朘作，精之至也。终日号而不哑，和之至也。知和曰常，知常曰明，益生曰祥，心使气曰强。物壮将老，谓之不道，不道早已。

范应元本

含德之厚者，比于赤子也。毒虫虺蛇不螫，猛兽攫鸟不搏。骨弱筋柔而握固。未知牝牡之合而朘作，精之至也。终日号而嗌不嗄，和之至也。知和曰常，知常曰明，益生曰祥，心使气曰强。物壮则老，是谓不道，不道早已。

第十九章　知者言者

（今本 56 章）

【帛书复真本】

知者弗言，言者弗知。塞亓闷，闭亓门，和其光，同亓塵，坐亓阅，解亓纷，是胃玄同。故不可得而亲，亦不可得而疎；不可得而利，亦不可得而害；不可得而贵，亦不可得而浅。故为天下贵。

【帛书释文本】

〔知者〕弗言，言者弗知[一]。塞亓（其）闷[二]，闭亓（其）门[三]，〔和〕其光，同亓（其）塵（尘），坐亓（其）阅，解亓（其）纷[四]，是胃（谓）玄同[五]。故不可得而亲，亦不可得而疎（疏）[六]；不可得而利，亦不可得而害；不可〔得〕而贵，亦不可得而浅（贱）[七]。故为天下贵。

【帛书出土图版原文】

甲本

□□弗言＝（言，言）者弗知∟。塞亓闷，闭亓门，□其光，同亓塵，坐亓阅，解亓纷，是胃玄同。故不可得而亲，亦不可得而疎∟；不可得而利，亦不可得而害；不可□而贵，

第十九章 知者言者

亦不可得而浅。故为天下贵。

乙本

知者弗言＝（言，言）者弗知。塞亓垸，闭亓门，和亓光，同亓壁，锉亓兑而解亓纷，是胃玄同。故不可得而亲也，亦不可得而疏；□□得而○利，□□□得而害；不可得而贵，亦不可得而贱。故为天下贵。

【校勘注释】

〔一〕"知者弗言，言者弗知"有三种解读：其一，懂得多的人不说，爱说的人懂得不多；其二，聪明的人不多说话，到处说长论短的人不聪明；其三，懂得"道"的人顺应自然而不强施号令，强施号令的人则不懂"道"。这里取用第一种解读。

〔二〕"闷"，帛书甲本为"闷"，帛书乙本为"垸"，帛书注家大多按照今本等版本校勘为"兑"，不妥。参考第十五章（今本52章）相关考辨。闷：烦闷、烦扰，强调由内而外的感受。

〔三〕门：五官等与外界交流的门户。

〔四〕"和其光，同其尘，坐其阅，解其纷"四句，被今本等版本交换了位置，帛书的排序更为合理。这里的四句内容与第四十八章（今本4章）不同，并非一些注家所谓的错检，详见【考证辨真】并参考第四十八章（今本4章）相关考辨。另外，这里的"其"主要谈的是人的修为，而第四十八章（今本4章）的"其"谈的是万物。

"坐其阅"的"坐"和"阅",帛书甲本如此,帛书乙本为"銼"和"兑",帛书注家大多按照今本等版本校勘为"挫"和"锐",不妥。"坐""阅"二字又一次体现出帛书《老子》甲本用字的考究与精妙,详见【考证辨真】。

和:融合、调和。同:混同、同一。塵:"尘"的异体字。坐:坚守、坐守、守住。阅:内察、内观。《正韵》:"阅,观也。"解:消解、消除。纷:纠纷、纷争。

〔五〕玄同:玄妙混同的境界。参见第四十五章(今本1章)对"玄"的考辨。

〔六〕疎(shū):"疏"的异体字,这里指疏远。

〔七〕浅:假借为"贱",卑贱、低贱。

【意解译文】

懂得多的人不说,爱说的人懂得不多。掩上过滤世间繁杂事物的心门,关闭五官等与外界交流的门户,融合于光并与万物之光协同,使自身混同于尘俗之中,坐守内察,借以解除各种内在的纷争,这就叫作深奥的"玄同"。得此"玄同"境界,便会超脱于世俗的亲疏、利害和贵贱,就会被天下人尊重。

【考证辨真】

"坐其阅"与"挫其锐"考辨

"坐其阅"与"挫其锐",在帛书《老子》中见于以下两处:

第十九章(今本56章):坐其阅,解其纷。("坐

第十九章 知者言者

其阅"句,帛书乙本为"锉其兑"。)

第四十八章(今本4章):锉(挫)其锐,解其纷。("锐"字,帛书甲本疑夺,帛书乙本为"兑"。)

我们先来谈谈"挫其锐",这里有个"度"的问题。如果锐利不足,对万物都失去了兴趣,当然不好;而如果锐利过头,同样不好,正所谓"过犹不及"。《淮南子·时则训》:"柔而不刚,锐而不挫。"李程《金受砺赋》:"佐明则有融,器锐则不挫。"

再来看帛书甲本的"坐其阅"。这里的"坐"就是"坚守、坐守、守住"的意思。《左传·桓公十二年》:"楚人坐其北门,而覆诸山下。"意思是,楚军坚守在北门,而在山下设伏兵。而"阅"在这里是"内察、内观"的意思。"坐其阅"就是"坐守内察"的意思。

上述两种解读相比较而言,取用"坐其阅"有三点理由:一是,"坐其阅"符合帛书甲本原貌;二是,在前文"塞其闷,闭其门,和其光,同其尘"的基础上,停下来"坐守内察"就显得很有必要且格外重要,此处用"坐其阅"比"挫其锐"更合理,且更有意义;三是,本章的"坐其阅"与第四十八章(今本4章)的"挫其锐"表述之所以不一致,是因为二者所处的语境截然不同,若是强行统一表述,或许反而画蛇添足。

综上所述,此处笔者校勘为"坐其阅"。

【对照版本】

傅奕本

知者不言也，言者不知也。塞其兑，闭其门，挫其锐，解其纷，和其光，同其尘，是谓玄同。不可得而亲，亦不可得而疏；不可得而利，亦不可得而害；不可得而贵，亦不可得而贱。故为天下贵。

王弼本

知者不言，言者不知。塞其兑，闭其门，挫其锐，解其纷，和其光，同其尘，是谓玄同。故不可得而亲，不可得而疏；不可得而利，不可得而害；不可得而贵，不可得而贱。故为天下贵。

河上公本

知者不言，言者不知。塞其兑，闭其门，挫其锐，解其纷，和其光，同其尘，是谓玄同。故不可得而亲，亦不可得而疏；不可得而利，亦不可得而害；不可得而贵，亦不可得而贱。故为天下贵。

范应元本

知者不言也，言者不知也。塞其兑，闭其门，挫其锐，解其纷，和其光，同其尘，是谓玄同。不可得而亲，亦不可得而疏；不可得而利，亦不可得而害；不可得而贵，亦不可得而贱。故为天下贵。

第二十章　正畸之用

（今本 57 章）

【帛书复真本】

以正之邦，以畸用兵，以无事取天下。吾何以知亓然也才？夫天下多忌讳，而民彌贫；民多利器，而邦家兹昏；人多知，而奇物兹起；法物兹章，而盗贼多有。是以圣人之言曰："我无为也而民自化，我孜静而民自正，我无事而民自富，我欲不欲而民自楃。"

【帛书释文本】

以正之邦，以畸用兵〔一〕，以无事取天下〔二〕。吾何〔以知亓（其）然〕也才（哉）〔三〕？夫天下〔多忌〕讳〔四〕，而民彌（弥）贫〔五〕；民多利器，而邦家兹（滋）昏（昏）〔六〕；人多知〔七〕，而何〈奇〉物兹（滋）〔起〔八〕；法物兹（滋）章（彰）〔九〕，而〕盗贼〔多有。是以圣人之言曰〕："我无为也而民自化〔十〕，我孜（好）静而民自正〔十一〕，我无事〔而〕民〔自富，我欲不欲而民自楃〕〔十二〕。"

【帛书出土图版原文】

甲本

·以正之邦,以畸用兵,以无事取天下。吾何□□□□也㦲?夫天下□□讳,而民弥贫⌐;民多利器,而邦家兹昏;人多知,而何物兹□□□□□□盗贼□□□□□□□□:"我无为也而民自化,我好静而民自正,我无事民□□□□□□□□□。"

乙本

以正之国,以畸用兵,以无事取天下。吾何以知元然也才?夫天下多忌讳,而民弥贫;民多利器,□国□兹昏;人多知,而奇物兹起;□物兹章,而盗贼多又。是以耴人之言曰:"我无为而民自化,我好静而民自正,我无事而民自富,我欲不欲而民自朴。"

【校勘注释】

〔一〕"以正之邦,以畸用兵"被今本等版本改为"以正治国,以奇用兵",可谓千年之误,意思大变,境界大降。"正"有井田制下的"正田"之意,这里指事物主体的、正统的、常规的内容,引申为标准、规则、法度。之:生出、滋长、壮大。畸:本义为不方正、不规则的田(残田),引申为非常规的、脱俗的、超群的。帛书注家大多按照今本等版本将这里的"之""畸"分别校释为通"治"、通"奇",意思大变,实属不妥。以正之邦,以畸用兵:以规范(如标准、规则、法度)、正统(如邦国、社会的主导力量)的手段来壮大邦国，以非常规手段（出奇制胜）来用兵打仗。详见【考证辨真】。

〔二〕取：这里指取用，而非"治理"。《古文奇字》："古文取，疑当从与声。人与而我取也。"这里的"取"有个前提，只有自然所给予的才能取用，也就是说要顺应自然之道。

〔三〕戋："𢦏"的省文，而"𢦏"是"哉"的异体字。"吾何以知其然也哉"句，帛书甲乙本、楚简、严遵本等版本均大致如此。今本等版本在其后添加了"以此"，这样就把上下文意割裂开来，从而把老子"借用圣贤的话来教训统治者"的用意变成了针对个体修炼的精神指导。

〔四〕忌讳：禁忌避讳。

〔五〕彊："弥"的异体字，更加、更甚。

〔六〕兹：愈加、更加，后作"滋"。昬（hūn）："昏"的异体字。

〔七〕"知"字，帛书甲乙本为"知"，很多帛书研究者注释为"知"通"智"，不妥。笔者认为，这里的"知"指"诡诈投机的知识"，参见第二十八章（今本65章）对"知"的考辨。

〔八〕奇：奇巧、诡秘。

〔九〕"法物"，帛书甲本毁损，帛书乙本毁损"法"字，楚简为"法物"，与景龙本、敦煌庚本、北大汉简本、河上公本、严遵本等版本相同，以楚简补足。而今本等版本改为"法令"。相对而言，"法物"内涵更为广泛，更符合文意。①
章：彰明，后作"彰"。滋彰：繁多而彰明。

---

① 王骥：《道德经，古今有何不同》，华文出版社，2023年1月第1版，第107页。

〔十〕我：指侯王、君王，代表统治阶层（上层阶级）。

〔十一〕"孜"即"好"，二字左右互作（互作是先秦未统一文字时常见的一种文字写法，还包括上下互作、内外互作等，在楚简《老子》中出现较多）。

〔十二〕"楃"的本义是在野外搭建的供自我使用的木屋。在老子的思想里，"楃"与"本我""自我""元气"，乃至"道""德""器""万物"皆有关联，有时能代表"道"或"道"的特征，这里指简易、拙朴、浑朴，类似于"朴"。参见第七十二章（今本28章）对"楃""朴"的考辨。

注意，但凡帛书甲本缺失，帛书乙本与今本等版本显示为"朴"字之处，笔者统一校勘为"楃"。

【意解译文】

以规范、正统的手段来壮大邦国，以非常规手段来用兵打仗，以顺应自然不扰民的方式取用于天下。我是怎么知道这个道理的呢？天下的禁忌越多，百姓就越会贫穷；百姓的锋利兵器越多，国家就越会陷于混乱；百姓诡诈投机的知识越多，奇物怪事就越会滋生；法令刑具越是繁多彰明，盗贼就越会不断增加。所以圣人说："侯王无私为，民众就会自然归化；侯王好静，民众就会自然端正；侯王不多事扰民，民众就会自然富足；侯王无私欲，民众就会自然淳朴。"

【考证辨真】

"以正之邦，以畸用兵"考辨

"以正之邦，以畸用兵"的"之"字，帛书甲乙本与

第二十章　正畸之用

楚简均为"之"，三个不同时期的版本应该不会同时抄错；"畸"字同理，帛书甲乙本均为"畸"；"邦"字，帛书甲本为"邦"，帛书乙本为"国"，是为了避讳汉高祖刘邦的"邦"。因此，"以正之邦，以畸用兵"应为帛书原貌。

这里的"正""畸"与盛行于殷商、西周时期的井田制有关。《说文》："畸，残田也。"《正字通》："井田为正，零田不可井者为畸，地势多邪曲，井田取正方，则田必有畸零。"所谓"正田"就是正方的、主体的、标准的、规范的、常规的田地，而"畸田"就是不整齐、不规则、非主体、非常规的田地。"正"可释义为事物的主体、正统内容，或标准、规则、法度，而"畸"可释义为非主体、非正统、非标准、非常规。

"正"属于事物的主体部分或主要内容，"正事"即常态化或主体的、核心的事务，通常需要严格遵守规范；而"畸"属于事物非主体的部分或附带内容，"畸事"即非常态下的事务或非常之事，很多时候需要剑走偏锋，正如老子主张"以畸用兵"。此外，"畸"还有"脱俗的、超群的"的内涵，与今本等版本的"奇"差异很大。

我们再来看"之"字。"之"是会意字，甲骨文、金文字形如图20-1所示。如前文所述，老子撰写《道德经》，使用的应该是金文。《说文》："之，出也。象艸过中，枝茎益大有所之。一者，地也。"《礼记·祭义》："如语焉而未之然。"俞樾平议："此之字乃其本义。未之者，未出也。""之"的本义为出、生出、滋长（一说本义为前往）。而今本等版本将"之"改为"治"，意思大变。

| 甲骨文 | 甲骨文 | 金文 | 金文 |

图 20-1　"之"字的甲骨文、金文字形

"之"的内涵包括邦国的自身成长（如汉朝初期的"轻徭薄赋，休养生息"，即现代意义上"自组织"的作用机理）和外在"整治"（如标准、规则、法度的制定与执行，即现代意思上"他组织"的治理机制），可理解为以内在规律和法度治理使邦国壮大；而"治"则忽视了组织体系中"自组织"的作用机理，单靠严刑峻法的人为治理，社会就容易失去活力，陷入僵化和被动。

所以说，今本等版本将"以正之邦，以畸用兵"改为"以正治国，以奇用兵"，可谓歪曲了《老子》本意，使其境界大降。"以正之邦，以畸用兵"的意思是："以规范、正统的手段来壮大邦国，以非常规手段来用兵打仗。"

"无为""好静""欲不欲""自握"辨析

今本等版本在"吾何以知其然也哉"句后添加了"以此"，将本章上下文意割裂开来，从而突出了后文圣人所说的话，影响了大众对"无为""好静""欲不欲""自握"等含义的正确理解。

"老子这里的'无为'是说统治者对民众的搜刮要适可

而止,'好静'是说不要过分干预民众,'欲不欲'是要统治者节制私欲,'自朴'(应为'自㮔')是指民风自然淳朴。今本等版本这么一改,就把老子'借用圣贤的话来教训统治者'(的用意)变成了针对个体修炼的精神指导。"[1]

值得一提的是,"我"在这里指侯王、君王,代表统治阶层(上层阶级),而上述关键就在于"欲不欲",即侯王无私欲。

【对照版本】

傅奕本

以政治国,以奇用兵,以无事取天下。吾奚以知天下其然哉?以此。夫天下多忌讳,而民弥贫;民多利器,国家滋昏;民多知慧,而邪事滋起;法令滋章,盗贼多有。故圣人云:我无为而民自化,我好靖而民自正,我无事而民自富,我无欲而民自朴。

王弼本

以正治国,以奇用兵,以无事取天下。吾何以知其然哉?以此。天下多忌讳,而民弥贫;民多利器,国家滋昏;人多伎巧,奇物滋起;法令滋彰,盗贼多有。故圣人云:我无为而民自化,我好静而民自正,我无事而民自富,我无欲而民自朴。

---

[1] 王骥:《道德经,古今有何不同》,华文出版社,2023年1月第1版,第106—107页。

河上公本

以正治国,以奇用兵,以无事取天下。吾何以知其然哉?以此。天下多忌讳,而民弥贫;民多利器,国家滋昏;人多伎巧,奇物滋起;法物滋彰,盗贼多有。故圣人云:我无为而民自化,我好静而民自正,我无事而民自富,我无欲而民自朴。

范应元本

以正治国,以奇用兵,以无事取天下。吾奚以知天下其然哉?以此。夫天下多忌讳,而民弥贫;民多利器,而国家滋昏;民多智惠,而邪事滋起;法令滋章,而盗贼多有。故圣人云:我无为而民自化,我好静而民自正,我无事而民自富,我无欲而民自朴。

第二十一章　正閜正察

（今本58章）

【帛书复真本】

亓正閜閜，亓民屯屯；亓正竊竊，亓邦夬夬。愲，福之所倚；福，祸之所伏。孰知亓极？亓无正也。正复为畸，善复为妖。人之悉也，亓日固久矣。是以方而不割，兼而不刺，直而不绁，光而不眺。

【帛书释文本】

〔亓（其）正閜閜〔一〕，亓（其）民屯屯〕〔二〕；亓（其）正竊（察）竊（察）〔三〕，亓（其）邦夬夬〔四〕。愲（祸），福之所倚〔五〕；福，祸之所伏〔六〕。孰〔知亓（其）极？亓（其）无正也〔七〕。正复为畸〔八〕，善复为妖〔九〕。人之悉（迷）也〔十〕，亓（其）日固久矣。是以方而不割〔十一〕，兼而不刺〔十二〕，直而不绁〔十三〕，光而不眺〕〔十四〕。

【帛书出土图版原文】

甲本

□□□□□□□□；亓正竊=，亓邦夬=。愲╚，福之所倚╚；福，祸之所伏。孰□□□□□□□□□□□□□□□

□□□□□□□□□□□□□□□□□□□□□□□□□□□□。

乙本

亓正䦴=，亓民屯=；亓正察=，亓□□□□福之所伏。孰知亓极？亓无正也。正复为奇，善复为。人之悉也，亓日固久矣。是以方而不割，兼而不刺，直而不绁，光而不眺。

【校勘注释】

〔一〕"正"字，帛书甲本缺失，帛书乙本与楚简均为"正"，应该不会同时抄错，帛书注家大多按照今本等版本校释为通"政"，不妥。正：事物主体的、正统的、常规的内容，引申为标准、规则、法度，参见第二十章（今本57章）对"正"的考辨。䦴（qì）：本义为门，引申为开明纳谏。《字汇补》："䦴，门也。"帛书注家大多按照今本等版本将"䦴"校勘为"闷""闵"等，不妥，且含义大变。其正䦴䦴：邦国的法度开明，体现民意。详见【考证辨真】。

〔二〕屯屯：忠谨诚恳。帛书注家大多按照今本等版本将其校勘为"淳淳""醇醇"等，不妥。

〔三〕"竊"字，帛书整理小组校勘为"察"，现据帛书甲本图版残存笔画校勘为"竊"，应是假借为"察"。《荀子·哀公》："竊其有益与其无益，君其知之矣。"《孔子家语·好生》："竊夫其有益与无益。"王肃注："竊宜为察。"察察：简明清晰。

〔四〕"其邦夬夬"句，帛书甲本如此，帛书乙本基本毁损，帛书注家大多按照今本等版本校勘为"其民缺缺"，意思大变。夬夬（guài）：强健。梅尧臣《送鄞宰王殿丞》："生意各臑臑，黔角容夬夬。"

〔五〕旤："祸"的异体字。倚：靠着、依附。

〔六〕伏：藏伏、潜伏。

〔七〕其：指福、祸的变换。正：这里指明确的标准。其无正也：这并没有明确的标准。

〔八〕"正复为畸"句，帛书甲本毁损，帛书乙本疑缺失"复为畸"三字，后据帛书乙本图版衬页反印文认定为"正复为奇"，今本等版本为"正复为奇"，但如果据此校勘帛书甲本为"正复为奇"，或不妥。根据本章及第二十章（今本57章）相关考辨，笔者认为帛书甲本应为"正复为畸"。其中，"正"在这里指方正、端正；"畸"的本义为不方正、不规则的田，这里指奇巧、机巧。

〔九〕善：善良。妖：邪恶。

〔十〕悉：帛书整理小组校勘为"迷"。人之迷：指人在福与祸、正与畸、善与妖之间被迷惑。老子以此批判世人为了刻意避免所谓福祸、正畸、善妖的转化而逐渐丧失自身本来的面貌或原则，甚至强行改变事物的朴拙本色而变得圆滑世故。

〔十一〕方：方正、规整。割：切割、削除。

〔十二〕兼：帛书整理小组校勘为"廉"，不妥。《说文》："兼，并也。并，相从也。"刺：这里指伤害、破坏。《说文》："刺，直伤也。"详见【考证辨真】。

〔十三〕"绁（xiè）"字，帛书甲本缺失，帛书乙本为"绁"，帛书注家大多按照今本等版本校勘为"肆"，不妥。

《说文》:"绁,犬系也。"《玉篇》:"绁,马缰也。凡系缧牛马皆曰绁。""绁"即捆绑、束缚的意思。

〔十四〕"眺（tiào）"字,帛书甲本缺失,帛书乙本为"眺",帛书整理小组校勘为"耀",与今本等版本相同,不妥。"眺"的本义为斜目而视,此处引申为排斥、妨碍。详见【考证辨真】。

【意解译文】

邦国的法度开明而利民,民众就会忠谨诚恳;邦国的法度简明清晰,国家就会强盛刚健。灾祸,幸福依附其上;幸福,灾祸藏伏其中。谁知道它的极限呢？这并没有明确的标准。正直转化为机巧,善良渐变为妖邪。人们对其中缘由与危害的迷误,由来已久。所以方正的不要削除其棱角,并行的不要破坏使其分开,直的不要束缚让其变弯,光亮的不要排斥使其暗淡,一切顺应自然。

【考证辨真】

"其正閜閜,其民屯屯"辨析

"其正閜閜,其民屯屯"句,帛书甲本缺失,以帛书乙本补足。"其正察察,其邦夬夬"句,取用帛书甲本文字。今本等版本将上述文字改为"其政闷闷,其民淳淳;其政察察,其民缺缺",意思大变。

笔者在第二十章（今本57章）已经考辨了"以正之邦"的"正",帛书甲乙本与楚简均为"正",应该不会同时抄错。严遵在校勘时,就将"人主之政"与"人主之正"分开。① 今本将"其正閛閛"的"正"改为"政",属于误改。这里的"正"也不能校释为通"政",而是指事物主体的、正统的、常规的内容,或标准、规则、法度。

《字汇补》:"閛,门也。"《说文》:"门,闻也。"段玉裁注:"闻者,谓外可闻于内,内可闻于外也。""閛"的本义为门,引申为敞开大门,即广开言路、开明纳谏、倾听民意。

"屯屯"的本义是丰盛、满盈,这里指忠谨诚恳貌。如《春秋繁露》:"(孔子)为鲁司寇,断狱屯屯,与众共之,不敢自专。"

因此,"其正閛閛,其民屯屯"的意思是:"邦国的法度开明而利民,民众就会忠谨诚恳。"

"方而不割,兼而不刺,直而不绁,光而不眺"辨析

"方而不割,兼而不刺,直而不绁,光而不眺"句,帛书甲本毁损,帛书乙本如此,今本等版本改为"方而不割,廉而不刿,直而不肆,光而不耀",意思大变。

"方"即方正的意思。《说文》:"割,剥也。"段玉裁注:"谓残破之。"《说文》:"兼,并也。"段玉裁注:"并,相从也。"《说文》:"君杀大夫曰刺。刺,直伤也。"故"割"意为剥离、消除,"刺"意为伤害、破坏。于是,"方而不割,兼而不刺"的意思是:"方正的不要削除其棱角,并行的不要破坏使其分开。"

《说文》:"绁,犬系也。"《玉篇》:"绁,马缰也。凡系缧牛马皆曰绁。"《说文》:"眺,目不正也。"《文选·射雉赋》:

---

① 王骥:《道德经,古今有何不同》,华文出版社,2023年1月第1版,第111页。

"亦有目不步体，邪眺旁剔。"故"绁"意为系住、束缚，而"眺"的本义为斜目而视，此处引申为排斥、妨碍。于是，"直而不绁，光而不眺"的意思是："直的不要束缚让其变弯，光亮的不要排斥使其暗淡。"

总之，"方而不割，兼而不刺，直而不绁，光而不眺"就是主张顺应自然，保持事物的原始模样和发展趋势，而不去强加干涉。这与前文"正复为畸，善复为妖。人之迷也，其日固久矣"文意上下衔接，相互呼应。

而今本等版本将上述文句改为"方而不割，廉而不刿，直而不肆，光而不耀"，意思就变成了："方正而不生硬，有棱角而不伤害人，直率而不放肆，光亮而不刺眼。"于是，老子原本所讲述的顺应自然之道变成了中庸之道，文意大变，且与前文意境差异过大，明显不合理。

【对照版本】

傅奕本

其政闵闵，其民偆偆；其政察察，其民缺缺。祸兮，福之所倚；福兮，祸之所伏。孰知其极？其无正邪。正复为奇，善复为妖。人之迷也，其日固久矣。是以圣人方而不割，廉而不刿，直而不肆，光而不耀。

王弼本

其政闷闷，其民淳淳；其政察察，其民缺缺。祸兮，福之所倚；福兮，祸之所伏。孰知其极？其无正。正复为奇，善复为妖。人之迷，其日固久。是以圣人方而不割，廉而不刓，直而不肆，光而不耀。

河上公本

其政闷闷，其民醇醇；其政察察，其民缺缺。祸兮，福之所倚；福兮，祸之所伏。孰知其极？其无正。正复为奇，善复为妖。人之迷，其日固久。是以圣人方而不割，廉而不害，直而不肆，光而不耀。

范应元本

其政闵闵，其民偆偆；其政察察，其民缺缺。祸兮，福所倚；福兮，祸所伏。孰知其极？其无正邪。正复为奇，善复为妖。民之迷，其日固已。是以圣人方而不割，廉而不刓，直而不肆，光而不耀。

第二十二章　治人事天

（今本59章）

【帛书复真本】

治人事天，莫若啬。夫唯啬，是以蚤服。蚤服是胃重积德。重积德则无不克，无不克则莫知亓极。莫知亓极，可以有国。有国之母，可以长久。是胃深槿固至，长生久视之道也。

【帛书释文本】

〔治人事天[一]，莫若啬[二]。夫唯啬，是以蚤服[三]。蚤服是胃（谓）重积德[四]。重积德则无不克[五]，无不克则莫知亓（其）极[六]。〔莫知亓（其）极〕，可以有国[七]。有国之母[八]，可以长久。是胃（谓）深槿固至（氐）[九]，长〔生久视之〕道也[十]。

【帛书出土图版原文】

甲本

□□□□□□□□□□□□□□□□□□□□□□□□□□□□□极□，可以有＝国＝（有国。有国）之母，可以长久。是胃深槿固至，长□□□□道也。

第二十二章 治人事天

乙本

治人事天，莫若啬。夫唯啬，是以蚤=服=（蚤服。蚤服）是胃重=积=德（重积德。重积）□□□□不=克=（不克，□不克）□莫=知=亓=极=（莫知亓极。莫知亓极），可以有=国=（有国。有国）之母，可以长久。是胃探根固氐，长生久视之道也。

【校勘注释】

笔者在《道德经，古今有何不同》中取用了楚简文字，用了大量篇幅、众多论据考证了五个核心文字，分别是"给人事天莫若啬"的"给"和"啬"、"是以早备"的"备"、"深槿固氐"的"槿"和"氐"，从而对整章文意进行了新的解读。本书取用帛书文字，提出第二种解读，供读者参考。至于哪一种解读更加贴近《老子》原貌、符合老子思想，笔者将在《楚简道德经甄辨》（老子新考系列二）中进行深入探讨。

〔一〕"治"字，帛书甲本缺失，帛书乙本为"治"。人：泛指一切与人有关的事务。治人事天：治理人事，侍奉上天。详见【考证辨真】。

〔二〕啬：本义为收获谷物加以储藏，引申为收敛。《仪礼·少牢馈食礼》："宰夫以筐受啬黍。"郑玄注："收敛曰啬。""啬"在这里特指统治者因收敛妄念私欲所形成的综合性德行，如节俭、简约、爱惜、质朴、清静，以及谦卑守下等修为的总和。这不仅是针对统治者自身而言，而且还包括这些德行对邦国、人民的引导。历代注家（含帛书注家）大多将"啬"单纯注释为节俭、简约、爱惜、质朴、清静,甚至藏而不用,不妥。详见【考证辨真】。

〔三〕蚤:轮辋与车辐相连接处的榫头,引申为紧密契合。《周礼·考工记》:"眠其绠,欲其蚤之正也。"郑玄注:"蚤,谓辐入牙中者也。"帛书注家大多按照今本等版本将这里的"蚤"校释为通"早",实属不妥。服:古代一车所驾四马里居中的两匹马(旁边的两匹马叫作"骖")。车要驾得好,不仅服马与骖马要配合好,而且两匹服马更要配合好。"蚤服"在这里指契合、默契、贴合。老子认为,处理"治人事天"所涉的事务,要达到像轮辋与车辐一样契合,像服马与骖马拉车一样默契,这对统治者的修为与德行的要求非常高,即所谓"重积德"。详见【考证辨真】。

〔四〕重积德:累积德行。

〔五〕无不克:无所不克。

〔六〕其:代指力量。莫知其极:没有人知道力量的极限,即拥有无法估量的力量。

〔七〕"可以有国"的前提是"莫知其极","莫知其极"的前提是"无不克","无不克"的前提是"重积德",而"重积德"的前提则是"夫唯啬,是以蚤服"。老子的表述一环扣一环,每一环都处于"庙堂之高"的境界,而并非如历代注家(含帛书注家)通常的理解,将"啬"解读为节俭、简约、爱惜、质朴、清静,甚至藏而不用,此等内涵与老子的表意难以匹配。详见【考证辨真】中对"啬"与"蚤服"的考辨,以及《道德经,古今有何不同》第二十二章(今本59章)对有关问题的辨析。

第二十二章 治人事天

〔八〕母：根本。有国之母：掌握国家的根本。

〔九〕"是谓深槿固氐"句，帛书甲本为"是胃（谓）深槿固至（氐）"（"至"假借为"氐"，帛书《阴阳五行》甲篇多见的二十八宿名"氐"皆作"胫"或"至"），帛书乙本为"是胃（谓）探（深）根固氐"。《集韵》："槿，音董，柄也。"《玉篇》："槿，柄也。"这里的"槿"指国柄、权柄。《说文》："氐，本也。"《玉篇》："氐，本也。"联系上下文，"深槿固氐"就是"深藏国柄、巩固根本"[①]的意思。帛书注家大多按照今本等版本将"深槿固氐"校勘为"深根固柢"，可谓谬以千里。

〔十〕视：治理。久视：长久治理。长生久视：指长存久治。

【意解译文】

治理人事、侍奉上天，没有比统治者的修为、德行更重要的了。唯有统治者的修为、德行很高，才能紧密契合天地人中所涉事务。所以，紧密契合天地人的修为、德行才称得上累积德行，累积德行就没有什么困难不能克服，什么困难都能克服就意味着拥有无法估量的力量，具备无法估量的力量就可以掌控国家，掌握了国家的根本，国家才可能长存久远。这就叫作深藏国柄、巩固根本，是使国家长存久治的道理。

【考证辨真】

"治人事天"与"啬"的关系辨析

"治人事天"的"人"泛指与人有关的一切事务，"治人"

[①] 尹振环：《帛书老子再疏义》，商务印书馆，2007年5月第1版，第120页。

即治理人事，"事天"即侍奉上天。注意，这里的"人事"主要涉及贵族与士阶层的事务。

"啬"的本义是收获谷物加以储藏，可引申为收敛。《仪礼·少牢馈食礼》："宰夫以筳受啬黍。"郑玄注："收敛曰啬。"

其中，"收敛"隐含着"藏而不用"的智慧，比如当今的一些现代化武器，藏而不用才更具威慑力。但是，对于邦国、社会、民众来说，仅靠"藏而不用"的技巧是远远不够的，而且是非常危险的，甚至会陷入虚无主义的陷阱。邦国每天涉及的事务，方方面面，大大小小，数以万计，这些大小事务归根结底都是人事、天事，所以，"治人事天"就是社会治理、邦国治理，治理的具体方法、手段千千万万，绝大多数都是不能藏的，是必须"用"的。

显然，这里的"啬"针对的主要是统治者，不然就无法与前文"治人事天"和后文"可以有国""有国之母"等相关联。老子这里要表达的意思是，"治人事天"是邦国的要务，属于统治者的本职工作和赖以保持尊贵地位的根本，而要做好"治人事天"的要务，要求是非常高的，需要持久地收敛自己的一切妄念私欲，提高自身的修为，修炼心性、行为、能力与德行。

这些修为与德行，除了节俭、简约、爱惜、质朴、清静，以及藏而不用，还包括谦卑守下等内涵。这不仅是对统治者自身的要求，还包括对邦国、人民的引导。

这与老子在第五十七章（今本13章）所表达的"故贵为身于为天下，若可以托天下矣；爱以身为天下，若可以寄天下"的观点是一致的。

也就是说，本章老子是从"治理人事""侍奉上天"的角度入手，探讨统治者该如何通过收敛行思，提升自身修为、德行的方式来确保邦国的长存久远。过往历代注家（含帛书注家）将"啬"释义为节俭、简约、爱惜、质朴、清静，甚至藏而不用，笔者认为是把本章的主旨给带偏了，导致这里的"啬"与后文"重积德""无不克""莫知其极""可以有国""有国之母"等处于"庙堂之高"境界的表述明显不合拍。

注意，笔者在《道德经，古今有何不同》中谈到"啬"同"穑"，泛指农耕、农事、农业。① 这个涉及国家命脉的古代农耕经济内涵与后文"重积德""无不克""莫知其极""可以有国""有国之母"等表述可谓"门当户对"。当然，这与本书的解读差异较大，至于哪种解读更符合《老子》本意，笔者将在《楚简道德经甄辨》（老子新考系列二）中，结合对楚简中有关字词的校勘一起来讨论。

"蚤服"本义与"啬"的深意考辨

"蚤"可以通"早"（帛书注家大多以此校释），然而这里的"蚤"与"服"相搭配，就不能校释为通"早"了。《周礼·考工记》："眡其绠，欲其蚤之正也。"郑玄注："蚤，谓辐入牙中者也。""蚤"这里指轮辋与车辐相连接处的榫头，使得轮辋与车辐结合得非常严密，引申为紧密契合。

在古代，驾四马之高车（即驷车），中间那两匹驾辕的马叫作"服"，两旁的马叫作"骖"。《诗经·大叔于田》："两

---

① 王骥：《道德经，古今有何不同》，华文出版社，2023年1月第1版，第118页。

服上襄，两骖雁行。"车要驾得好，不仅服马与骖马要配合好，而且两匹服马更要配合好。

由此，"蚤服"在这里指契合、默契、贴合。

"夫唯啬，是以蚤服"句，老子要表达的意思应该有两层。第一层意思是，在"治理人事"的要务之中，契合人意、民情和邦国治理要求的有关事项，需要达到如同轮辋与车辐结合那样严丝合缝，对统治者的修为、德行要求是非常高的，这也正是在积累德行。第二层意思是，在"侍奉上天"的事务之中，对统治者的修为、德行要求也是非常高的，要达到如同驷车中服马的默契，以契合天意，这同样是在积累德行。值得一提的是，古代"侍奉上天"主要通过祭祀、占卜等方式进行。《左传·成公十三年》："国之大事，在祀与戎。""事天"对于邦国具有重要意义。

注意，古代邦国之所以如此看重"事天"，不仅仅在于统治者需要通过祭祀、占卜等方式感知、领悟天意，更为重要的是，这要求统治者持久地提升自己的修为、德行，逐渐达到契合、感应天意的境界，并以此获得上天的庇佑，这才是关键。也就是说，邦国的兴旺与发展、持久与强盛，都与统治者的德行积累有关，只有"厚德"方能"载物"。

《吕氏春秋·先己》中讲了一个故事："夏后伯启与有扈战于甘泽而不胜。六卿请复之，夏后伯启曰：'不可。吾地不浅，吾民不寡，战而不胜，是吾德薄而教不善也。'于是乎处不重席，食不贰味，琴瑟不张，钟鼓不修，子女不饰，亲亲长长，尊贤使能，期年而有扈氏服。"意思是说，夏后伯启和有扈氏在甘泽大战，没有取得胜利。大臣们要求再战，夏后伯启说:"不可以。我的领地不小,我的人民不少,但是作战却不能取得胜利,这是因为我德行浅薄、教化不好的缘故。"于是从此之后,夏后伯启坐卧时不用多层席子,吃饭时不吃多种菜肴,不弹琴瑟,不设钟鼓之娱,家人不打扮,亲近亲属,敬爱长辈,尊敬贤人,任用能人。一年后,有扈氏就归顺了。

联系本章,这个故事讲了三方面的道理:一是,天不让夏得胜的原因在于国君的德薄("事天"不够)和教不善("治人"不足);二是,"治人事天"不仅仅在于文中所谓"处不重席,食不贰味,琴瑟不张,钟鼓不修,子女不饰"这类节俭、简约、爱惜、质朴、清静等事项,还在于"亲亲长长,尊贤使能"等方面,这些都属于统治者修为、积德的范畴;三是,一旦统治者的修为、德行达到"厚德载物"的境界,不用武力,天下就自然归附了。

所以说,如果把"啬"比喻成一头大象的话,那么只有达到"厚德载物"的修为、德行才能算是一头完整的大象,而节俭、简约、爱惜、质朴、清静等品行,只不过是"盲人摸象"中大象的不同部位而已,解读时不能以偏概全。

由此,只有统治者具有足够的修为、德行,才能称得上"重积德",才能实现"无不克""莫知其极",才能匹配"可以有国""有国之母"这类邦国顶级层面的核心职责。

【对照版本】

傅奕本

治人事天,莫若啬。夫惟啬,是以早服。早服谓之重积德。重积德则无不克，无不克则莫知其极。莫知其极，可以有国。有国之母，可以长久。是谓深根固柢，长生久视之道。

王弼本

治人事天，莫若啬。夫唯啬，是谓早服。早服谓之重积德。重积德则无不克，无不克则莫知其极。莫知其极，可以有国。有国之母，可以长久。是谓深根固柢，长生久视之道。

河上公本

治人事天，莫若啬。夫唯啬，是谓早服。早服谓之重积德。重积德则无不克，无不克则莫知其极。莫知其极，可以有国。有国之母，可以长久。是谓深根固蒂，长生久视之道。

范应元本

治人事天，莫若啬。夫惟啬，是以早服。早服谓之重积德。重积德则无不克，无不克则莫知其极，莫知其极则可以有国。有国之母，可以长久。是谓深根固柢，长生久视之道。

第二十三章　大邦小鲜

（今本60章）

【帛书复真本】

治大邦若亨小鲜。以道立天下，亓鬼不神，非亓鬼不神也；亓神不伤人也，非亓申不伤人也，圣人亦弗伤也。夫两不相伤，故德交归焉。

【帛书释文本】

〔治大邦若亨（烹）小鲜[一]。以道立〕天下[二]，亓（其）鬼不神[三]，非亓（其）鬼不神也[四]；亓（其）神不伤人也[五]，非亓（其）申（神）不伤人也[六]，圣人亦弗伤〔也[七]。夫两〕不相〔伤，故〕德交归焉[八]。

【帛书出土图版原文】

甲本

□□□□□□□□□天下，亓鬼不神，非亓鬼不神也；亓神不伤人也，非亓申不伤人也，圣人亦弗伤□□□不相□□德交归焉。

乙本

治大国若亨小鲜。以道立天下，元鬼不神，非元鬼不神也；元神不伤人也，非元神不伤人也，耶人□弗伤也。夫两□相伤，故德交归焉。

【校勘注释】

〔一〕"治大邦若烹小鲜"句，帛书甲本毁损，以帛书乙本补足，同时将"国"校勘为"邦"。值得一提的是，根据对《老子》其他章节的考校，从其字句使用习惯上来看，原文或许应为"之大邦若烹小鲜"。详见【考证辨真】。

亨："烹"的本字。《广韵》："亨，煮也，俗作烹。"小鲜：小鱼。"烹小鲜"有三种解读：一是指达到了"道"的一定境界，治理国家也会变得容易；二是，"烹小鲜"时如过多翻滚则鱼容易脆烂，指不折腾则事顺且易（主流解读）；三是以"烹小鲜"做比喻，表明"烹鱼"之道与"治国"之道虽然差别巨大，但是在借助"道"来解决问题的原理上是相通的。这里取用第三种解读，详见【考证辨真】。

〔二〕"以道立天下"句，帛书甲本缺失"以道立"三字，帛书乙本如此，今本等版本将"立"改为"莅"。立：立身。

〔三〕"鬼"除了鬼魂、鬼魅等意思，在上古还有两个重要的含义：一是指先祖，尤其是已不在世的尊贵人物；二是特指天子、诸侯、贵族已不享祭的元祖。历代注家（含帛书注家）大多将这里的"鬼"注释为"鬼魅"，不妥，详见【考证辨真】。其鬼：指侯王的先祖灵魂。神：灵验，这里指干扰。

〔四〕非其鬼：指其他人的先祖灵魂。历代注家（含帛书

第二十三章 大邦小鲜

注家）大多将"非"注释为"不但、不唯、不仅",不妥。

〔五〕"神"除了神灵、神祇等意思,在上古还有一个重要的含义,即指圣人的精魂。历代注家(含帛书注家)大多将"神"注释为"神祇",不妥,详见【考证辨真】。伤：伤害、妨害。《论语·先进》:"何伤乎?亦各言其志也。"

〔六〕申：假借为"神"。

〔七〕此处断句与主流观点及传世版本不同,详见【考证辨真】。

〔八〕"故德交归焉"句,主流解读为"德行交汇,民众享受恩德"。实际上,这句话还包含"君德配位",修为归侯王、福祉归民众这两层意思,可翻译为:"所以侯王的修为之德与民众享受到的德泽实现了交汇。"详见【考证辨真】。

【意解译文】

治理大国与煎烹小鱼相差甚远,但是遵循"道"的原则是一样的。所以,侯王以"道"立身于天下,他的先祖灵魂不会干扰他,其他人的先祖灵魂也不会干扰他;他敬拜的圣人灵魂不会妨碍人,其他人敬拜的圣人灵魂也不会妨碍人,现实中的圣人更不会妨碍人。由于先祖、先圣之灵和现实中的圣人都不妨碍人,所以侯王的修为之德与民众享受到的德泽实现了交汇。

【考证辨真】

"治""之"再辨与"治大邦若烹小鲜"

笔者将帛书《老子》及今本《老子》中所有涉及"治"

的文句列示于此：

　　第二十章（今本57章）：以正之邦，以畸用兵。（今本：以正治国，以奇用兵。）

　　第二十二章（今本59章）：治人事天，莫若啬。（今本：治人事天，莫若啬。）

　　第二十三章（今本60章）：治大邦若烹小鲜。（今本：治大国若烹小鲜。）

　　第二十七章（今本64章）：为之于其未有也，治之于其未乱也。（今本：为之于未有，治之于未乱。）

　　第二十八章（今本65章）：民之难治也，以其智也。（今本：民之难治，以其智多。）

　　第四十章（今本75章）：百姓之不治也，以其上有以为也，是以不治。（今本：民之难治，以其上之有为，是以难治。）

　　第四十七章（今本3章）：是以声人之治也……恒使民无知无欲也，使夫智不敢，弗为而已，则无不治矣。（今本：是以圣人之治……常使民无知无欲，使夫智者不敢为也。为无为，则无不治。）

　　第五十二章（今本8章）：上善治水。水善利万物而有静……正善治，事善能，蹱善时。（今本：上善若水。水善利万物而不争……正善治，事善能，动善时。）

　　第五十六章（今本12章）：是以声人之治也，为腹不为目。（今本：是以圣人为腹不为目。）

第二十三章 大邦小鲜

除了帛书第二十章（今本 57 章）"以正之邦"用的是"之邦"，上述其他章节的"治"（治理）主要用在"民众"和"正"上。关于"正"字，笔者在第二十章（今本 57 章）和第二十一章（今本 58 章）进行了考辨，在此语境下指标准、规则、法度，这些都是没有生命力的东西，用"治"很好理解。

对于"民众"来说，"治"或许具有两面性。一方面，一些民众有可能会被一些别有用心的坏人（如间谍、民族分裂分子等）蛊惑或鼓动，做出一些不利于民族利益、国家利益的事，需要"治理"。另一方面，让民众具有民族认同感、家国认同感，充分认识到为小家（家庭）和大家（国家）共同奋斗是一种责任，这一点需要教化、引导，也是"治"。

而对于邦国来说，单单靠标准、规则、法度去治理（即"他组织"的外在力量）是不够的，核心是要在一定的规则范围内，让其发挥内在力量（即"自组织"内在激发出来的力量），以壮大邦国各方面的实力。在第二十章（今本 57 章），老子用了一个"之"字（"以正之邦"）概括了这两方面的力量。

根据对后文"故德交归焉"的考辨（详见后文），反证出本章开篇的"治"或许应为"之"。同时，按照帛书《老子》甲本的惯例，一般用"邦"字来代表国家、诸侯国［参见第二十章（今本 57 章）对"邦""国"的考辨］。

综上所述，帛书乙本与今本等版本中的"治大国若亨（烹）小鲜"，在帛书原文中极有可能是"之大邦若亨（烹）小鲜"，此处暂校勘为"治大邦若亨（烹）小鲜"。

"鲜"与"烹小鲜"考辨

一般认为,"鲜"字是形声字。《说文》:"鲜,鲜鱼也,出貉国。从鱼,羴(膻)省声。"许慎把"鲜"字解释为一种鱼名,出产于貉国。貉国是古代东北地区少数民族建立的邦国。"羴(shān)"就是"膻"。

对于"烹小鲜",河上公注:"鲜,鱼。"而权威辞书在对"鲜"进行释义时,在"泛指鱼类"等义项下,提供的最早例证就是"治大国若烹小鲜"及河上公注。也就是说,"小鲜"即"小鱼"的释义是从河上公注《老子》开始的。

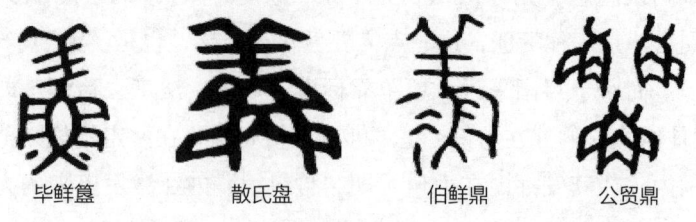

毕鲜簋　　　散氏盘　　　伯鲜鼎　　　公貿鼎

图 23-1　"鲜"字从西周中期到晚期的金文字形①

而根据"鲜"字从西周中期到晚期的金文字形结构(如图 23-1 毕鲜簋、散氏盘、伯鲜鼎所示)推断,"鲜"字或许是一个从鱼、从羊的会意字,"新宰杀的鸟兽肉"或许才是"鲜"的本义。《仪礼·士昏礼》:"腊必用鲜,鱼用鲋,必肴全。"《左传·宣公十二年》:"子有军事,兽人无乃不给于鲜,敢献于从者。"

---

① 四种字形分别来源于西周中期的毕鲜簋、西周晚期的散氏盘、西周晚期的伯鲜鼎、西周中期的公貿鼎。

另外,"鲜"还有一个异体字"鱻"(如图23-1公贸鼎所示),由三个"鱼"字组成。《说文》:"鱻,新鱼精也。从三鱼,不变鱼也。"段玉裁注:"此释从三鱼之意,谓不变其生新也。"许慎所谓"新鱼精"的意思是新鲜的鱼,没有变质的鱼。段玉裁注:"凡鲜明、鲜新字皆当作鱻。自汉人始以鲜代鱻,如《周礼》经作鱻、注作鲜是其证。"这似乎又印证了《说文》对于"鲜"字本义为鱼的判断。

综上所述,本书依然将"鲜"注释为"鱼",此处就不再深究了,未来有机会将进一步考证。这里重点考校"烹小鲜"与"治理邦国"的关系。

《韩非子·解老》:"烹小鲜而数挠之,则贼其泽;治大国而数变法,则民苦之。是以有道之君贵静,不重变法。"对于"治大国若烹小鲜",王弼注:"不扰也,躁则多害,静则全真。"意思是说,治理大国就像煎小鱼,不要老翻腾。或许正是由此,后世众多注家解读为"烹鱼的时候,翻滚太多则鱼容易脆烂",指折腾则事难成。

然而,这个解释与本章后文"以道立天下,其鬼不神"缺乏文意上的逻辑联系。韩非子的释义有借道家之说为法家的治国理念张目的嫌疑。于是,有人提出,"烹鱼"有烹饪之道,"治国"有治理之道,二者差别巨大,但是道理是一样的,即在借助"道"来解决问题的原理上是相通的。这样释义,"治大邦若烹小鲜"便与"以道立天下"的文意衔接了起来。

"非""鬼""神"及其所涉文句断句考辨

"以道立天下,其鬼不神,非其鬼不神也;其神不伤人也,非其神不伤人也,圣人亦弗伤也。"对此文句的理解有一定难度。

主流译文为:"用道治理天下,鬼怪干扰不灵验(不起作用);不但鬼怪不灵验,神祇也不会侵扰人;不但神祇不侵扰人,圣人也不侵扰人。"这种解读存在两大问题:

其一,这里的"非"字被解释为"不但"的意思,一些版本还特意将"非"注释为"不唯、不仅"。然而,"非"字本身没有"不但"的含义,在古籍文献中并无类似用例,将其注释为"不唯、不仅",缺乏依据。

其二,文中的四个"其"字,老子如此重复和强调,而在此解读中却被忽略了,显然是不妥的。

笔者认为,从文句的内在联系上看,"其鬼"与"非其鬼"是一对相反相成的文字,"非"否定的不是"鬼",而是"其"字。这就将文句争议的核心转移到对"鬼"字含义的考辨上来了。

"鬼"有"祖先"的含义。《论语·为政》:"非其鬼而祭之,谄也。"意思是说,祭祀其他人的祖先,就是谄媚。"鬼"可以特指天子、诸侯、贵族已不享祭的元祖。这里的"其鬼"就是指"君主、侯王的先祖灵魂","非其鬼"就是"其他人的先祖灵魂"。

另外,"其神"的"神"作为名词,指的是圣人的魂灵(非一般人的魂灵)。《礼记·乐记》:"明则有礼乐,幽则有鬼神。"郑玄注:"圣人之精气谓之神。"而"不神"的"神"

则是"灵验"的意思,这里引申为干扰。《史记·龟策列传》:"略闻夏殷欲卜者,乃取蓍龟,已则弃去之,以为龟藏则不灵,蓍久则不神。"《晏子春秋·内篇谏上》:"上帝神,则不可欺;上帝不神,祝亦无益。"

由此,"以道立天下,其鬼不神,非其鬼不神也;其神不伤人也,非其神不伤人也,圣人亦弗伤也"的意思就是:"侯王以'道'立身于天下,他的先祖灵魂不会干扰他,其他人的先祖灵魂也不会干扰他;他敬拜的圣人灵魂不会妨碍人,其他人敬拜的圣人灵魂也不会妨碍人,现实中的圣人更不会妨碍人。"

显然,这与主流解读存在很大差异,且断句也发生了很大改变,同时还解决了主流解读中一直不能自圆其说的一个重大问题,即"其神不伤人也,非其神不伤人也,圣人亦弗伤也"的"神"与"圣人"不存在递进关系的问题。

"故德交归焉"本义考辨

"故德交归焉"句的核心在于"德交归"。历代注家(含帛书注家)大多将其解读为"侯王、君主与民众之间的'德'实现了交互"。这种解读不太准确,理由如下。

老子在第一章(今本38章)开篇便提出了"上德不德,是以有德;下德不失德,是以无德"。笔者对此已进行考辨,"上""下"在这里可以解读为"崇尚""悖逆"(而非"上等""下等")。"上德不德,是以有德"的意思是"尚德者(统治者、邦国或社会)无为而治,所以有德",这与先秦提倡的"君德"思想相匹配。

"君德"思想最终由儒家归纳而形成文化体系,而早在春秋及更早的时代,"君"就是社会政治体系中最重要的符号之一,蕴含着深厚的政治与文化内涵,君主及统治阶层的"德行"基本就是社会整体德行水平的代表。也就是说,"君德"早已有之,只是后来被儒家整理成思想和体系罢了。

所以,"德交归"应该理解为"德交"之后各有"归属",其中蕴含着三层意思:

第一层意思是"君德配位、民德配体"。

第二层意思是"君民之德实现了交互"(即主流解读)。不过,君民之德实现交互的前提是君德配位、民德配体,核心是君德配位,否则社会就会动荡、衰败。而这个配位的"君德"则来自本章前文所述"以道立天下",这样也就与前文实现了文意上的承接与扩展。

由此,第三层意思产生了,即"君德"的"修为"归属侯王,同时,由此形成的"福德"则归属民众,即民众享受到了恩德。

【对照版本】

傅奕本

治大国若烹小鲜。以道莅天下者,其鬼不神。非其鬼不神,其神不伤人。非其神不伤人,圣人亦不伤人。夫两不相伤,故德交归焉。

王弼本

治大国若烹小鲜。以道莅天下,其鬼不神。非其鬼不神，其神不伤人。非其神不伤人，圣人亦不伤人。夫两不相伤，故德交归焉。

河上公本
治大国若烹小鲜。以道莅天下，其鬼不神。非其鬼不神，其神不伤人。非其神不伤人，圣人亦不伤。夫两不相伤，故德交归焉。

范应元本
治大国者若烹小鳞。以道莅天下，其鬼不神。非其鬼不神，其神不伤民。非其神不伤民，圣人亦不伤民。两不相伤，则德交归焉。

第二十四章 大邦小邦

（今本61章）

【帛书复真本】

大邦者下，流也。天下之牝，天下之郊也。牝恒以靓胜牡，为亓靓也，故宜为下。大邦以下小邦，则取小邦；小邦以下大邦，则取于大邦。故或下以取，或下而取。故大邦者不过欲兼畜人，小邦者不过欲入事人。夫皆得亓欲，则大邦者宜为下。

【帛书释文本】

大邦者下，流也[一]。天下之牝，天下之郊也[二]。牝恒以靓胜牡，为亓（其）靓〔也，故〕宜为下[三]。大邦〔以〕下小〔邦〕，则取小邦；小邦以下大邦，则取于大邦[四]。故或下以取，或下而取。〔故〕大邦者不过欲兼畜人[五]，小邦者不过欲入事人[六]。夫皆得亓（其）欲，〔则大邦者宜〕为下。

【帛书出土图版原文】

甲本

大邦者下，流也。天下之牝㇄，天下之郊也。牝恒以靓胜牡，为亓靓□□宜为下㇄。大邦□下小□，则取小＝邦＝

（小邦；小邦）以下大邦，则取于大邦。故或下以取⌊，或下而取。□大邦者不过欲兼畜人，小邦者不过欲入事人⌊。夫皆得亓欲，□□□□□为下。

乙本

大国者下，□也。天下之牝也，天下之交也。牝恒以静朕牡，为亓静也，故宜为下也。故大国以下□国，则取小＝国＝（小国；小国）以下大国，则取于大国。故或下以取，□下而取。故大国者不过欲并畜人，小国不□欲入事人。夫皆得亓欲，则大者宜为下。

【校勘注释】

〔一〕"大邦者下流也"的断句存在争议，过往几乎所有注家（含帛书注家）的断句均为"大邦者，下流也"，不妥。笔者认为，这里将"流"解读为"流向、归所"更合理，而非将"下流"理解为"下游"。"大邦者下，流也"这种断句相比主流观点或许更加准确，更具逻辑性，可译为："大国守下立于世，如百川入海而四方归服。"详见【考证辨真】。另，今本等版本为了避讳汉高祖刘邦的"邦"、汉文帝刘恒的"恒"，把"邦"改为"国"、"恒"改为"常"，意思变了。

〔二〕"天下之牝"与"天下之郊也"两句，被今本等版本交换位置。同时，帛书注家大多按照今本等版本将"郊"校勘为"交"，不妥，且文意大变。详见【考证辨真】。牝：雌性的鸟兽，这里指雌柔。郊：国都城外百里以内的地区。

〔三〕"牝恒以靓胜牡，为其靓也，故宜为下"的"靓"

字，帛书注家大多按照今本等版本校勘为"静"，不妥，且意思大变。"靓"在这里指雌性"母爱雌柔"的魅力。详见【考证辨真】。下：谦让、守下。

〔四〕"大邦以下小邦""小邦以下大邦"的句式值得注意，其中的"以下"即"以其下于"，意为"把自己放在比……低下的位置"或"将自己视作比……低下"。详见【考证辨真】。

〔五〕兼：合并、聚合、聚集。畜：蓄养、养育、收容。兼畜人：把人聚集在一起加以收容，这里指支配。

〔六〕事：侍奉。入事人：这里指侍奉大国以得到庇佑，即依附大国。

【意解译文】

　　大国守下立于世，四海归服。这就如同守住天下之"雌"而不居"雄"，守住天下之郊而不主宰城邑一样。雌性之所以能够恒久战胜雄强，其魅力就在于母爱雌柔，所以应当谦让守下。大国对小国谦让，就会取得小国的依附；小国对大国谦让，就会获得大国的帮助。所以，或者以谦让取得小国的依附，或者以谦让获得大国的帮助。大国不要想着过分支配小国，小国也不要想着太过依附大国。两者各取所需，大国应该谦让守下。

【考证辨真】
"大邦者下流也"断句与译文辨真

　　"大邦者下流也"存在两种断句方式：其一是"大邦者，

下流也";其二是"大邦者下,流也"。前者是主流观点,但笔者认为,后者比前者更加合理,理由如下:

一是,"大邦者下,流也"开宗明义,简单明了,音韵铿锵有力,很符合老子的行文风格。

二是,"大邦者下"与后文"故宜为下""则大邦者宜为下"形成明确的呼应。

三是,与第一种断句相比,第二种断句使得后面的文句脉络清晰,且衔接自然流畅而不生涩。

那么,"流也"又该怎样解读呢?"流"意为"流向、归所",即"江海之所以能为百浴王者,以其善下之"的流向与归所。

由此,"大邦者下,流也"的意思就是:"大国守下立于世,如百川入海而四方归服。"可简化为:"大国守下立于世,四海归服。"

"郊""交"及相关文句辨真

"天下之牝,天下之郊也"的"郊"字,帛书甲本为"郊",帛书乙本和几乎所有传世版本均为"交"。

如取用"交"字,本章相关文句即为:"天下之牝,天下之交也。牝恒以靓胜牡,为其靓也,故宜为下。"这样就出现了两个问题:一是,"天下之交也"与上下文意不匹配;二是,在这样的语序下,"交"更适合解读为以"雄雌交合"来比喻"守下",表意太过低俗。

为了尽可能规避上述两大问题,今本等版本将"天下之牝"与"天下之交也"两句交换了位置,变成:"天下之交,天下之牝。牝常以静胜牡，以静为下。"这样，"天下之交"就可以译为"普天之下（包含邦国之间）的交往"或"天下交汇之处"了。但即使这样调换文句位置，也不能完全规避上述问题。

本书的核心目的是还原帛书，肯定不能以调换文句的方式来回避问题。对于帛书本来说，"天下之交也"出现在"天下之牝"与"牝恒以靓胜牡"之间太过突兀，导致上下文意不连贯。

而如果取用帛书甲本原文中的"郊"字，上下文意与逻辑便可连贯起来，"天下之牝，天下之郊也"的意思就是："（大邦守下）如同守住天下之'雌'而不居'雄'，守住天下之郊而不主宰城邑一样。"当然，这与今本等版本的语序及主流释义截然不同。

"靓"与"静"的选择与考辨

"靓"有"淑静"的含义。《集韵》："靓，女容徐靓。"贡师泰《拟古二首》："意态闲且靓，气若兰蕙芳。""牝恒以靓胜牡"的"靓"在这里引申为"雌柔"，可以理解为母爱雌柔的魅力。这与老子"雌胜雄""谦卑守下"的思想相契合。

由此，"牝恒以靓胜牡，为其靓也，故宜为下"的意思是："雌性之所以能够恒久战胜雄强，其魅力就在于母爱雌柔，所以应当谦让守下。"

当然，"靓"假借为"静"，确实多有用例，如《汉书·外戚传》："神眇眇兮密靓处，君不御兮谁为荣？"但在此处，众多帛书研究者校勘为"靓"通"静"，或许是受到今本等版本用字"静"的影响，笔者认为当属误校，从而导致意思大变。

"牝"与"玄牝"的差异简析

在第五十章（今本6章），老子称"玄牝之门"为"天地之根"。这里需要特别说明，"牝"不能等同于"玄牝"。"牝"指的是雌性的鸟兽，而"玄牝"则是深远、厚重、永恒长存、绵绵不绝的天地、乾坤之"牝"，二者有着本质上的差异。

有人说，"牝"乃雌性动物之总称，老子将其比作始生宇宙万物之母体，称为"玄牝"，用其作为道生万物之形象性比喻，并称牝为"天地根"。这种说法是错误的。

正如本章所说："大邦者下，流也。天下之牝，天下之郊也。牝恒以靓胜牡，为其靓也，故宜为下。"连大国这样的体系，都只能用"牝"来比喻，而不能用"玄牝"这么"高大上"的词语。

"大邦以下小邦""小邦以下大邦"的结构与文意辨真

"大邦以下小邦""小邦以下大邦"的句式结构很有意思，如果要将其改为更容易理解的句子，那么就是"大邦以其下于小邦""小邦以其下于大邦"。

在这里，"其"字代表"自己"（大邦或小邦），"以其下于"（即原文中的"以下"）可以理解为"把自己放在比……低下的位置"或"将自己视作比……低下"。①

---

① 沈善增：《还吾老子》，上海人民出版社，2004年12月第1版，第430页。

由此,"大邦以下小邦,则取小邦;小邦以下大邦,则取于大邦"可以译为:"大邦把自己放在比小邦低下的位置,就能取得小邦(的依附);小邦把自己放在比大邦低下的位置,就能获取大邦(的帮助)。"意译就是:"大国对小国谦让,就会取得小国的依附;小国对大国谦让,就会获得大国的帮助。"

注意这种句式,在第二十八章(今本65章)还会出现,并会替老子摘掉背负了两千多年的"黑锅"。

【对照版本】

傅奕本

大国者,天下之下流,天下之交,天下之牝。牝常以靖胜牡,以其靖,故为下也。故大国以下小国,则取于小国;小国以下大国,则取于大国。或下以取,或下而取。大国不过欲兼畜人,小国不过欲入事人。两者各得其所欲,故大者宜为下。

王弼本

大国者下流,天下之交,天下之牝。牝常以静胜牡,以静为下。故大国以下小国,则取小国;小国以下大国,则取大国。故或下以取,或下而取。大国不过欲兼畜人,小国不过欲入事人。夫两者各得其所欲,大者宜为下。

河上公本

大国者下流,天下之交,天下之牝。牝常以静胜牡,以静为下。故大国以下小国，则取小国；小国以下大国，则取大国。故或下以取，或下而取。大国不过欲兼畜人，小国不过欲入事人。夫两者各得其所欲，大者宜为下。

范应元本

大国者，天下之下流，天下之所交也。天下之牝牡，常以静胜牡。以其静，故为下也。故大国以下小国，则取小国；小国以下大国，则取大国。故或下以取，或下而取。大国不过欲兼畜人，小国不过欲入事人。两者各得其所欲，故大国者宜为下。

第二十五章　万物之注

（今本 62 章）

【帛书复真本】

道者，万物之注也，善人之璞也，不善人之所璞也。美言可以市，尊行可以贺人。人之不善也，何弃之有？故立天子，置三卿，虽有共之璧以先四马，不善坐而进此。古之所以贵此者何也？不胃求以得，有罪以免舆？故为天下贵。

【帛书释文本】

〔道〕者，万物之注也[一]，善人之璞（葆）也，不善人之所璞（葆）也[二]。美言可以市，尊（尊）行可以贺人[三]。人之不善也，何弃〔之〕有[四]？故立天子，置三卿[五]，虽有共之璧以先四（驷）马[六]，不善坐而进此[七]。古之所以贵此者何也[八]？不胃（谓）求〔以〕得[九]，有罪以免舆[十]？故为天下贵。

【帛书出土图版原文】

甲本

□者，万物之注也，善人之璞也，不善人之所璞也。美言可以市╰，尊行可以贺人＝（人。人）之不善也，何弃□

| 第二十五章　万物之注 |

有⌐？故立天子，置三卿⌐，虽有共之璧以先四马，不善坐而进此。古之所以贵此者何也？不胃求□得，有罪以免舆？故为天下贵。

乙本

道者，万物之注也，善人之瑾也，不善人之所保也。美言可以市，尊行可以贺人=（人。人）之不善，何□□□？故立天子，置三乡，虽有共之璧以先四马，不若坐而进此。古之所以贵此□何也？不胃求以得，有罪以免与？故为天下贵。

【校勘注释】

〔一〕"注"字，帛书甲乙本均为"注"，今本等版本改为"奥"，意思大变。有人将这里的"注"释义为"主"（主宰、控制），不妥，老子在第七十八章（今本34章）明确说"道"是"万物归焉而弗为主"。注：注入、灌注，这里引申为归属、归附。《集韵》："注，属也。"详见【考证辨真】。

〔二〕"瑾"字，帛书甲乙本均为"瑾"，《尔雅》《集韵》《韵会》《正韵》《广韵》《说文》等辞书中均无此字，笔者推测是"葆"字之假借。"葆"可通"保"或"宝"（帛书注家大多如此校释），但这里不能这样训释。"葆"的本义是草木丛生、繁茂，可引申为荫蔽、庇护，揭示的是"道"、天地、万物对人的滋养、荫庇及其与人之间博大而厚重的关系，再次显示出帛书《老子》甲本用字的考究与智慧。参见第三十四章（今本69章）对"葆"的考辨。"善人之葆也"的意思是，由于"道"为天地万物注入了范式、法则与精气神，所以善的人获得"道"的荫庇。

有人提出，"不善人之所葆也"如果按照字面含义翻译为"不善的人也能获得'道'的庇佑"的话，那么就有悖于常理和老子的思想，所以这里的"善人"和"不善人"应该分别译为"善于为道践行的人"和"不善于为道践行的人"。这看起来似乎有道理，但实际上不妥。这里的"善人"指的是好人、善良的人，但"不善人"不能狭隘地理解为不善良的人，"不善人之所葆也"的意思应该是："不善的人向善也能获得庇佑。"详见【考证辨真】。

〔三〕算："尊"的异体字。"美言""市""尊行""贺人"，一些注家将其理解为贬义，不妥。美言：动听、美好的言辞。"市"的本义为集中进行交易的场所，可引申为交易、叫卖，即宣讲、宣扬（以求交易）。尊行：这里指值得社会尊重的"为道践行"的行为。贺人：这里指犒劳、加持、增益"践道"的人。《广韵》："贺，劳也，加也。"由此，"贺人"还可引申为树立典范，作为激励、感化整个社会学习、看齐的榜样。"美言可以市，尊行可以贺人"可以理解为："用动听的言辞宣扬'为道'，树立楷模激励、感染世人'践道'，进而形成广泛而强大的社会影响力，以此感召民众（包括不善者）'为道践行'而向善。"详见【考证辨真】。

〔四〕"人之不善也，何弃之有"句体现了老子在第七十一章（今本27章）中提出的"而无弃人，物无弃财"的思想。这里老子的意思是说，由于整个社会包括不善者在内的民众都会被"践道而向善"的风气所感召，因此，那些不善的人，怎么可以被舍弃呢？

| 第二十五章　万物之注 |

〔五〕三卿：指司徒、司马、司空。《礼记·王制》："大国三卿，皆命于天子。"孔颖达疏："崔氏云：三卿者，依周制而言，谓立司徒，兼冢宰之事；立司马，兼宗伯之事；立司空，兼司寇之事。"

〔六〕共之璧：即拱璧，大璧，为圆形玉石，中间有孔。四：假借为"驷"。驷马：指由四匹马拉的车。古代献礼，一般重礼在后，轻礼在前。

〔七〕坐：因为、由于。《陌上桑》："但坐观罗敷。"杜牧《山行》："停车坐爱枫林晚，霜叶红于二月花。"坐而：由于……而。这里的"此"，代指前文"美言可以市，尊行可以贺人"，可简要理解为"为道践行"的社会感召力。不善坐而进此：不善者由于统治者的重视而受到"为道践行"的社会感召。

〔八〕贵：以……为贵，古汉语中的意动用法。此：与前文"不善坐而进此"的"此"指代相同。者：句末语气助词。古之所以贵此者：自古以来，人们之所以对"为道践行"的社会感召力很看重。

〔九〕不谓：不算作、不称为。求：请求。求以得：有请求就有收获。不谓求以得：不就是它有求必应。

〔十〕"舆"字，帛书甲本有残损，经仔细辨认，帛书甲本图版原字应为"舆"而非"舆（与）"，帛书整理小组也校勘为"舆"。在古籍文献中，尚未发现"舆"字作为语气助词的例证，因此有人将此处的"舆"注释为通"与"或"欤"，笔者认为不妥。

这里的"舆"是"多、众"的意思，引申为众人、大众。《广雅》："奥，多也。"《集韵》："奥，众也。"《国语·晋语》："惠公入而背外内之赂，舆人诵之。""有罪以免舆"即"以免舆有罪"，也就是可以避免众人犯罪。

【意解译文】

"道"，万物归附它，善的人获得荫庇，不善的人向善也能获得庇佑。用动听的言辞宣扬"为道"，树立楷模激励、感染世人"践道"，进而形成广泛而强大的社会影响力，以此感召民众（包括不善者）"为道践行"而向善。因此，那些不善的人，怎么可以舍弃他们呢？所以天子即位，设置三卿，虽然有拱璧在前、驷马在后的隆重礼仪很重要，但不善者由此受到"为道践行"的社会感召更重要。自古以来，人们之所以对"为道践行"的社会感召力很看重，原因是什么呢？不就是它有求必应，能够避免众人犯罪吗？所以天下人才如此珍视它。

【考证辨真】

"注"字含义辨析

"道者，万物之注也"的"注"字，帛书甲乙本均如此，今本等版本改为"奥"，不妥。

如图 25-1 所示，"注"的甲骨文字形像液体直流如柱，由上往下灌入器皿，或是将某个器皿中的液体注入另一器皿之中。而战国及之后的篆文、隶书、楷书都与战国秦简上的"注"字形一致，从水，主声，主兼表集中之意，是形声兼会意字。

第二十五章 万物之注

商甲骨文　　　商甲骨文　　　战国秦简

图 25-1 "注"字的甲骨文、秦简字形

《说文》："注，灌也。"即水往一处聚集，集中将液体灌进去。《诗经·洞酌》："挹彼注兹。"孔颖达疏："挹彼大器之水注之此小器之中。"引申为聚集、集中。《周礼·兽人》："及弊田，令禽注于虞中。"又引申为归属、归附。《集韵》："注，属也。"《战国策·秦策》："一举众而注地于楚。"

当"道"的范式与法则如同流水一样注入万物之中，从而让万物有了精气神，万物也就归属、归附于"道"了，因为万物是由精气神主导的。注意，这里所说的主导并非主宰或控制。

另外，"注"字从古至今都属于常用字，寓意广泛，涉及的成语多达几十个，例如秤斤注两、大雨如注、孤注一掷、命中注定、目注心凝、倾耳注目、倾注全力、全神贯注、悬河注水、血流如注、依经傍注、挹彼注兹、挹盈注虚、引人注目、雨泽下注、注玄尚白、酌盈注虚，等等。这或许是老子用"注"字的另一个原因，因为它既通俗易懂，广泛地被人们知晓，又能形象、准确地表达老子的意思。

"善人"与"不善人"辨析

对于"善人之葆也，不善人之所葆也"中"善人"与

"不善人"的理解，历来争议很大。一种观点认为，如果不善的人中存在反人类、反社会的极端分子，而这类人也能得到"道"的庇护的话，那么就严重违背了老子"道"的思想和社会道德与法则了；所以，这里的"善人"应该解读成"善于为道践行的人"，"不善人"应该解读成"不善于为道践行的人"。

这种观点看起来有道理，但实则有两大问题：其一，既然如此，老子为何不直接用"为道者""践道者"等指向明确的词语？为何还要绕来绕去，取用笼统又有争议的"善人""不善人"呢？这与老子选词用字特别考究的一贯风格不符。其二，这种解读违背了老子的一贯思想，即第七十一章（今本27章）中所谓"而无弃人，物无弃财"的思想。因此，上述观点不正确。那么，此处应该怎样理解呢？

笔者认为，这与古人的书写材料和用词有关。春秋时期主要的书写材料有竹简、木牍、缣帛等，或是太过笨重，或是太过昂贵，总之成本太高，故讲究撰文极简，也就是要把能够意会的文字尽量省略。结合这一点来推断，"善人之葆也，不善人之所葆也"中大概率存在省略而又可以意会的文字，我们可以从"之葆"和"之所葆"的不同表述上看出端倪。

如果老子认为"善人""不善人"都应获得"道"的庇佑的话，就有两种表述方式：一是都用"之葆"；二是不分"善"与"不善"，合并在一起表述（如"人之所葆也"），这样更简单明了。所以说，这里"之葆"与"之所葆"的表述是有区分的，而后者要表达的内涵又由前者给出了明确的指向，"不善人之所葆也"的完整意思应该是：不善者也能获得

"道"的庇佑，这只有在不善者向善时方可成立。

因此，"善人之葆也，不善人之所葆也"可以理解为"善的人因此获得'道'的荫庇，不善的人同样能够获得'道'的庇佑，前提是他们弃恶从善"，简化表述就是："善的人获得荫庇，不善的人向善也能获得庇佑。"

"尊行"与"奠行"考辨

"美言可以市，尊行可以贺人"的"尊行"，有学者认为是"奠行"。这里进行辨析。

a 帛书甲本图版　b 帛书甲本图版　c 楚简"尊"　d 秦小篆"奠"　e 楚简"奠"

图 25-2　帛书甲本图版原文与"尊""奠"的字形比较

如图 25-2 所示，a 字是本章"尊"字在帛书甲本图版上的原貌。[①] 显然，该字与楚系简帛"尊"字（c 字）的下部差异较大，与楚系简帛"奠"字（e 字）的上部也存在差异，而与秦小篆（d 字）及后世的"奠"字写法一致。这或许就是很多人将该字辨识为"奠"的原因。

但是要知道，"尊"字最早见于甲骨文，本就从酉（酒杯）、从廾（双手），在古代，"奠"是其常见写法。《集韵》："奠，同尊。"这也正是图 25-2 中 a 字的写法，且与第十四章

[①] 裘锡圭主编《长沙马王堆汉墓简帛集成（壹）》，湖南省博物馆、复旦大学出土文献与古文字研究中心编纂，中华书局，2014 年 6 月第 1 版，第 97 页。

（今本51章）"道之尊，德之贵也"的"尊"在帛书甲本图版上的原貌（即b字）①相同。

a 秦小篆　　　b 秦小篆　　　c 西汉隶书　　　d 西汉隶书

图 25-3　"尊"字的字形演变

同时，如图 25-3 所示，"尊"这种写法还出现在马王堆汉墓出土的《战国纵横家书》中（c字和d字），并可参考两种小篆写法（a字和b字）。由此，这里将该字校勘为"尊"，这也与帛书整理小组的考辨一致。

"美言""市""尊行""贺人"的含义辨析

关于"美言可以市，尊行可以贺人"的"美言""市""尊行""贺人"应该怎么理解，争议实在太大，这里罗列五种解读方式。

第一种解读，有人围绕老子对于"美言"的褒贬问题提出了看法。理由是，《老子》第三十一章（今本 81 章）中有"信言不美，美言不信"的表述。所以，本章的"美言"为贬义，可理解为浮华夸大的言辞。由此可推导出，"尊行"同样为贬义，可理解为"赢得世俗尊敬的虚伪、虚假的行径，比如表面谦恭而内心不一的行为"。另外，这里的"市"即

---

① 裘锡圭主编《长沙马王堆汉墓简帛集成（壹）》，湖南省博物馆、复旦大学出土文献与古文字研究中心编纂，中华书局，2014 年 6 月第 1 版，第 96 页。

为交易、买卖,"贺"引申为犒劳、加持、增益。

于是,"美言可以市,尊行可以贺人"就有了三种释义:一是,"浮华夸大的言辞可以促成买卖,赢得世俗尊敬的虚假行径可以让人们获取增益";二是,"浮华的言辞可以随意买卖(即'美言'已经成为世俗交易、交际的筹码),赢得世俗尊敬的虚假行径可以让人们获取增益";三是,"美言因为买卖而变得浮华夸张,好的行径因为能给人带来增益而变得虚假"。

然而,上述释义存在问题,即不能与后文"人之不善也,何弃之有"和"不善坐而进此"形成合理的逻辑联系。对此,有人提出反对意见,认为上述第三种释义与后文的文意连贯,即人性的"善"与"不善"是可以相互转化的,那么,人性"不善"的一面又有什么理由可以丢弃呢(即"人之不善也,何弃之有")?

但是,这种理解是不正确的。首先,并不是所有的"善"与"不善"都可以相互转化;其次,不善者包括罪大恶极之人,这种人假设做了一点点好事,就可以不受处罚吗?显然不对。所以,这里将"美言""市""尊行""贺人"理解为贬义行不通。

实际上,《老子》第三十一章(今本81章)"信言不美,美言不信"的观点,是老子在特定语境下提出来的,并不代表"美言"一定是贬义。

第二种解读为主流观点,将"美言可以市,尊行可以贺人"释义为"漂亮的言辞可以换取尊重、信任或财帛,高尚的行为可以使人提高地位或见重"。这种释义也无法与后文

"人之不善也，何弃之有"和"不善坐而进此"形成合理的逻辑联系，因此不可取。

第三种解读主要涉及断句的问题。有人把断句改为"美言可以市尊，行可以贺人"，理由是，"市"为交换之意，交换得有对象，所以"尊"字应该在前半句。这种断句与《淮南子》的解读相同，《淮南子》引述的文字为"美言可以市尊，美行可以加人"，在"行"字前添加了一个"美"字。由此，该句的释义就是"赞美道能够换来别人的尊重，符合道的行为可以提升自身"。不过，这种释义同样存在之前提到的上下文意连贯问题，也不可取。

注意，上述第二种、第三种解读之所以在今本等版本中能够大致讲得通，是因为今本等版本改了文字，特别是将"不善坐而进此"改为"不如坐进此道"，与帛书本存在天壤之别。

第四种解读是笔者在《道德经，古今有何不同》中提出的有待探讨的观点（非笔者原创），现引用如下：

> 本章老子讲述的是要发挥"道"对民众的教育引导作用，老子所宣扬的"道"，就像是注入了万物的能量，这种能量是善人行善的资本，也是不善人向善的依据。所以，帛书中用的是"注"字和"葆"字，"美言""奠行""市""贺人"都是教育手段。其中，"美言"指的是使用动听的语言做宣传，"奠行"指的是树立模范做榜样，"市"字表示用有声的宣教来形成广泛的社会影响，"贺人"表示用无声的示范教育来

| 第二十五章　万物之注 |

感染、激励人。原文后面以古代"立天子、置三卿"时所举办的"虽有共之璧以先四马"的隆重仪式来进一步说明,这种无声教育对"不善"者心灵所产生的"坐而进此"和"有罪以免"的震撼效果。

而今本等版本将"注"字改为"奥"字,将"葆"字分别改为"宝"与"保"字,以标记的形式表明"善人"与"不善人"是有区别的,还将"不善坐而进此"改为"不如坐进此道",将"不曰求以得,有罪以免与"改为"不曰:求以得,有罪以免邪"。这样,就描绘出一幅以"道"为偶像,号召百姓求拜以免罪的景象,这与老子从教育入手,以改造主观世界为目标,强调"人之不善,何弃之有"的教育理念,是完全不同的两回事。①

这种解读很美,然而在字词的考据上暂时难以找到足够的支撑。不过,这为笔者提供了重要的启发,于是有了如下解读,也就是第五种解读,这是笔者认为更加合理的解读。

"美言"类似于现今的各种推广与宣传,需要包装打造、广而告之,可释义为赞美"为道践行"的那些动听、美妙的言辞。"市"的本义为集中进行交易的场所,可引申为交易、叫卖,即宣讲、宣扬(以求交易)。"尊行"则是制定值得社会尊重的"为道"的行为规范,如同周代的各种礼制一样。"贺人"就是犒劳、加持、增益"践道"之人的意思。《广

---

① 王骥:《道德经,古今有何不同》,华文出版社,2023年1月第1版,第135—136页。

韵》："贺，劳也，加也。"因此，"贺人"这里也可引申出树立典范，作为激励、感化整个社会学习、看齐的榜样。

因此，"美言可以市，尊行可以贺人"表达的意思就是："用动听的言辞宣扬'为道'，树立楷模激励、感染世人'践道'，进而形成强大的社会影响力，以此感召民众（包括不善者）'为道践行'而向善。"这样理解，就与上下文意乃至整章文意形成了有效契合。

"不善坐而进此"含义辨析

"故立天子，置三卿，虽有共之璧以先驷马，不善坐而进此"应该如何理解，一直以来都是难题。今本等版本为了找到上下文意的联系，强行将"不善坐而进此"的"不善"改为"不如"，该句意思就变成了："所以天子即位，设置三卿，虽然有拱璧在前、驷马在后的礼仪，还不如用'道'来献礼呢！"乍一听有道理，实则存在三大问题：

一是，"拱璧在前、驷马在后"属于立天子的隆重礼仪，与后文的以"道"献礼的虚空关联，在现实中很难想象，实在有些不切实际。二是，"不善坐而进此"的"不善"就是指前文"不善人"，与今本等版本的"不如"含义完全不同。如依据帛书还原成"不善"，再采用今本的释义，前后文意就完全讲不通了。三是，"不善坐而进此"的"此"字，明显与"不善人""何弃之有"的原因直接相关，若是把它间接地释义为"道"，那么与前文的关联度则会下降很多，不妥。

笔者认为，"不善坐而进此"的"此"字指的应该是"美

第二十五章 万物之注

言可以市，尊行可以贺人"，即"用动听的言辞宣扬'为道'，树立楷模激励、感染世人'践道'，进而形成广泛而强大的社会影响力"，可简化为"为道践行"的社会感召力。这样，就使得上下文意契合。那么，这种"社会感召力"与"故立天子，置三卿，虽有共之璧以先驷马"是否存在逻辑关联呢？这是个关键问题，分析如下。

对于一国之君来说，最大的事情莫过于国家的持久安定与发展，而安定与发展涉及的对象就是民众。引发国家不安定、发展停滞，甚至事端四起的民众往往来自"不善的人群"。所以，对于天子来说，治理好"不善的人群"一定是国家大事。"设置三卿，拱璧在前、驷马在后"属于维持国家正常运行的举措与昭示天子地位的隆重仪式，这当然很重要，但是与"让天下持续稳定、发展"的国家大事相比，后者就显得更为重要了。

由此，"不善坐而进此"就与"故立天子，置三卿，虽有共之璧以先驷马"形成了逻辑上的联系。而这里又是怎样表述这种关系的呢？老子用了两个关键字，"故"和"虽"。

"故"字的作用是承上启下，即承接上文"人之不善也，何弃之有"，并引出下文。前文已提到，"不善坐而进此"的"此"字代表的是"美言可以市，尊行可以贺人"，即"道"对社会、天下的作用，而并非"道"本身。"虽"字的作用是"转前合后"，即从前文"拱璧在前、驷马在后"转到后文"不善坐而进此"上来。

由此，老子通过"故立天子，置三卿，虽有共之璧以先驷马，不善坐而进此"要表达的意思就是，天子即位，有设置三卿等官职的重大举措,有拱璧在前、驷马在后等隆重仪式,这些都很重要,但是与"通过强大的社会感召力,让不善者在无形中接受'为道践行'的教育,引导他们不生事端,成为良民,进而让天下长治久安"的国家大事相比,后者就显得更重要了。

【对照版本】

傅奕本

道者,万物之奥也,善人之所宝,不善人之所保。美言可以于市,尊言可以加于人。人之不善,何弃之有?故立天子,置三公,虽有拱璧以先驷马,不如进此道也。古之所以贵此道者何也?不曰求以得,有罪以免邪?故为天下贵。

王弼本

道者,万物之奥,善人之宝,不善人之所保。美言可以市,尊行可以加人。人之不善,何弃之有?故立天子,置三公,虽有拱璧以先驷马,不如坐进此道。古之所以贵此道者何?不曰以求得,有罪以免邪?故为天下贵。

河上公本

道者,万物之奥,善人之宝,不善人之所保。美言可以市,尊行可以加人。人之不善,何弃之有?故立天子,置三公,虽有拱璧以先驷马,不如坐进此道。古之所以贵此道者何?不曰以求得,有罪以免耶?故为天下贵。

第二十五章 万物之注

范应元本

道者,万物之奥,善人之所宝,不善人之所保。美言可以于市,尊行可以加于人。人之不善,何弃之有?故立天子,置三公,虽有拱璧以先驷马,不如坐进此道。古之所以贵此道者何?不曰求以得,有罪以免邪?故为天下贵。

第二十六章　无为无事

（今本63章）

【帛书复真本】

为无为，事无事，味无未。大小多少，报怨以德。图难乎亓易也，为大乎亓细也。天下之难作于易，天下之大作于细。是以圣人冬不为大，故能成亓大。夫轻若必寡信，多易必多难。是以圣人猷难之，故冬于无难。

【帛书释文本】

为无为，事无事，味无未〔一〕。大小多少〔二〕，报怨以德〔三〕。图难乎〔亓（其）易也〔四〕，为大乎亓（其）细也〕。天下之难作于易，天下之大作于细。是以圣人冬（终）不为大〔五〕，故能〔成亓（其）大。夫轻若（诺）必寡信〔六〕，多易〕必多难。是〔以圣〕人猷难之〔七〕，故冬（终）于无难。

【帛书出土图版原文】

甲本

・为无为╰，事无事╰，味无未。大小多少，报怨以德╰。图难乎□□□□□□□。天下之难作于易，天下之大作于细╰。是以圣人冬不为大。故能□□□□□□□□□□必多难⌞。是□□人猷难之，故冬于无难。

乙本

为无为，□□□□□□□□□□□□□□□□□□□□□□□乎亓细也。天下之□□□易，天下之大□□□□□□□□□□□□□□□□□□。夫轻若□□信，多易必多难。是以耶人□□之，故□□□□。

【校勘注释】

〔一〕"为无为，事无事，味无未"，并非主流观点认为的三个动宾短语，而是状语后置，即"以无为而为，以无事而事，以无未而味"。为无为：以无为的方式去有所作为。事无事：以不滋事的方法去处理事情。详见【考证辨真】。

"味无未"的"未"，传世诸本及帛书研究者几乎都将其校勘为"味"，这是错误的。这在一定程度上表明历代研究者严重忽视（或是不了解）古代天文学、干支纪法、阴阳五行等中国古代的重要知识。味：回味、玩味、体会。未：本义为六月植物处于极盛、盛极必衰时的状态。《说文》："未，味也，六月滋味也。五行木老于未，象木重枝叶也。""味无未"的意思是，以植物未至极盛以规避盛极必衰的境界去体察万物相通的道理，可简化为"体察万物未至盛境、盛极必衰的道理"。详见【考证辨真】。

〔二〕关于"大小多少"，历代注家（含帛书注家）众说纷纭，结合上下文意，译为"大事化小、小事化无"最为恰当。

〔三〕报怨以德：用德行去化解他人的怨恨。

〔四〕图：图谋、谋取。乎：介词，相当于"于"。图难乎其易也：处理困难的事情要从容易的地方入手。

〔五〕"冬""终"同源于"冬"，这里是"最后、终了"的意思。不为大：不自以为大，即不好大喜功。

〔六〕若：应允，后作"诺"。《马王堆汉墓帛书·经法》："若者，言之符也；已者，言之绝也。已若不信，则知大惑矣。已若必信，则处于度之内也。"

〔七〕"猷（yóu）"字，帛书甲本为"猷"，帛书乙本有残损，传世诸本及帛书研究者大多将其校勘为"犹"，释义为"依然、总是"，不妥。"猷"在此处是"谋划"的意思。《尔雅·释诂》："猷，谋也。"

【意解译文】

以无为的方式去有所作为，以不滋事的方法去处理事情，体察万物未至盛境、盛极必衰的道理。这样就会大事化小、小事化无，用德行去化解他人的怨恨。处理困难的事情要从容易的地方入手，干大事要从细微的事情做起。天下的难事都是由简易构成的，天下的大事都是从细微开始的。因此，圣人做事始终不好大喜功，所以才能成就大事业。轻易许诺往往失信于人，料事太过容易往往困难重重。因此，圣人总是将事情谋划得困难一些，最终就能够克服困难。

【考证辨真】

"为无为，事无事，味无未"的结构及文意辨真

历代主流（含帛书主流）观点几乎都将"为无为，事无

第二十六章 无为无事

事，味无未"当作并列的动宾短语来解读，即"为所无为，事所无事，味所无未"，但这样与后文"大小多少，报怨以德。图难乎其易也，为大乎其细也"难以形成联系。

正因为如此，姚鼐、马叙伦等学者提出，在"大小多少"的"大小"之后，可能存在错简丢失的文字。

笔者认为，"为无为，事无事，味无未"并不是动宾结构短语，而是状语后置，也就是"以无为而为，以无事而事，以无未而味"。其中，"为无为，事无事"的意思是"以无为的方式去有所作为，以不滋事的方法去处理事情"（"味无未"后文将深入考辨）。

由此，"为无为，事无事"就有两层内在含义：其一是大事化小，小事化无；其二是以无通有，以小博大，进而四两拨千斤。这样就解决了姚鼐、马叙伦等学者提出的疑问了，也自然与后文"大小多少，报怨以德。图难乎其易也，为大乎其细也。天下之难作于易，天下之大作于细"的文意形成了关联。

如此解读，也解决了历代注家（含帛书注家）对"大小多少"的理解存在的争议。联系上下文，特别是考虑到"图难乎其易也，为大乎其细也。天下之难作于易，天下之大作于细""夫轻诺必寡信，多易必多难"等文意的连贯，这里的"大小多少"就是"大事化小，小事化无"的意思。

"味无未"与"味无味"辨真

"味无未"句，帛书甲本如此，帛书乙本缺失。传世诸本及历代注家（含帛书注家）几乎都将"未"校勘为"味"，这在逻辑上存在明显的问题。如果此处的"未"字等同于"味",老子为何不直接用"味无味"(帛书《老子》甲本用字极度考究),还绕来绕去用个"未"字,玩文字游戏?笔者认为,"味无未"的"未"有深刻的内涵。

《说文》:"未,味也,六月滋味也。五行木老于未,象木重枝叶也。"很多学者在查阅、引用《说文》对"未"字的释义时,只注意到"未,味也",却严重忽略了许慎对"未"字内涵的两大限制和拓展。其一是"六月滋味也",指明了"未"说的是干支纪法中的"六月"这个时间段。其二是"五行木老于未,象木重枝叶也",指明了"未"与阴阳五行学说中的"木"有关,以及"木"虽老于此时却枝繁叶茂这对矛盾。笔者接下来将分别予以阐释。

在阴阳五行学说和干支纪法中(干支纪法涉及复杂、高深的天文、地理、人文等跨学科知识,中国使用干支纪法的历史超过3600年,在时令、节气的推算,以及周易、堪舆等领域被广泛使用),六月是"未月",为"木"之墓库(如表26-1所示)。

表26-1 五行旺衰周期表

周期 五行	长生	沐浴	冠带	临官	帝旺	衰	病	死	墓库	绝	胎	养
木	亥	子	丑	寅	卯	辰	巳	午	未	申	酉	戌
火	寅	卯	辰	巳	午	未	申	酉	戌	亥	子	丑
土	寅	卯	辰	巳	午	未	申	酉	戌	亥	子	丑
金	巳	午	未	申	酉	戌	亥	子	丑	寅	卯	辰
水	申	酉	戌	亥	子	丑	寅	卯	辰	巳	午	未

根据表 26-1，笔者以"木"为例，简单阐释一下"木"气从孕育到死绝整个循环周期的大体含义：

长生："木"的本气生发之时，如人怀胎十月而生。

沐浴："木"的本气处于柔弱之中，需要沐浴呵护。

冠带："木"的本气处于长成期，如人的衣冠腰带能使用。

临官："木"的本气充盈，物已成材，充满智慧和能量，如人可以做官造福一方。

帝旺："木"的本气已达到顶端，如人受君命，位高权重，精神身体俱佳。

衰："木"的本气开始走向衰落，如人体开始衰老。

病："木"的本气继续衰落，难以支撑机体，如人体机能失调，罹患疾病。

死："木"的本气停止更新，如人已死亡，"木"的余气快速消退。

墓库：物以藏而入库，如人终以入土为安，"木"的余气已经微若游丝。

绝："木"的余气彻底消失，开始酝酿新的轮回。

胎："木"的本气开始孕育，如受孕于母体之时。

养："木"的本气如人在母体成形，还需以养为主。

根据表 26-2 中十二地支对应的阴阳、月份、季节及五行关系，结合上述对"木"的生命周期的阐释，可以推知：六月为"木"之墓库，此时"木"的余气已经微若游丝，但是它还存在，还在对各种植物发挥内在的作用，只是其作用力已经快到尽头了。这就是《说文》所谓"六月""五行木老于未"的真正原因，也就是五行中的"木"进入了"六月"

表26-2 十二地支对应的阴阳、月份、季节及五行关系

十二地支	寅	卯	辰	巳	午	未	申	酉	戌	亥	子	丑
对应阴阳	阳	阴	阳	阴	阳	阴	阳	阴	阳	阴	阳	阴
对应月份	一月	二月	三月	四月	五月	六月	七月	八月	九月	十月	十一月	十二月
对应季节	春				夏			秋			冬	
对应五行	木(东方)			火(南方)			金(西方)			水(北方)		
备注	三月的"辰"虽有"木"气,但本性为"土",六月的"未"、九月的"戌"与十二月的"丑",构成了"四季土",补足了对应的五行,即水、火、木、金、土。同理,故"辰、戌、未、丑"……											

这个地支为"未"的墓库之地,催生"木"继续成长的余气已经非常微弱了,但这时草木万类绝非衰老了,而是接近最繁盛的阶段。为何会这样呢?

我们将"木"的余气对植物的作用力比作物理学上的"加速度",便能明白这一道理。当我们对某个物体施加正加速度后,物体会快速移动;当加速度逐渐减少到接近零的时候,物体的位移速度(在现实世界中的观测速度)将达到最大。

所以说,六月正值夏季的尾声,虽然"木"的余气已经耗尽,但植物外在的表现却达到了旺盛的最大值,枝繁叶茂、重重叠叠,正如《史记·律书》所说:"未者,言万物皆成,有滋味也。"过了这个极限,植物开始逐渐从旺盛走向收敛。注意,"木"气的内在驱动周

第二十六章 无为无事

期要领先于外在显现,也就是说,二者达到最大值的时间点是一前一后的,前者是内因,后者是外果。这就是《说文》之所以给出"五行木老于未,象木重枝叶也"这样看似矛盾的解读的内在原因。

因此,如果帛书《老子》研究者对阴阳五行学说、干支纪法等知识缺乏了解,就无法理解《说文》所谓"未,味也,六月滋味也。五行木老于未,象木重枝叶也"的真正含义,更无法理解老子在这里用"味无未"(而非"味无味")的深刻内涵。

综上所述,此处"味无未"的意思是:"以植物未至极盛以规避盛极必衰的境界去体察万物相通的道理。"或者翻译为:"玩味植物还没有达到峰值的状态,体会盛极必衰的内在根源。"可简化为:"体察万物未至盛境、盛极必衰的道理。"

【对照版本】

傅奕本

为无为,事无事,味无味。大小多少,报怨以德。图难乎于其易,为大乎于其细。天下之难事必作于易,天下之大事必作于细。是以圣人终不为大,故能成其大。夫轻诺者必寡信,多易者必多难。是以圣人犹难之,故终无难矣。

王弼本

为无为,事无事,味无味。大小多少,报怨以德。图难于其易,为大于其细。天下难事必作于易,天下大事必作于细。是以圣人终不为大,故能成其大。夫轻诺必寡信,多易必多难。是以圣人犹难之,故终无难矣。

河上公本

为无为,事无事,味无味。大小多少,报怨以德。图难于其易,为大于其细。天下难事必作于易,天下大事必作于细。是以圣人终不为大,故能成其大。夫轻诺必寡信,多易必多难。是以圣人犹难之,故终无难。

范应元本

为无为,事无事,味无味。大小多少,报怨以德。图难乎于其易,为大乎于其细。天下之难事必作于易,天下之大事必作于细。是以圣人终不为大,故能成其大。夫轻诺者必寡信,多易者必多难。是以圣人犹难之,故终无难。

第二十七章　安也易持

（今本 64 章）

【帛书复真本】

　　亓安也，易寺也。亓未兆也，易谋也。亓脆也，易判也。亓微也，易散也。为之于亓未有也，治之于亓未乱也。合抱之木，作于蕚末；九成之台，作于羸土；百仁之高，台于足下。为之者败之，执之者失之。是以圣人无为也，故无败也；无执也，故无失也。民之从事也，恒于亓成事而败之。故慎终若始，则无败事矣。是以圣人欲不欲，而不贵难得之朥；学不学，而复众人之所过；能辅万物之自然，而弗敢为。

【帛书释文本】

　　亓（其）安也，易寺（持）也[一]。〔亓（其）未〕兆〔也〕，易谋〔也〕。亓（其）脆也，易判也[二]。亓（其）微也，易散也。为之于亓（其）未有也，治之于亓（其）未乱也。合抱之木〕，作于蕚（毫）未〈末〉[三]；九成之台，作于羸土[四]；百仁（仞）之高，台（始）于足下[五]。〔为之者败之，执之者失之[六]。是以圣人无为〕也，〔故〕无败〔也〕；无执也，故无失也[七]。民之从事也，恒于亓（其）成事而败之[八]。故慎终若始[九]，则〔无败事矣。是以圣人〕欲不欲，而不贵难得之膴（货）〔十〕；学不学〔十一〕，而复众人之所过〔十二〕；能辅万物之自〔然，而〕弗敢为〔十三〕。

【帛书出土图版原文】

甲本

・亓安也，易寺也。□□兆□，易谋□□□□□□□□□□□□□□□□□□□□□□□□□□，作于羣未；九成之台，作于蠃土；百仁之高，台于足下。□□□□□□□□□□□□□也，□无败□；无执也，故无失也。民之从事也，恒于亓成事而败之∟。故慎终若始，则□□□□□□□欲不欲，而不贵难得之膴；学不学，而复众人之所过∟；能辅万物之自□□弗敢为∟。

乙本

□□□□□□□□□□□□□□□□□□□□□□□□□□□□□□□□□□木，作于毫末；九成之台，作于纂土；百千之高，始于足下。为之者败之，执者失之。是以耵人无为□□□□□□□□□□。民之从事也，恒于亓成而败之。故曰慎冬若始，则无败事矣。是以耵人欲不欲，而不贵难得之货；学不学，复众人之所过；能辅万物之自然，而弗敢为。

【校勘注释】

〔一〕寺：假借为"持"。

〔二〕"判"字，帛书甲乙本缺失，取用傅奕本、范应元

第二十七章 安也易持

本等版本的"判"。判：分开、分离、破碎。《说文》："判，分也。"《广雅》："判，分也。"今本等版本为"泮"，应是假借为"判"。《说文通训定声》："泮，假借为判。"《玉篇》："泮，散也，破也。"

〔三〕"作"字，帛书甲本疑缺失，帛书整理小组校勘为"生"，后据帛书甲本图版新缀残片可辨认为"作"，帛书乙本为"作"。蘽："毫"的变体。毫末：细小的萌芽。

〔四〕"九成之台，作于蠃土"的"成""作"二字，帛书甲乙本与楚简均为"成""作"。"蠃"字，帛书甲本为"蠃"，帛书乙本为"虆"，"蠃"字应为原貌。帛书注家大多按照今本等版本将本句校勘为"九层之台，起于累土"，意思大变。详见【考证辨真】。九成之台：高台的九成成分。蠃土：贫瘠的泥土。

〔五〕"百仞之高，始于足下"的"仞""始"二字，帛书甲本为"仁""台"，帛书乙本为"千""台"，帛书整理小组校勘为"仞""始"。今本等版本改为"千里之行，始于足下"，意思大变，详见【考证辨真】。仁：假借为"仞"，古代长度单位，八尺为一仞，一说七尺为一仞，也有以五尺六寸或四尺为一仞的。

〔六〕"为之者败之，执之者失之"，这里指"道"是不能掌控或更改的。一说是第七十三章（今本29章）错简于此。

〔七〕"圣人无为也，故无败也；无执也，故无失也"，这里指不做过分的事情就不会有失败，不执拗于事物之中就不会有损失。一说是第七十三章（今本29章）错简于此。

〔八〕"其成事"被今本等版本改为"几成",导致意思大变。前者意为"事情成功",而后者意为"快要成功"。

〔九〕慎:谨慎、慎重。终:表示事情终结。慎终若始:即慎始慎终。

〔十〕腸:"賜"的变体,一说通"賜",而"賜"是"货"的古字。《说文》:"賜,资也……或曰此古货字。"帛书整理小组也校勘为"货"。

〔十一〕古代的"学"字包含"教授、教导"与"受教、学习"的双重含义,取"教授、教导"之意时,推测在战国之前(特别是殷商时代和西周初期)针对成年人用得更多。《广雅》:"学,教也。"《国语·晋语》:"顺德以学子,择言以教子,择师保以相子。"从战国中后期开始,"学"字逐渐失去了"教授、教导"的含义。参考第六章(今本43章)、第十一章(今本48章)对"教""学"的考辨。

〔十二〕"复"有三种解读:一是修复、弥补、补救,这是主流观点;二是复返,意思是使有过失的人闻过而自返;三是复盘,意思是从众人的过失中吸取教训。这里取用第一种解读。

〔十三〕"能辅万物之自然,而弗敢为"的"能""弗"二字,帛书甲乙本均为"能""弗",今本等版本改为"以""不",含义明显发生了变化。

【意解译文】

事物稳定时,容易维持。事物尚未形成前,容易采取对策。事物脆弱时,容易破碎。事物微小时,容易散失。要

第二十七章　安也易持

在事故端倪出现之时防止事故,要在未乱之前治理祸乱。合抱的大树,由幼苗萌芽开始;高台虽雄壮,九成都是由贫瘠的泥土筑成;百仞虽高,也得从脚下算起。做违背"道"的事就会导致失败,想做掌控"道"的事更会招来损失。圣人无为而治,不做过分的事就不会有失败,不执拗就不会有损失。民众做事,总是在事情成功后不久就招致失败。因此,办事要慎始慎终,这样就不会失败了。所以,圣人追求常人所不能追求的境界,不稀罕难以得到的货物;传授或学习常人所不能学的东西,用以弥补众人经常犯的过错;能够顺应万物的自然发展而不会妄自干预。

【考证辨真】

"九成之台,作于蠃土"辨真

"九成之台,作于蠃土"的"成""作"二字,帛书甲乙本与楚简均为"成""作"。其中的"成"字,傅奕本、范应元本亦为"成"。"蠃"字,帛书甲本为"蠃",帛书乙本为"蘲",根据前面的"成"和"作",推断"蠃"字为原貌。本句被今本等版本改了三个字,变成了"九层之台,起于累土",意思大变。

古代建筑中的"台"一般为一层而非多层,不可能有高达九层的情况。帛书本"九成之台,作于蠃土"的意思是,高台通常有九成用料都是贫瘠的泥土;而今本等版本的意思是,高达九层的高台由泥土累积而成,这违背了常识。同时,正因为是"台"而非"塔",故"作于蠃土"的"作""蠃"比"起于累土"的"起""累"更加准确。因此,帛书甲乙本的"九成之台，作于蠃土"应该为原貌。

有人提出，这里的"台"字应该作为"楼台"来解读，而非专指"台"这种建筑，这样理解，"九层"就讲得通了。然而，古代的楼台一般是木质结构，何来的"累土"或"蠃土"呢？即使古人想要建筑多层的土质楼台，也没有这种技术。

而且大量文献显示，"楼"字始见于战国时期。老子所处的春秋末期，"楼"甚至还没有产生。所以，这里的"台"字只能是特指"台"这种建筑。

"百仞之高"与"千里之行"辨真

帛书甲本的"百仁之高，台于足下"句，帛书整理小组将"仁""台"校勘为"仞""始"，帛书乙本为"百千之高，始于足下"。联系前文的"九成之台，作于蠃土"，可以推断"百仞之高"符合原貌。该句可翻译为："即便有百仞的高度，也得从脚下开始算起。"今本等版本改为"千里之行，始于足下"，虽然道理是对的，但是雕琢痕迹过于明显，不符合原貌。

"恒于其成事而败之"与"常于几成而败之"辨真

"民之从事也，恒于其成事而败之"句，帛书甲本如此，帛书乙本为"民之从事也，恒于其成而败之"。今本等版本改为"民之从事，常于几成而败之"，把"恒"改为"常"（避讳汉文帝刘恒的"恒"），把"其"改为"几"，同时删掉了"事"字。"恒"有长久不变乃至亘古不变的内涵，而

"常"严格来讲可以存在间断;"其"字与"几"字又有很大差异,由此导致文意大变。

这里老子暗含的意思是,民之所败,在于其求成不求败;而圣人求小不求大,求难不求易,求败不求成,所以圣人无败。

【对照版本】

傅奕本

其安易持,其未兆易谋,其脆易判,其微易散。为之乎其未有,治之乎其未乱。合抱之木,生于毫末;九成之台,起于累土;千里之行,始于足下。为者败之,执者失之。是以圣人无为故无败,无执故无失。民之从事,常于其几成而败之。慎终如始,则无败事矣。是以圣人欲不欲,不贵难得之货;学不学,以复众人之所过;以辅万物之自然,而不敢为也。

王弼本

其安易持,其未兆易谋,其脆易判,其微易散。为之于未有,治之于未乱。合抱之木,生于毫末;九层之台,起于累土;千里之行,始于足下。为者败之,执者失之。是以圣人无为故无败,无执故无失。民之从事,常于几成而败之。慎终如始,则无败事。是以圣人欲不欲,不贵难得之货;学不学,复众人之所过;以辅万物之自然,而不敢为。

河上公本

其安易持,其未兆易谋,其脆易破,其微易散。为之于未有，治之于未乱。合抱之木，生于毫末；九层之台，起于累土；千里之行，始于足下。为者败之，执者失之。圣人无为故无败，无执故无失。民之从事，常于几成而败之。慎终如始，则无败事。是以圣人欲不欲，不贵难得之货；学不学，复众人之所过；以辅万物之自然，而不敢为。

范应元本

其安易持，其未兆易谋，其脆易判，其微易散。为之乎其未有，治之乎其未乱。合抱之木，生于毫末；九成之台，起于累土；千里之行，始于足下。为者败之，执者失之。是以圣人无为故无败，无执故无失。民之从事，常于其几成而败之。慎终如始，则无败事。是以圣人欲不欲，不贵难得之货；学不学，复众人之所过；以辅万物之自然，而不敢为也。

第二十八章　为道非明

（今本65章）

【帛书复真本】

故曰：为道者，非以明民也，将以愚之也。民之难治也，以亓知也。故以知知邦，邦之贼也；以不知知邦，邦之德也。恒知此两者，亦稽式也。恒知稽式，此胃玄德。玄德深矣，远矣，与物反矣，乃至大顺。

【帛书释文本】

故曰：为道者，非以明（明）民也，将以愚之也[一]。民之难〔治〕也，以亓（其）知（智）也[二]。故以知（智）知邦[三]，邦之贼也[四]；以不知（智）知邦，〔邦之〕德也。恒知此两者[五]，亦稽（稽）式也[六]。恒知稽（稽）式，此胃（谓）玄德[七]。玄德深矣，远矣，与物〔反（返）〕矣[八]，乃〔至大顺〕[九]。

【帛书出土图版原文】

甲本

故曰：为道者，非以明民也，将以愚之也。民之难□也，以亓知也。故以知＝邦＝（邦，邦）之贼也；以不知＝邦，

□□德也。恒知此两者，亦稽式也。恒知稽式，此胃玄=德=（玄德。玄德）深矣，远矣，与物□矣，乃□□□。

乙本

古之为道者，非以明□□□□愚之也。夫民之难治也，以亓知也。故以知=国=（国，国）之贼也；以不知=国=（国，国）之德也。恒知此两者，亦稽式也。恒知稽式，是胃玄=德=（玄德。玄德）深矣，远矣，□物反也，乃至大顺。

【校勘注释】

〔一〕"故曰：为道者"句，帛书甲本如此，帛书乙本为"古之为道者"，今本等版本改为"古之善为道者"，并与"非以明民，将以愚之"连起来后，使得老子针对上一章的总结变成了本章的开篇语，让老子背了"愚民"的"千年黑锅"。本书对"非以明民也，将以愚之也"含义的考辨与历代主流（含帛书主流）观点差异很大，详见【考证辨真】。明：聪明。愚：愚笨、愚钝。

〔二〕"其"字，历代注家（含帛书注家）几乎都把它作为"民众"的指代，实际上是错误的，详见【考证辨真】。"知"与"智"同源，"知"是"智"的古字，这里有智巧、巧诈的意思。

〔三〕"知（智）知"的第一个"知"同"智"，这里指智巧（包含智慧、心机、巧诈等内涵）；第二个"知"指掌管、统治、治理。详见【考证辨真】。

〔四〕贼：害、伤害。

〔五〕两者：指上文"故以智知邦，邦之贼也；以不智知邦，邦之德也"。

〔六〕稽："稽"的变体。稽式：准则、法式。《尚书·尧典》："曰若稽古。"孔安国传："稽，考也。"《说文》："式，法也。"《楚辞·天问》："天式纵横，阳离爰死。"王逸注："式，法也。言天法有善阴阳纵横之道。"

〔七〕玄德：幽深、久远的德。参见第四十五章（今本1章）、第六十五章（今本21章）对"玄"的考辨，以及对"孔德""玄德""恒德"的比较。

〔八〕反：假借为"返"。与物反矣：与万物返璞归真。

〔九〕大顺：这里指大治。

【意解译文】

所以说，为道的人不要把自己看得比民众聪明，而要把自己看得比民众愚钝。民众之所以难于治理，是因为侯王想通过智巧心机来治理。所以说，侯王用智巧心机来治理国家，就是国家的祸害；不用智巧心机来治理国家，才是国家的福德。始终记住这两点，也是一条法则。永远明白这条法则，就是久远的玄德。玄德又精深又悠远，如能与万物一起返璞归真，就能实现天下大治。

【考证辨真】

"故曰：为道者"与"古之善为道者"辨真

本章开篇，帛书甲本为"故曰：为道者"，帛书乙本为"古之为道者"。《老子》分为德篇、道篇两部分，这两部分之下本不分章。所以,"故曰:为道者"承接的是上文"是以圣人欲不欲,而不贵难得之货;学不学,而复众人之所过;能辅万物之自然,而弗敢为",并在对其归纳后,过渡到对下一个问题的探讨。

因此,帛书甲本的"故曰:为道者"符合原貌。而今本等版本改为"古之善为道者",就失去前后内容的过渡与文意的连贯。由此也可推断,帛书甲本是更接近《老子》原貌的可靠版本。

"非以明民也,将以愚之也"文意辨析

笔者在第二十四章(今本61章)中说过,要注意"大邦以下小邦""小邦以下大邦"的句式结构,并谈到这种句式"还会出现,并会替老子摘掉背负了两千多年的'黑锅'"。这里我们深入探讨这一问题。

首先,谈一谈历代注家(含帛书注家)对"非以明民也,将以愚之也"的理解。主要分为以下三种观点:

一是,认为"明民""愚之"是使动用法,即"使民明""使之愚"。那么,"非以明民也,将以愚之也"的意思就是:"不是要让老百姓聪明,而是要让他们愚笨。"

> 古代善于执行道家政治的人,不是使人民明智,将是使人民愚昧。(高亨)[1]

---

[1] 高亨:《老子注译》,华钟彦校,河南人民出版社,1980年3月第1版,第141页。

第二十八章 为道非明

从来贯彻"道"的原则的人,不是用"道"来教人民聪明,而是用"道"来教人民愚昧。(任继愈)①

从来善于为道的人,不是用来教人民聪明,而是用来教人民愚昧。(张松如)②

二是,不相信老子有这种愚民思想,而是从"为道者"的主动性和对"明""愚"文意理解的修饰角度出发,将其分别解读为"智巧、巧诈、心机"和"拙钝、质朴"。河上公、王弼等就是这样解读的。

不以道教民,明智巧诈也。将以道德教民,使朴质不诈伪。(河上公)

明谓多见巧诈,蔽其朴也。愚谓无知守真,顺自然也。(王弼)

从前善于行道的人,不是教人民精巧,而是使人民淳朴。(陈鼓应)③

三是,对"明""愚"进行改动。比如,遂州本将"明"字改为"人"字,将"愚"字改为"娱"字,敦煌壬本将

---

① 任继愈译著:《老子新译》修订本,上海古籍出版社,1985年5月第2版,第202页。
② 张松如:《老子说解》,齐鲁书社,1987年4月第1版,第394页。
③ 陈鼓应:《老子注译及评介》,中华书局,1984年5月第1版,第314页。

"愚"字改为"遇"字，等等。

上述三种观点，有的难逃修补、粉饰之嫌，有的更是修改了文字，总之，都无法从根本上否认历代注家（含帛书注家）认为老子有愚民思想。

实际上，上述观点都犯了一个严重的错误，即忽视了"以"字，导致了对老子思想的重大误解。接下来，我们参考前文提到的"人邦以下小邦""小邦以下大邦"的句式结构来进行解读。

笔者认为，"大邦以下小邦""小邦以下大邦"的"以下"，与"非以明民也，将以愚之也"的"以明""以愚"的用法是一样的。"以下"的意思是"把自己放在比……低下的位置""将自己视作比……低下"，也就是"大邦把自己放在比小邦低下的位置""大邦将自己视作比小邦低下"。参考第二十四章（今本61章）的解析。

同理，这里"以明"的意思就是"把自己放在比……聪明的位置""将自己视作比……聪明"，也就是"为道者把自己放在比民众聪明的位置""为道者将自己视作比民众聪明"。而"以愚"的意思就是"把自己放在比……愚钝的位置""将自己视作比……愚钝"，也就是"为道者把自己放在比民众愚钝的位置""为道者将自己视作比民众愚钝"。

综上所述，"为道者，非以明民也，将以愚之也"的意思就是，为道者（侯王、君王或统治者）不要把自己看得比民众聪明，而要把自己看得比民众愚钝，这样才能让民众信服并顺从其治理。

上层阶级的"处愚、持拙"，正符合老子"谦卑守下"

的一贯思想，同时也与后文"故以智知邦，邦之贼也；以不智知邦，邦之德也"的文意贯通。

值得一提的是，作家沈善增曾将《老子》中这类文句统一归纳为"以+动词"，认为这类文句都能改成"以+名词或短句+动词"的形式而文意不变，例如：

第二十四章（今本61章）：大邦以下小邦，则取小邦；小邦以下大邦，则取于大邦。（今本：故大国以下小国，则取小国；小国以下大国，则取大国。）

第二十七章（今本64章）：是以圣人欲不欲，而不贵难得之货；学不学，而复众人之所过；能辅万物之自然，而弗敢为。（今本：是以圣人欲不欲，不贵难得之货；学不学，复众人之所过；以辅万物之自然，而不敢为。）

第四十五章（今本1章）：故恒无欲也，以观其眇；恒有欲也，以观其所叫。（今本：故常无欲，以观其妙；常有欲，以观其徼。）

按照上述观点，"大邦以下小邦""小邦以下大邦"可改为"以大邦下小邦""以小邦下大邦"，"以辅万物之自然"可改为"以'欲不欲''学不学'辅万物之自然"，"恒有欲也，以观其所噭"可改为"以恒有欲观其所噭"，且这样改后意思不变。据此，"为道者，非以明民也，将以愚之也"可改为"为道者非以为道者明民，将以为道者愚之"，可翻译为："依道而行的君主，不是把自己放在比人民高明的位置上，而是要把自己放在比他们愚笨的位置上。"①

回过头来看,历代注家(含帛书注家)将"明民""愚之"理解为使动用法,是缺乏根据的,在先秦文献中少有佐证。有学者还提出,在《尚书》《左传》《国语》等先秦文献中均未见到愚民思想,且这与《老子》其他章节所表达的"尊民固本"思想相悖。也就是说,老子大概率是不会提出愚民思想的。

接下来,我们再换个角度探讨。前文已谈到,"故曰:为道者,非以明民也,将以愚之也"承接的是上文"是以圣人欲不欲,而不贵难得之货;学不学,而复众人之所过;能辅万物之自然,而弗敢为",并在对其归纳后,过渡到对下一个问题的探讨。

而上文这段话的意思是:"所以,圣人追求常人所不能追求的境界,不稀罕难以得到的货物;传授或学习常人所不能学的东西,用以弥补众人经常犯的过错;能够顺应万物的自然发展而不会妄自干预。"这就说明,老子归纳的内容至少包含两个要点:一是,为道者要追求常人所不能追求的境界;二是,顺应万物的自然发展而不会妄自干预。而只有"不把自己看得比民众聪明,而把自己看得比民众愚钝"这样的境界才称得上"非常人所属"又"顺应自然不干预",反之则从逻辑上、思想上都不可能成立。所以,有人认为"故曰:为道者,非以明民也,将以愚之也"是被今本等版本错简于此章,其实应该放在上一章结尾,才更符合文意和逻辑。这

---

① 沈善增:《还吾老子》,上海人民出版社,2004年12月第1版,第429—430页。

第二十八章 为道非明

种判断是有一定道理的。

那么,今本等版本将《老子》德篇、道篇各自浑然一体的内容进行分章,不仅导致文断气阻,而且这里有可能还将本应放在上一章的内容拿到本章来,是否可以说有意给后人制造老子推崇愚民思想的铁证呢?这就不得而知了。

此外,上述考辨所反映出的思想,老子在第六十四章(今本20章)中,在以第一人称"我"的方式来描述"为道者"的众多表现时,就进行了类似的诠释。老子说:"我愚人之心也,惷惷呵。鬻人昭昭,我独若昏呵;鬻人蔡蔡,我独闷闷呵。"意思就是:"我真是有个愚人的心智啊,世事纷扰而不为所动。世人光耀,我却昏昧;世人视为草芥的东西,我却潜心探究。"我们可以将其看作老子对本章思想的一个注释。

总之,通过上述多角度考辨,本书对"故曰:为道者,非以明民也,将以愚之也"文意的解读,与历代主流(含帛书主流)观点差异很大,由此也为老子洗清了他所背负的所谓"愚民思想"的"千年黑锅"。

"民之难治也,以其智也"的"其"字指代考辨

"民之难治也,以其智也"的"其"字,历代注家(含帛书注家)几乎都把它作为"民众"的指代,实际上是错误的。我们通过本章的前半部分文字,便可以认识到这一逻辑。

"故曰:为道者,非以明民也,将以愚之也。民之难治也,以其智也。故以智知邦,邦之贼也;以不智知邦,邦之德也。"在这里,为道者不仅是"非以明民也,将以愚之也"

的行为主体,也是"民之难治也,以其智也"的行为主体,更是"以智知邦,邦之贼也;以不智知邦,邦之德也"的行为主体。也就是说,这三句话的行为主体是一致的,这样才能厘清本章的文理和逻辑。实际上,前文对于"非以明民也,将以愚之也"文意的辨析也印证了后两句话的行为主体一致,即主体是为道者(如侯王),而不是民众。

由此,"民之难治也,以其智也。故以智知邦,邦之贼也;以不智知邦,邦之德也"的意思就是:"民众之所以难于治理,是因为侯王想通过智巧心机来治理。所以说,侯王用智巧心机来治理国家,就是国家的祸害;不用智巧心机来治理国家,才是国家的福德。"

然而,历代主流(含帛书主流)观点的翻译则是:"民众之所以难于治理,是因为民众懂得智巧。所以用使民众懂得智巧的方式来治理邦国,是邦国的祸害;用使民众不明智巧的方式来治理邦国,才是邦国的福德。"笔者认为,这与老子的表意南辕北辙。

"以知(智)知邦""以不知(智)知邦"的"知"字考辨

这里对"故以知(智)知邦,邦之贼也;以不知(智)知邦,邦之德也"的"知"字进行简要的考辨。

"知"与"智"同源。如图28-1所示,"知"字甲骨文从口,从于,从矢,本义为言辞敏捷。金

甲骨文

金文

图28-1 "知"字的甲骨文、金文字形

文或另加曰旁，突出言辞之义。隶变后楷书分别写作"知"和"智"。

具体到本章，"以知（智）知邦""以不知（智）知邦"中的第一个"知"同"智"（或者说用作"智"），这里指智巧（包含智慧、心机、巧诈等内涵）；第二个"知"指掌管、统治、治理。

注意，治理国家肯定是需要智慧的，老子在这里强调的是少用智巧、心机去治理国家，而主张拙朴厚德。

【对照版本】

傅奕本

古之善为道者，非以明民，将以愚之。民之难治，以其多知也。故以知治国，国之贼也；不以知治国，国之福也。常知此两者，亦稽式也。能知稽式，是谓玄德。玄德深矣，远矣，与物反矣，乃复至于大顺。

王弼本

古之善为道者，非以明民，将以愚之。民之难治，以其智多。故以智治国，国之贼；不以智治国，国之福。知此两者，亦稽式。常知稽式，是谓玄德。玄德深矣，远矣，与物反矣，然后乃至大顺。

河上公本

古之善为道者，非以明民，将以愚之。民之难治，以其智多。以智治国，国之贼；不以智治国，国之福。知此两者，亦楷式。常知楷式，是谓玄德。玄德深矣，远矣，与物反矣，乃至于大顺。

范应元本

古之善为道者，非以明民，将以愚之。民之难治，以其知多也。故以知治国，国之贼；不以知治国，国之福。知此两者，亦稽式也。知此稽式，是谓玄德。玄德深矣，远矣，与物反矣，乃复至于大顺。

第二十九章　百浴王者

（今本 66 章）

【帛书复真本】

江海之所以能为百浴王者，以亓善下之，是以能为百浴王。是以圣人之欲上民也，必以亓言下之；亓欲先民也，必以亓身后之。故居前而民弗害也，居上而民弗重也。天下乐隼而弗猒也，非以亓无诤与？故天下莫能与诤。

【帛书释文本】

〔江〕海之所以能为百浴王者[一]，以亓（其）善下之[二]，是以能为百浴王。是以圣人之欲上民也，必以亓（其）言下之[三]；亓（其）欲先〔民也〕[四]，必以亓（其）身后之[五]。故居前而民弗害也，居上而民弗重也[六]。天下乐隼（准）而弗猒（厌）也[七]，非以亓（其）无诤（争）与[八]？〔故天下莫能与〕诤（争）。

【帛书出土图版原文】

甲本

□海之所以能为百浴王者，以亓善下之，是以能为百浴王。是以圣人之欲上民也，必以亓言下之；亓欲先□□，必以亓身后之。故居前而民弗害也，居上而民弗重也。天下乐隼而弗猒也，非以亓无诤与？□□□□□诤。

乙本

江海所以能为百浴□□□亓善下之也，是以能为百浴王。是以聀人之欲上民也，必以亓言下之；亓欲先民也，必以亓身后之。故居上而民弗重也，居前而民弗害。天下皆乐谁而弗猒也，不□亓无争与？故天下莫能与争。

【校勘注释】

〔一〕"浴"指的是包含山川溪河、陆地降雨在内的水循环体系。百浴王：山川溪河、陆地降雨等汇集的归流之所、归附之王，简称百川之王，指江海。

帛书注家几乎都按照今本等版本将"百浴王"校勘为"百谷王"，是不准确的。可参考第二章（今本39章）对"浴""谷"的考辨。

〔二〕下：处于低下的地方。

〔三〕言：政令、号令。言下之：政令于民众（意愿）之下，即政令符合民众的意愿。详见【考证辨真】。

〔四〕先民：先于民，在民众之前，即领导民众。

〔五〕以其身后之：置身于民众之后，即将利益放在民众之后。

〔六〕"民"字，磻溪本、赵孟頫本、楼正本、遂州本、司马光本、苏辙本、吴澄本等版本均为"人"，这就将"民众之事"改换成了"个体之事"，有服务于"个体修行"的总基调的嫌疑，显然不妥。重：重压、压迫。

〔七〕"隼"，帛书甲本为"隼"，帛书乙本为"谁"，帛书整理小组校勘为"推"，其他传世诸本几乎均为"推"，帛书注家大多也校勘为"推"，不妥。隼：假借为"準（准）"，均等、均衡。"天下乐隼"的意思是"世人的喜乐得以均衡"，言外之意就是社会各阶层获得的利益相对公平，故而民众皆满意。猒："厌"的异体字，厌恶、厌弃。

〔八〕"非以其无诤（争）与"被今本等版本改为"以其不争"，不仅意思大变，而且扭曲了老子"不争"的前提和本意，让人陷入"万事不争"的消极避世思想。"诤"字，帛书甲本为"诤"，帛书乙本为"争"。诤：假借为"争"，争夺、争执。《战国策·秦策》："有两虎诤人而斗者。"详见【考证辨真】。

有学者将这里的"诤"释义为"诤谏、直言规劝"，那么"无诤"的意思就是没有诤谏的情况，意指国泰民安、天下和顺，即隐含无私而合道之意。由此，"非以其无诤与？故天下莫能与诤"的意思就是："不是因为他无私而合道吗？所以天下对其就不存在争议。"这种观点待考。

【意解译文】

江海之所以能够成为百川之王，是因为它善于处在低下的地方，所以能够成为百川之王。因此，圣人要居于民众之上，政令必须符合民众的意愿；圣人要领导民众，必须把自己的利益放在民众之后。由此，圣人居于民众之前，民众并不感到有害；圣人高居民众之上，民众并不感到压迫。天下的民众满意而不厌弃他，这不正是因为他不与民争吗？所以天下没有人能和他竞争。

【考证辨真】

"百浴王"与"百谷王"辨真

"谷"字始见于商代甲骨文，属会意字，上部像水流出的样子，下部像两山间的夹道或流水道。"谷"的本义是两山之间的水流或水道，具体而言可以分成三种情况：一是有水的谷；二是没有水的谷；三是下雨后形成的短期有水的谷。

笔者在第二章（今本39章）对"浴"进行了详细考辨。从广义上讲，《老子》中的"浴"指的是包含山川溪河、陆地降雨在内的水循环体系。因此，上述第一种、第三种情况均属于"浴"的范畴。由于有"水"，说它可以成就（必须形成并通过"浴"才能最终成就）江海这个"王"（即"百浴王"），是没有问题的。但是对于第二种情况而言，即没有"水"的谷，如果说它成就了江海这个因为有浩瀚的"水"方才称王的"王"的话，从逻辑上是讲不通的。今本等版本将"百浴王"改为"百谷王"，是错误的。

"必以其言下之"的"言"字辨析

"是以圣人之欲上民也，必以其言下之"的"言"字，历代注家（含帛书注家）大多解读为"言辞"，那么这句话的意思就是："因此，圣人要居于民众之上（即领导百姓），必须用言辞对人民表示谦下。"换句话说，只有具备了"言辞谦逊"（不要求是否与内心、行为一致）的条件，才能领导别人。这无论从理论上讲,还是从现实上讲,都不符合逻辑,这种理解是错误的。

笔者认为,这里的"言"是"政令、号令"的意思。《国语·周语》:"有不祭则修意,有不祀则修言。"韦昭注:"言,号令也。""言下之"的意思是"政令于民众(意愿)之下",也就是政令符合民众的意愿。

"非以其无争与?故天下莫能与争"被修改后的文意之变

"非以其无争与"句,帛书甲本为"非以其无净(争)与",帛书乙本为"不〔以〕其无争与",均为双重否定的反问句,意思是:"不是因为他与民无争吗?""还不是因为他不与民争?"

今本等版本将其改为"以其不争"的肯定句,将这两句话改为"以其不争,故天下莫能与之争",不仅使得文意大变,而且使整章的重心发生了转移。

由此,老子原本要表达的"要使民众感到'弗害''弗重''弗厌'"的重心变成了"与世无争",这样就扭曲了"不争"的前提和本义,让人陷入"万事不争"的消极避世思想。

这种消极避世思想,服务于《老子》被改动之后的总基调。参考第一章(今本38章)对于《老子》总基调的阐释。

"净"与"争"在帛书中的使用统计

帛书《老子》中,共有五章涉及"净"或"争"字(以帛书甲本为底本统计，相关文字缺失处以帛书乙本补足）。罗列如下：

　　第二十九章（今本66章）：非以其无诤（争）与？故天下莫能与诤（争）。（今本：以其不争，故天下莫能与之争。）

　　第三十一章（今本81章）：人之道，为而弗争。（今本：圣人之道，为而不争。）

　　第三十三章（今本68章）：是谓不诤（争）之德。（今本：是谓不争之德。）

　　第四十七章（今本3章）：不上贤，使民不争。（今本：不尚贤，使民不争。）

　　第六十七章（今本22章）：夫唯不争，故莫能与之争。（今本：夫唯不争，故天下莫能与之争。）

　　其中，第二十九章（今本66章）、第三十三章（今本68章）、第六十七章（今本22章）取用的是帛书甲本文字（帛书乙本均为"争"），第三十一章（今本81章）、第四十七章（今本3章）取用的是帛书乙本文字（帛书甲本缺失）。可以看到，帛书甲本中"诤""争"都有出现，而帛书乙本中均为"争"。

　　需要说明的是，第五十二章（今本8章）的"水善利万物而有静""夫唯不静"，今本为"水善利万物而不争""夫唯不争"。虽然今本有"争"字，但因为帛书本没有"争"字，故此处没有列示。

第二十九章　百浴王者

【对照版本】

傅奕本

江海所以能为百谷王者，以其善下之也，故能为百谷王。是以圣人欲上民，必以其言下之；欲先民，必以其身后之。是以圣人处之上而民弗重，处之前而民不害也。是以天下乐推而不厌。不以其不争，故天下莫能与之争。

王弼本

江海所以能为百谷王者，以其善下之，故能为百谷王。是以欲上民，必以言下之；欲先民，必以身后之。是以圣人处上而民不重，处前而民不害。是以天下乐推而不厌。以其不争，故天下莫能与之争。

河上公本

江海所以能为百谷王者，以其善下之，故能为百谷王。是以圣人欲上民，必以言下之；欲先民，必以身后之。是以圣人处上而民不重，处前而民不害。是以天下乐推而不厌。以其不争，故天下莫能与之争。

范应元本

江海所以能为百谷王者，以其善下之，故能为百谷王。是以圣人欲上民，必以其言下之；欲先民，必以其身后之。是以圣人处之上而民弗重，处之前而民不害。是以天下乐推而不厌。不以其争，故天下莫能与之争。

第三十章　小邦寡民

（今本 80 章）

【帛书复真本】

小邦寡民，使十百人之器毋用，使民重死而远送。有车周无所乘之，有甲兵无所陈之，使民复结绳而用之。甘亓食，美亓服，乐亓俗，安亓居。瓏邦相望，鸡狗之声相闻，民至老死不相往来。

【帛书释文本】

小邦募〈寡〉民[一]，使十百人之器毋用[二]，使民重死而远送[三]。有车周（舟）无所乘之[四]，有甲兵无所陈〔之[五]，使民复结绳而〕用之[六]。甘亓（其）食，美亓（其）服，乐亓（其）俗，安亓（其）居。瓏（邻）邦相望（望）[七]，鸡狗之声相闻，民〔至老死不相往来〕[八]。

【帛书出土图版原文】

甲本

· 小邦募民，使十百人之器毋用，使民重死而远送。有车周无所乘之，有甲兵无所陈□□□□□用之。甘亓食，美亓服，乐亓俗，安亓居。瓏邦相望，鸡狗之声相闻，

第三十章 小邦寡民

民□□□□□□。

乙本

小国寡民,使有十百人器而勿用,使民重死而远徙。又周车无所乘之,有甲兵无所陈之,使民复结绳而用之。甘亓食,美亓服,乐亓俗,安亓居。叟国相朢,鸡犬之□□闻,民至老死不相往来。

【校勘注释】

〔一〕"小邦寡民"并非所谓的"理想国",而是在陈述当时小国长期处于兼并与战乱之中所呈现出来的民不聊生、人口锐减乃至邦衰国亡的社会现状。老子近几章围绕侯王"善下"这一主题思想进行论述,上一章从正面讲述了"以其善下之,方能成江海"的道理,紧接着,本章又通过对"小邦寡民"所处危险境况的深刻剖析,从反面进一步论证了"善下"的道理。

今本等版本把本章割裂出去,放在德篇的倒数第二章(脱离了老子"善下"的主题构架),并对核心文字进行了改动,导致文意大变,详见【考证辨真】。寡:少、减少。小邦寡民:邦小民少,邦国或因再次被分封及战乱、苛政(统治者不善下)等问题导致民众因死亡、逃亡而大量减少,邦国也就越来越小。

〔二〕"十百"即"什伯"。古代兵制,十人为什,百人为伯,"十百(什伯)"泛指军队基层队伍。使:致使、导致。器:这里指军队这种用于邦国战争、国防的"重器"。详见

【考证辨真】。

〔三〕"使民重死而远送"句,帛书甲本如此,帛书乙本为"使民重死而远徙",今本等版本添加了一个"不"字,改为"使民重死而不远徙",使得整句话乃至整章文意反转。"重(chóng)死"指累受死亡威胁。送:送走、送出。详见【考证辨真】。

〔四〕"周"有两种解读:一是完备、完好;二是假借为"舟"。《周礼·考工记》:"作舟以行水。"郑玄注:"故书舟作周。"《马王堆汉墓帛书·春秋事语》:"齐桓公与蔡夫人乘周。"这里取用第二种解读。无所:无法。《周礼·考工记》:"无所取之,取诸圜也。"无所乘之:指无人乘驾。

〔五〕甲兵:铠甲和兵器,即兵革。陈:排列,这里指布阵打仗。无所陈之:失去布阵打仗的用途。

〔六〕结绳:文字产生以前,人们用绳子打结以记事,这里指结绳而治的落后生活。详见【考证辨真】。

〔七〕㸚:"邻"的变体。壐:"朢"的变体,而"朢"是"望"的异体字。

〔八〕民至老死不相往来:指不同邦国的民众互不干扰,即不发生战争。"邻邦相望,鸡狗之声相闻,民至老死不相往来"的言外之意就是,国与国之间和平共处,不发生战争,民众就可避免战乱死亡、逃亡而导致人口锐减,"小邦寡民"的问题就能得到一定程度的改善。这在春秋末年诸侯兼并、战乱不断的时代,只能是一种奢望与梦想,隐含老子对"小邦寡民"所持有的否定态度,详见【考证辨真】。

第三十章　小邦寡民

【意解译文】

小邦或因再次被分封及战乱、苛政等导致民众越来越少，致使军队兵力不足，民众累受死亡威胁而远送亲人逃亡。邦国内虽有车船却无人乘驾，虽有兵革却派不上用场，进而导致邦国衰退到结绳而治的落后时代。请让民众吃上甜美的食物，穿上漂亮的衣服，享受民风民俗，过上安稳生活。邻国人互相看得见，鸡鸣犬吠互相听得见，人们直到老死也互不干扰。

【考证辨真】

本章在《老子》中的位置及文意导向分析

很多学者认为，老子持有以下观点："只要诸侯国多、小且民少，退回到结绳记事的闭塞时代，那么国与国之间就不会争夺资源，没有兴趣和实力发展军力，也就无法发动较大规模的战争，更无法威胁到周天子'天下共主'的权威，于是天下就会和平。"这就是所谓"老子的理想国"。笔者认为，这些看法可能有些想当然，而忽视了一个重要的事实。

先秦时期，诸侯国分布的疆域实际上是非常小的，仅仅集中于黄河流域一代，而在这之外的广大区域则被"蛮夷戎狄"等外来部族控制。西周末年，周幽王被"犬戎"追击到骊山脚下杀害后，中原各诸侯国才纷纷联合起来抵制"蛮夷"，齐桓公等还打出"尊王攘夷"的旗号。后来，齐、魏、赵、秦、燕和中山等国相继修筑长城以防御外来部族入侵，可见当时四方部族的强大程度。就连当时最为强大的秦国、楚国，虽然其核心族人的先祖为颛顼帝（黄帝的孙子高阳氏），但也皆非早期的中原正统封国。所以，仅仅依靠中原众多国小、民少的诸侯，是不可能拥有抵御外来部族入侵的强大国力并真正保卫周朝疆域的。这一点，老子是不可能看不到的。

实际上，通过周代加封诸侯的历史，我们也可以看出，周天子一直在有意识地培植某些大诸侯国，以达到大国相互牵制和抵御外来部族入侵的重要目的。

同时，在当时的众多诸侯国之中（有记载的就有100多个），大鱼吃小鱼，即吞并、兼并之事时有发生，民众时常面临居无定所、饥寒交迫、生死不测的境况。"小邦寡民"因势单力薄，随时面临亡国灭族的巨大风险。具有大智慧的老子不可能不明白这些，说他全面提倡"小邦寡民"的思想，是说不通的。

而在现实之中，"小邦寡民"的诸侯国很多，这又是客观事实，这是分封世袭制造成的悲剧。而且，当时的诸侯国经周天子"备案"，还可继续向下分封给子孙，于是邦国就越来越多，越来越小。这里能够看出老子对分封制的反对，以及对其所造成众多社会恶果的深度忧虑，以至于专门拿出一段文字来谈论有关问题。同时，在当时的社会背景下，明确反对分封制是有巨大风险的，因为这涉及绝大多数贵族的切身利益。由此，老子隐晦地从侧面提出了改善的办法，将其提前铺设在第二十九章（今本66章）中，主要包括四个方面。

（1）战略：成为"百浴王"，成为江海。

（2）战术：善下。

（3）操作：言下（政令符合民众意愿）、身后（利益放在民众之后）、无争（不与民争）。

（4）结果：民众归附，如同百川入海，天下莫能与争。

老子在本章中正是沿着这个思路，通过对"小邦寡民"所处危险境况的深刻剖析，再一次明确了自己的重要思想，也就是：如果没有"成为江海"的战略，没有"善下"的战术，没有"言下、身后、无争"的具体操作，就会导致民不归附，邦国日渐衰弱、越来越小，民众也会越来越少，最终"使十百人之器毋用，使民重死而远送。有车舟无所乘之，有甲兵无所陈之，使民复结绳而用之"。

也就是说，最后将导致军队兵力不足，民众累受死亡威胁而远送亲人逃亡；邦国内虽有车船却无人乘驾，虽有兵革却派不上用场，邦国衰退到结绳而治的落后时代，甚至陷入灭邦灭族的境地。

然而，今本等版本将本章放在了德篇的倒数第二章（作为《老子》德篇的结论），与第二十九章（今本66章）相割裂，应是改动者有意为之。

"使民重死而远送"真意考辨

"使民重死而远送"句非常关键，这里进行辨析。

今本等版本在本句中添加了一个"不"字，改为"使民重死而不远徙"，从而使整句话的意思反转，甚至将整章文意彻底颠覆。

由此，原文的表意"导致人们累受死亡威胁而不得不远送亲人逃亡"就变成了"使人们重视死亡而不再迁徙远方"。

注意，帛书本中的"重"字读音应该是 chóng，"重死"指累受死亡威胁；而今本中的"重"字读音显然是 zhòng，"重死"指看重死亡，二者截然不同。

紧接着，今本等版本又对"有车舟无所乘之，有甲兵无所陈之。使民复结绳而用之"进行了改动，变成了"虽有舟舆，无所乘之；虽有甲兵，无所陈之；使人复结绳而用之"，以佐证"使民重死而不远徙"。其中，特别是将"使民复结绳而用之"的"民"字改成了"人"，从而使得邦国民众之事变成了个体之事，这个改动太"巧妙"了。

最后，为了让后世读者彻底认同改动后的文意，今本等版本还特意将本章内容移至德篇的倒数第二章。如此一来，读者便失去了从上下文意连贯的角度分析老子真实思想的线索，进而导致对"小邦寡民"的错误理解。

如此重大的连续性改动，如果说不是有意为之，怕是说不过去的。

"使十百人之器毋用"文意考辨

首先需要明确，本章的"使"是"致使、导致"的意思（参考前文对"使民重死而远送"真意的考辨），这与历代主流（含帛书主流）观点存在差异，同时又非常重要。

下面我们来看"十百"。"十百"即"什伯"。古代兵制，十人为什，百人为伯，"十百（什伯）"泛指军队基层队伍。《史记·秦始皇本纪》："蹑足行伍之间，而倔起什伯之中。"裴骃集解引如淳云："时皆辟屈在十百之中。"

如此，这里的"器"就不是实际的"器物"，而是指军队这种用于战争、国防的"重器"。

综上所述,"使十百人之器毋用"的意思就是:"(由于国家小、民众少)致使军队兵力不足。"

"使民复结绳而用之"文意辨真

《周易·系辞》:"上古结绳而治。"《九家易》:"古者无文字,其有约誓之事,事大大其绳,事小小其绳。结之多少,随物众寡,各执以相考,亦足以相治也。"意思就是,上古时代,文字还没有产生,人们通过结绳来记录大事和治理部落。那么结绳记事的时代到底是什么样子呢?

"结绳记事"传说是燧人氏发明的。那时,由于还没有文字,任何事情的记录全靠人脑和口口相传。然而,人脑是容易遗忘的,口口相传也是容易出错的。于是,燧人氏就用树皮叶梗搓成绳子,大小事情都在绳子上打个结,以表示事情做到了某个阶段。大事打大结,小事打小结,依靠打结的大小、结法、距离及绳子的粗细进行氏族内的事务管理。这种方法在文字发明之前的原始部落中代代相传,沿用了很久。

由此可见,燧人氏不仅发明了钻木取火,结束了先民茹毛饮血的生活,而且发明了结绳记事,从而开启了"结绳而治"的时代。当然,这个时代还是非常落后的,落后到先民的生存环境与生活方式只比"野人"稍微好上一些,诸如结网捕鱼、种植五谷、圈养禽畜、葛布制衣等都是不存在的,这些要等到伏羲氏之后才会出现。

具体到本章,老子所谓"使民复结绳而用之",并不是主张结绳记事,并非历代注家(含帛书注家)所谓达到"民风淳朴、生活简约"的境界，而是用"结绳而治"来暗示"小邦寡民"会逐步倒退到极其落后的时代，以致处处被动挨打，最终陷入灭邦灭族的绝境。

"甘其食……民至老死不相往来"文意辨析

"甘其食，美其服，乐其俗，安其居。邻邦相望，鸡狗之声相闻，民至老死不相往来。"对于这段文字，历来有多种解读。

历代注家（含帛书注家）大多认为，这段话的意思是说，因为国小民少，邦国负担小，所以人民生活很美满，故民众吃得好，穿得漂亮，民俗融乐，居有所安；即使国与国之间互相看得见，鸡鸣犬吠相互都能听到，人民也从生到死都互不往来。注意，认同"小国寡民"为理想社会的学者通常持有这种观点。

除了上述解读，还有两种很有代表性的解读：

其一，所谓结绳记事时代，其落后、原始的状况是这样的：人们为了躲避猛兽侵袭只得把巢屋建在树上，过的是群居生活，穿的是树叶兽皮，平时三饥两饱，在难以捕猎的冬季，连充饥的野果都难以寻觅。

这种观点认为，"民复结绳而用之"描述的是民众退回到原始社会的困苦生活状态，在迫不得已的情况下，只能"甘其食，美其服，乐其俗，安其居"，这是在形容"小国寡民"最后导向的结果，给民众带来了巨大的冲击。

由此，"小邦寡民"最后将会导致：弱小的邦国和民众，因为害怕招惹灾祸，不得不谨小慎微，即使国与国之间互相

第三十章 小邦寡民

看得见,鸡鸣犬吠相互都能听到,人民也从生到死都互不往来。

其二,老子在第二十九章(今本 66 章)提出了治理邦国的策略(参见前文【考证辨真】),而本章前半部分又描述了"小邦寡民"所导致的恶劣结果,行文至此,老子进一步呼应第二十九章(今本 66 章)的结论。于是,可以这样解读:

请让民众能够吃上甜美的食物、穿上漂亮的衣服、乐于享受民风民俗、过上安稳生活;不要再去骚扰他们了,让他们能够享受到"邻国人互相看得见,鸡鸣犬吠互相听得见,直到老死也互不干扰(即不发生战争)"的稳定生活吧。这样,民众就会归附于他们的邦国,如同百川入海,邦国也会渐渐强大起来。

当然,这里的"往来"就不是"交往"的概念了,而是指"干扰",即发生战争。

综上所述,笔者倾向于最后一种解读。

"小国寡民"思想勘正的重大意义

"小国寡民"是《道德经》中最具影响力的重要思想之一,传承了两千多年,可谓妇孺皆知。而笔者认为,这是今本等版本对老子思想最严重的误导之一,勘正的历史与现实意义重大而深远。

要让国家和民族被控制、瓦解甚至灭亡,"小国寡民"是再合适不过的思想武器了。春秋战国时期,众多诸侯国灭亡,根本原因就在于国小、民寡,导致国力太过薄弱。这也是当时强大的诸侯国都想统一中原的重要原因。汉武帝颁布

"推恩令",也是为了加强中央集权,达到消除国家分裂隐患的目的。这与前文"老子对分封制持反对态度"的观点并不矛盾,正所谓此一时彼一时,其目的可谓殊途同归。

【对照版本】

傅奕本

小国寡民,使民有什伯之器而不用也,使民重死而不远徙。虽有舟舆,无所乘之;虽有甲兵,无所陈之;使民复结绳而用之。至治之极,民各甘其食,美其服,安其俗,乐其业。邻国相望,鸡犬之声相闻,使民至老死不相与往来。

王弼本

小国寡民,使有什伯之器而不用,使民重死而不远徙。虽有舟舆,无所乘之;虽有甲兵,无所陈之;使人复结绳而用之。甘其食,美其服,安其居,乐其俗。邻国相望,鸡犬之声相闻,民至老死不相往来。

河上公本

小国寡民,使有什伯人之器而不用,使民重死而不远徙。虽有舟舆,无所乘之;虽有甲兵,无所陈之;使民复结绳而用之。甘其食,美其服,安其居,乐其俗。邻国相望,鸡狗之声相闻,民至老不相往来。

范应元本

小国寡民,使民有什伯之器而不用也,使民重死而不

第三十章　小邦寡民

远徙。虽有舟舆，无所乘之；虽有甲兵，无所陈之；使民复结绳而用之。至治之极，民各甘其食，美其服，安其俗，乐其业。邻国相望，鸡狗之声相闻，使民至老死而不相与往来。

第三十一章　信言不美

（今本 81 章）

【帛书复真本】

信言不美，美言不信。知者不博，博者不知。善者不多，多者不善。圣人无积，既以为人，己俞有；既以予人矣，己俞多。故天之道，利而不害；人之道，为而弗争。

【帛书释文本】

〔信言不美[一]，美言〕不〔信。知〕者不博，〔博〕者不知[二]。善〔者不多，多〕者不善[三]。圣人无积[四]，〔既〕以为〔人[五]，己俞（愈）有；既以予人矣，己俞（愈）多。故天之道，利而不害；人之道，为而弗争〕[六]。

【帛书出土图版原文】

甲本

□□□□□不□□者不博，□者不知。善□□□□者不善。·圣人无积，□以为□□□□□□□□□□□□□□□□□□□□□□□。

第三十一章　信言不美

乙本

信言不美＝（美，美）言不信。知者不博＝（博，博）者不知。善者不多＝（多，多）者不善。耶人无积，既以为人，己俞有；既以予人矣，己俞多。故天之道，利而不害；人之道，为而弗争。

【校勘注释】

〔一〕信言：真话，或切实的政令。

〔二〕博：广博、渊博。知者不博，博者不知：知识精专的人不一定知识广博，知识广博的人不一定知识精专。详见【考证辨真】。

〔三〕"善者不多，多者不善"句，帛书甲本基本毁损，以帛书乙本补足，今本等版本改为"善者不辩，辩者不善"，粉饰痕迹太过明显。善者：善良或有道的人。多：指私利很多，或赞誉很多。详见【考证辨真】。

〔四〕积：积累，这里指积累财富。

〔五〕既：已经。为人：帮助别人。

〔六〕"圣人无积，既以为人，己愈有；既以予人矣，己愈多。故天之道，利而不害；人之道，为而弗争。"这段文字，帛书甲本除了"圣人无积""以为"，其余全部毁损，以帛书乙本补足。俞：假借为"愈"。

"人之道，为而弗争"句，今本等版本改为"圣人之道，为而不争"，意思彻底改变了。人之道：人的行为准则。弗：这里指不太确定的"不"。弗争：指有条件、有约束、有规则地竞争。人之道，为而弗争：人的行事准则是在一定规则、条件约束下竞争。详见【考证辨真】。

另外，一些帛书研究者把"人之道，为而弗争"解读为"人的处事原则，是有作为（或利他）而不与人争"。这乍看起来有些道理，却与老子在第四十二章（今本77章）提出的"天之道，损有余而益不足；人之道则不然，损不足而奉有余"的思想相背离，且忽视了当时的贵族可以利用权力和资源优势对底层民众强取豪夺的现象，并曲解了"争"的真义，实属不妥。

【意解译文】

真话或切实的政令不一定好听，好听的话或政令不一定能够落地。知识精专的人不一定知识广博，知识广博的人不一定知识精专。善良或有道的人鲜有贪图私利或赞誉的，得到私利或赞誉太多的人往往不善良或无道。圣人不存心去积累财富，而是尽力帮助别人，自己反而更加富有；尽力给予别人，自己得到的反而更多。所以，自然的规律是让万物都获得好处而不是伤害它们，人的行事准则是在一定规则、条件约束下竞争。

【考证辨真】

本章考辨的逻辑与思路

本章在帛书中位于第三十章（今本80章）之后、第三十二章（今本67章）之前，这几章都是在探讨"道治"的问题。然而，本章与第三十章（今本80章）被今本等版本放到了德篇的最后，从而割裂了上下文的联系，对文意的理解

第三十一章 信言不美

产生了很大影响。

老子围绕侯王"善下"这一主题思想,在第二十九章(今本66章)提出了"以其善下之,方能成江海"的道理,在第三十章(今本80章)指出了"小邦寡民"的危险处境,反证了"善下"的道理。而在本章,老子则论述了为道者应如何辨别"善下",并将这一原则落实到实践中去。

本章前半部分讲的是如何辨别"善下":"信言不美,美言不信。知者不博,博者不知。善者不多,多者不善。"而后半部分讲的是用"善下"来指导实践并由此获益:"圣人无积,既以为人,己愈有;既以予人矣,己愈多。故天之道,利而不害;人之道,为而弗争。"

"信言不美,美言不信""知者不博,博者不知"文意辨析

考虑到近几章老子表达的侯王"善下"的主题思想,"信言不美,美言不信"的"言"字不应仅仅解读为"言语、话语",还应该包含"政令、政策"的含义。"信言不美,美言不信"的意思是,各诸侯国的侯王所说的话或颁布的政令,诚信可靠的往往因为实在、朴实而显得不华丽、不优美;而那些华丽、优美的言辞或政令往往落不到实处,是不可靠的。

下面来谈"知者不博,博者不知"。首先我们要知道,本章针对的对象主要是侯王(当然也可以扩展到其他人,甚至从所有人的修为角度去理解)。在老子那个时代,人们是推崇"博"的,对于侯王等统治阶级而言,"博"肯定比"专"更重要。"博"就是"全能",但无法做到各方面都专

精。侯王全面统领邦国，而各方面的具体事务则由手下去完成。

由此，"知者不博，博者不知"隐含的表意应该是，侯王掌握知识需要"广博"（老子对侯王应具备的修养和能力的要求），而其他人掌握知识不能像侯王那样"广博"，且可堪大用。

"善者不多，多者不善"文意辨析

对于"善者不多，多者不善"的理解，历来争议很大。"直译为'善良的人不多，多数人不善良'或许更符合那个极度动荡的时代。当然，老子说的这句话是有明显的针对性的。"[①] 这一观点有一定道理，但还有必要进一步考辨。

在这里，"善者"有两种解读方式：一是善良或有道的人；二是能者，即能干的人。"多"有三种解读方式：一是数量大；二是私利很多，所得丰厚；三是称赞、赞誉，如《史记·管晏列传》："天下不多管仲之贤而多鲍叔能知人也。"白居易《与元九书》："此诚雕虫之戏，不足为多。"由此，对于"善者不多，多者不善"大致有以下几种理解：

其一，善良或有道的人不谋私利，谋取私利的人不善良或无道。

其二，善良或有道的人鲜有贪图赞誉的，得到赞誉太多的人往往不善良或无道。

其三，善良或有道的人不多，大多数人不善良或无道。

其四，能干的人往往所得并不丰厚，所得丰厚的人往往

---

① 王骥：《道德经，古今有何不同》，华文出版社，2023年1月第1版，第160页。

不能干。

其五，能干的人不多，多数人不能干。

其六，能干的人往往鲜有贪图多得的，多得的人往往不能干。

综上所述，再结合第二十九章（今本66章）"其欲先民也，必以其身后之"、第三十章（今本80章）"小邦寡民，使十百人之器毋用"，以及本章后文"既以为人，己愈有；既以予人矣，己愈多"中"多"字的含义，笔者认为宜从"名""利"两个角度来理解"多"字的含义。"善者不多，多者不善"可以解读为："善良或有道的人鲜有贪图私利或赞誉的，得到私利或赞誉太多的人往往不善良或无道。"

"为而弗争"文意辨析

"人之道，为而弗争"句，今本等版本改为"圣人之道，为而不争"，存在以下四大问题：

第一，"弗"表示不太确定的"不"，可参考第三章（今本41章）对"弗"的考辨。也就是说，"人之道"有可能争，有可能不争，要具体问题具体分析，涉及原则和底线的事当然不能"不争"。这与老子在第四十二章（今本77章）提出的"天之道，损有余而益不足；人之道则不然，损不足而奉有余"的思想基本相符。今本等版本将"弗"改为"不"，也就是主张涉及原则和底线的事也在"不争"的范畴，这是在培养民众的懦弱性格。

第二，今本等版本将"人"改为"圣人"后，就为普罗大众树立了一个典型。意思是说，连人类中最伟大、最优秀、最上等的"圣人"都可以"万事不争"，那么平民百姓还"争"什么呢？这同样是在塑造民众的懦弱性格。

第三，"人之道，为而弗争"暗含一个前提，即"人之道，损不足以奉有余"（第四十二章），所以"为而弗争"的意思就是"统治者不要做得太过分了，太过分了百姓就一定会起来反抗与斗争"。而"圣人之道，为而不争"加了一个"圣"字，改了一个"弗"字，便回避了社会的重大矛盾，转移了话题，可谓"腹黑"得"巧妙之极"。①

第四，在进行如此重大的改动之后，今本等版本又将本章从德篇的中间部分移至德篇的最后一章（也就是今本《道德经》的最后一章），作为全书的最后落脚点与最终总结（今本最后一章），很明显是有意为之。

综上所述，笔者认为此处是明显的改动。"人之道，为而弗争"的意思是："人的行事准则是在一定规则、条件约束下竞争。"

【对照版本】

傅奕本

信言不美，美言不信。善言不辩，辩言不善。知者不博，博者不知。圣人无积，既以为人，己愈有；既以与人，己愈多。天之道，利而不害；圣人之道，为而不争。

王弼本

信言不美，美言不信。善者不辩，辩者不善。知者不

---

① 王骥：《道德经，古今有何不同》，华文出版社，2023年1月第1版，第160页。

博,博者不知。圣人不积,既以为人,己愈有;既以与人,己愈多。天之道,利而不害;圣人之道,为而不争。

河上公本

信言不美,美言不信。善者不辩,辩者不善。知者不博,博者不知。圣人不积,既以为人,己愈有;既以与人,己愈多。天之道,利而不害;圣人之道,为而不争。

范应元本

信言不美,美言不信。善言不辩,辩言不善。知者不博,博者不知。圣人无积,既以为人,己愈有;既以与人,己愈多。天之道,利而不害。圣人之道,为而不争。

第三十二章　天下我大

（今本 67 章）

【帛书复真本】

天下皆胃我大，大而不宵。夫唯大，故不宵。若宵，细久矣。我恒有三，葆之：一曰兹，二曰检，三曰不敢为天下先。夫兹，故能勇；检，故能广；不敢为天下先，故能为成事长。今舍亓兹且勇，舍亓检且广，舍亓后且先，则必死矣。夫兹，以战则胜，以守则固。天将建之，女以兹垣之。

【帛书释文本】

〔天下皆胃（谓）我大[一]，大而不宵（肖）〕[二]。夫唯〔大〕，故不宵（肖）。若宵（肖），细久矣[三]。我恒有三[四]，葆之[五]：一曰兹[六]，二曰检[七]，〔三曰不敢为天下先。夫兹，故能勇；检〕，故能广；不敢为天下先，故能为成事长。今舍亓（其）兹且勇，〔舍亓（其）检且广〕，舍亓（其）后且先，则必死矣。夫兹，〔以战〕则胜，以守则固。天将建之，女（如）以兹垣之[八]。

【帛书出土图版原文】

甲本

□□□□□□□□□。夫唯□，故不宵﹂。若宵﹂，

细久矣。我恒有三，葆之：一曰兹，二曰检，□□□□□□□□□□□□，故能广；不敢为天下先，故能为成事长⌒。今舍亓兹且勇⌒，舍亓后且先，则必死矣。夫兹，□□则胜，以守则固。天将建之，女以兹垣之。

乙本

天下□胃我大＝（大，大）而不宵。夫唯不宵，故能大。若宵，久矣亓细也夫。我恒有三琛，市而琛之：一曰兹⌒，二曰检，三曰不敢为天下先。夫兹，故能男；检，敢能广；不敢为天下先，故能为成器长。今舍亓兹且男，舍亓检且广，舍亓后且先，则死矣。夫兹，以单则朕，以守则固。天将建之，如以兹垣之。

【校勘注释】

〔一〕"天下皆谓我大"句，今本等版本添加"道"字，改为"天下皆谓我道大"，河上公本、严遵本、傅奕本等版本均无"道"字。这里添加"道"字之后，导致本章前后两部分文意割裂开来。我：这里指侯王、君王。详见【考证辨真】。

〔二〕"宵"字，帛书甲本缺失，帛书乙本为"宵"，帛书整理小组校勘为"肖"。宵：假借为"肖"，相似。不肖：这里指不像日常概念中的"大"，与主流观点释义的"不像具体的事物"（即指"道"）不同。

〔三〕细：渺小。

〔四〕三：指"一曰兹，二曰检，三曰不敢为天下先"这三大内容和要件。历代注家（含帛书注家）几乎都将这里的

"三"与后文的"葆"(或"宝")连起来进行断句,导致文意大变,且产生很大歧义。

〔五〕葆:这里指荫庇、确保。之:指侯王的"大"。此处两字的解读与主流观点差异很大,详见【考证辨真】。

〔六〕"兹"字,帛书整理小组校勘为"慈",今本等版本为"慈",帛书注家大多也校释为通"慈",不妥。参考后文"夫兹,故能勇""夫兹,以战则胜,以守则固","慈"是肯定做不到的。兹:本义为草木滋生茂盛,引申为培植、滋养蓬勃的力量。详见【考证辨真】。

〔七〕"检"字,帛书整理小组校勘为"佥",今本等版本为"俭",帛书注家大多也校释为通"俭",不妥。检:指检省自己的所思、所行。详见【考证辨真】。

〔八〕女:假借为"如"。《广雅》:"女,如也。言如男子之教。人之阳曰男,阴曰女。"垣:城墙。如以兹垣之:如同以滋养蓬勃的力量构筑护佑他的城垣,即用滋养蓬勃的力量去护佑他。

【意解译文】

天下人都称我(侯王)为"大",这个"大"不像日常概念中的"大"。正因为这个"大"属于侯王的标准,所以才不同于大众的理解。如果等同于大众理解的概念,那就显得很渺小了。我恒久拥有三个要件以荫庇、确保这个"大":第一是滋养蓬勃的力量;第二是检省自身;第三是不敢为天下先。由于滋养蓬勃的力量,所以能够勇武;由于检省自身,所以能够兼收并蓄;由于不敢为天下先,所以事业能够长久成功。如今，丢弃对力量的滋养而去追求勇武，丢弃检省而去追求广博，舍弃退让而去追求争先，这就必然遭受灭亡。邦国力量蓬勃，征战就能取得胜利，守护就能够稳固。天要使人有所建树，就用滋养蓬勃的力量去护佑他。

【考证辨真】

"大"与"道"的关系辨析

"天下皆谓我大"句，帛书甲本缺失，以帛书乙本补足，今本等版本添加一个"道"字，变成"天下皆谓我道大"之后，文意大变。

今本等版本的改动，不仅将整章文意从侯王"治理天下"的总基调向"个人修行"方向误导，同时，还将本章前后两部分的文意割裂开来，直接导致历代注家（含帛书注家）得出"本章前后部分文意似不相应，疑是他章错简"的结论。

老子在第六十九章（今本25章）中谈道："吾未知其名，字之曰道，吾强为之名曰大。大曰筮，筮曰远，远曰返。"这里，老子将"道"名曰"大"。而今本等版本又将"天下皆谓我大"改为"天下皆谓我道大"，这样的误导，极有可能让人们以为老子的意思是只有"道"才能被称为"大"。然而，很多人忽视了两点：

其一，对于"道"，老子的表述是"吾强为之名曰大"，即老子找不到更好的字词来描述"道"，仅仅是勉强将其命名为"大"而已。

其二，在第六十九章（今本25章），老子还谈道："道大，天大，地大，王亦大。国中有四大，而王居一焉。"这就明确了"王"(即侯王)也可以被称为"大"。

在《老子》中,还有一些涉及"大"的表述,例如"万物归焉而弗为主,可名于大。是以声人之能成大也,以其不为大也,故能成大""天下之难作于易,天下之大作于细。是以圣人终不为大",等等。

可以说,在老子眼中,"大"的标准就是"万物归焉而弗为主,可名于大",这与其"江海之所以能为百浴王者,以其善下之"的思想一以贯之。

"我恒有三,葆之"的"葆""之"辨析

"我恒有三,葆之"句,帛书甲本如此,帛书乙本为"我恒有三琛(宝),市而琛(宝)之",今本等版本为"我有三宝,持而保之"。经过再三考校,笔者认为此处取用帛书甲本的字句更为合理。

我们刚刚谈到,这里的"大"是对侯王的要求,而此处的"之"字指代的就是"大",即:"侯王有三大要件,可以荫庇、确保他的'大'。"这与今本等版本的理解及历代注家(含帛书注家)的解读差异很大。

"葆"字,历代注家(含帛书注家)大多注释为通"宝",笔者认为不妥。相对于"保""宝"而言,"葆"的内涵更加丰富。

"葆"的本义是草木丛生、繁茂,可引申为隐藏(荫蔽)、车盖(庇护)。由此可知:(1)"葆"字与草木繁茂相关,可以体现自然万物为人类提供的浩瀚恩泽与保护庇佑;(2)"葆"字与车盖仪仗相关,可以体现人造万物施惠于人的博大、厚重的庇护。这一思想，同样体现在第六十章（今本16章）"天物云云，各复归于其根，曰情。情，是谓复命"中，即万物对"道"的复命及其对"万物之灵"的滋养、润泽。

换个角度思考，"保""宝"二字早在殷商时代就有了，但此处老子不用"保"或"宝"，而选择了"葆"，亦可印证"葆"字的内涵比"保""宝"二字更加丰富。帛书甲本中，老子选用"葆"字，体现出老子对"道"、天地、万物与人之间关系的深刻理解，以及帛书《老子》甲本用字的深度考究。

综上所述，此处的"葆"字不宜注释为通"保"或通"宝"，可以翻译为"荫庇、确保"。

值得一提的是，历代注家及帛书研究者将"我恒有三，葆之"断句为"我恒有三葆之"，也就是将"三葆"理解为"三宝"，这或许是其将"葆"注释为通"宝"的主要原因，笔者认为不妥。

以上校勘足以说明，本章前后部分文意紧密联系，历代注家所谓错简之说并不成立。当然，错简之说只是历代注家依据今本内容作出的判断。

"一曰兹"的"兹"与"慈"辩真

笔者将帛书《老子》中所有涉及"兹"的文句列示于此：

第二十章（今本57章）：民多利器，而邦家兹（滋）昏。（今本：民多利器，国家滋昏。）

第三十二章（今本 67 章）：我恒有三，葆之：一曰兹，二曰检，三曰不敢为天下先。（今本：我有三宝，持而保之：一曰慈，二曰俭，三曰不敢为天下先。）

第六十二章（今本 18 章）：六亲不和，案有畜兹。（今本：六亲不和，有孝慈。）

第六十三章（今本 19 章）：绝仁弃义，民复畜兹。（今本：绝仁弃义，民复孝慈。）

其中，第二十章（今本 57 章）的"兹"是"愈加、更加"的意思，后作"滋"。而本章与第六十二章（今本 18 章）、第六十三章（今本 19 章）的"兹"，帛书注家几乎都按照今本等版本的用字校释为通"慈"，实为不妥。

本章的"兹"字在帛书甲乙本中共出现了九处（帛书甲本还有一处缺失，加起来应是十处），说明文字原貌定为"兹"字无疑。

"兹"是会意兼形声字，始见于甲骨文。《说文》："兹，草木多益。""兹"的本义为草木滋生茂盛。

这里的"兹"字，很容易让人联想到第五十三章（今本 9 章）"功述身芮"的"芮"字。"芮"也是形声兼会意字，指草初生柔细的样子，虽然柔弱，但欣欣向荣。同时，"兹"字也让人联想到第二十章（今本 57 章）"以正之邦"的"之"字。《说文》："之，出也。象艸过中，枝茎益大有所之。""之"的本义为出、生出、滋长。

由此可见，老子喜欢通过草木生长过程中所展现出来的强劲生命力，描述邦国与民众成长背后的方兴未艾、朝气蓬勃、蒸蒸日上、繁荣昌盛的力量。

所以说，此处的"兹"指的就是滋养蓬勃的力量，类似于孟子所谓"我善养吾浩然之气"。

为了进一步说明问题，我们将"兹"字与"慈"字放入本章原文，进行对比：

（1）"夫兹，故能勇"的意思是"由于滋养蓬勃的力量，所以能够勇武"；"夫慈，故能勇"的意思是"由于慈爱，所以能勇武"。

（2）"夫兹，以战则胜，以守则固"的意思是"邦国力量蓬勃，征战就能取得胜利，守护就能够稳固"；"夫慈，以战则胜，以守则固"的意思是"邦国慈爱，征战就能取得胜利，守护就能够稳固"。

（3）"天将建之，如以兹垣之"的意思是"天要使人有所建树，就用滋养蓬勃的力量去护佑他（即以滋养蓬勃的力量构筑护佑他的城垣）"；"天将建之，如以慈垣之"的意思是"天要使人有所建树，就用慈爱去护佑他（即以慈爱构筑护佑他的城垣）"。

以上三例对比，显然后者存在逻辑问题，而前者不仅逻辑严密，而且上下文意贯通。这也印证了帛书注家几乎都按照今本等版本将此处的"兹"解读为"慈"是不正确的。具体说来，"慈悲、慈爱"只是"兹"所滋养的蓬勃力量之一。

"二曰检"的"检"与"俭"辨析

"二曰检"的"检"字，帛书甲乙本均为"检"，应该不会同时抄错。今本等版本改为"俭"字，值得进一步考辨。

"检"的本义是古代封书的题签，引申为考查，在这里有检索、检查、检校、检讨、检修等内涵。首先，在自己过往的言谈举止中进行检索；再对照一定的标准（如善恶因果、利弊得失等）进行检查、检校；然后进行检讨、总结；最后进行调整以完善自身。这与"吾日三省吾身"的道理是一样的，即经常自觉地检省自身。

上述"检"字的多重内涵，层层递进，无论是对于独立的个体，还是对于群体、组织，乃至对于邦国都是意义重大的。由此，老子将"检"作为确保侯王成就其"大"的要件列出，是很有道理的。

相比较而言，今本等版本将"俭"（节俭、俭朴）作为确保侯王成就其"大"的要件，无论从哪个角度来说，都缺乏有力的支撑。可见，帛书《老子》的出土，纠正了这一流传了千年之久的重大错误。

【对照版本】

傅奕本

天下皆谓吾大，似不肖。夫惟大，故似不肖。若肖，久矣其细也。夫吾有三宝，持而宝之：一曰慈，二曰俭，三曰不敢为天下先。夫慈，故能勇；俭，故能广；不敢为天下先，故能成器长。今舍其慈且勇，舍其俭且广，舍其后且先，是谓入死门。夫慈，以陈则正，以守则固。天将救之，以慈卫之。

王弼本

天下皆谓我道大，似不肖。夫唯大，故似不肖。若肖，久矣其细也夫。我有三宝，持而保之：一曰慈，二曰俭，三曰不敢为天下先。慈，故能勇；俭，故能广；不敢为天下先，故能成器长。今舍慈且勇，舍俭且广，舍后且先，死矣。夫慈，以战则胜，以守则固。天将救之，以慈卫之。

河上公本

天下皆谓我大，似不肖。夫唯大，故似不肖。若肖久矣，其细。夫我有三宝，持而宝之：一曰慈，二曰俭，三曰不敢为天下先。慈，故能勇；俭，故能广；不敢为天下先，故能成器长。今舍慈且勇，舍俭且广，舍后且先，死矣。夫慈，以战则胜，以守则固。天将救之，以慈卫之。

范应元本

天下皆谓吾大，似不肖。夫惟大，故似不肖。若肖，久矣其细也夫。我有三宝，持而宝之：一曰慈，二曰俭，三曰不敢为天下先。夫慈，故能勇；俭，故能广；不敢为天下先，故能为成器长。今舍其慈且勇，舍其俭且广，舍其后且先，是谓入死门。夫慈，以陈则正，以守则固。天将救之，以慈卫之。

第三十三章　为士不武

（今本 68 章）

【帛书复真本】

善为士者不武，善战者不怒，善胜敌者弗与。善用人者为之下。是胃不诤之德，是胃用人，是胃天，古之极也。

【帛书释文本】

善为士者不武〔一〕，善战者不怒，善胜敌者弗〔与〕〔二〕。善用人者为之下〔三〕。〔是〕胃（谓）不诤（争）之德〔四〕，是胃（谓）用人〔五〕，是胃（谓）天，古之极也〔六〕。

【帛书出土图版原文】

甲本

善为士者不武∟，善战者不怒∟，善胜敌者弗囗。善用人者为之下。囗胃不诤之德，是胃用人，是胃天∟，古之极也∟。

乙本

故善为士者不武，善单者不怒，善朕敌者弗与。善用人者为之下。是胃不争囗德，是胃用人，是胃肥天，古之极也。

第三十三章 为士不武

【校勘注释】

〔一〕士:将士、士兵。

〔二〕弗:不太确定的"不"。弗与:不一定与敌争战。此处与主流解读不同,详见【考证辨真】。

〔三〕"善用人者为之下"与前文"善为士者不武,善战者不怒,善胜敌者弗与"不构成并列句,而是对三种情况下用人的总结与拔高,详见【考证辨真】。为之下:为人谦下,即不与不同领域的人争胜。

〔四〕所谓"不争之德","不争"由"德"限制,即有可能是"争",也有可能是"不争",详见【考证辨真】。诤:假借为"争"。《战国策·秦策》:"有两虎诤人而斗者。"

〔五〕"是谓用人"句,帛书甲乙本如此,今本等版本为"是谓用人之力"。

〔六〕"是谓天"句,帛书甲本如此,帛书乙本为"是谓肥天",今本等版本为"是谓配天",这是不解"是谓天,古之极也"的含义所致。天:指符合自然规律。古之极:自古以来最高的法则。

【意解译文】

善做士兵的人不逞勇武,善于打仗的将领不轻易动怒,善于制胜的统帅不轻易与敌争战。那些善于用人的人(如侯王)则为人谦下。这叫不与人争的德行,这叫用人之道,这叫符合天道,是自古以来最高的法则。

【考证辨真】

"不武""不怒""弗与"及其与"不争之德"的关系辨析

"善为士者不武,善战者不怒,善胜敌者弗与"句,为何"不武""不怒"用"不",而"弗与"则用"弗"呢?

前文已经提到,"不"和"弗"有很大的区别。"不"表示确定的"不";而"弗"表示不太确定的"不",要具体情况具体分析。参见第三章(今本41章)对"弗"的考辨。

所以,在"善为士者不武,善战者不怒,善胜敌者弗与"句中,"善为士者"肯定不能"逞武","善战者"肯定不能"动怒",而"善胜敌者"则不一定不"与敌争战"。作为统帅要统筹大局,把握瞬息万变的局势,有可能连续与敌人争战,也有可能始终都不与敌人争战。这正是老子在此处用"弗"而不用"不"的原因。

由此,"不争之德"就不是简单的、消极的"不争"了,也不是所谓"舍小利而得大利"的"不争",关键在于一个"德"字。

笔者在第一章(今本38章)中对"德"进行了阐释,说它是仅次于"道"的伟大存在,它是物质层面的真正开始(从"无"到"有"),但并非直接生发万物;"德"与"一"地位相当,不同的是,"一"是从客观性和存在论的角度来看待事物的,而"德"是从人本论的角度来看待事物的。

因此,在"德"限制下的"不争",最后有可能收到很微小的效果,也有可能换得巨大的成功。这里所谓"效果""成功"是从名利角度来考量的,而"德"是从是否"合道"的高境界上来考量的,由于"德"不能直接生发而需中

第三十三章 为士不武

间环节去转化所谓"效果""成功",所以"不争"就非常辩证。只有深刻领悟"道"的人,方能体悟到什么是效果,什么是成功,什么样的成功才叫大,什么样的效果才叫小。

由此,"不争之德"有可能是分毫不争,也有可能是分毫不让的争,这是由"德""道"来衡量与决定的。例如,敌人已经威胁到我们的民族存亡了,那么分毫不让的争可能才是最大的"不争之德"。

而今本等版本将"弗与"改为"不与"后,"不争"就随之变成了"万事不争"的消极思想,"不争之德"也就被导向了"万事莫争"(甚至失去底线)的懦弱思想。

"善为士者不武……善用人者为之下"的前后呼应

通过上文的分析,可以看到,"善为士者不武,善战者不怒,善胜敌者弗与"是层层递进的关系,"善为士者"主要指士兵,"善战者"主要指"将领","善胜敌者"主要指统帅。

上述文句的主流释义是:"善于带兵的将帅不逞勇武,善于打仗的人不轻易动怒,善于制胜的人不轻易与敌争战。"这样翻译虽然有一定道理,但是存在以下问题:一是,自身无法构成递进关系;二是,与后文"善用人者为之下"无法形成语意连贯,进而提升到"用人"的高度上来。因此,本书的解读更为合理。

本章后半部分是在告诉我们,侯王用兵在选用人才的时候,需要注意上述三类人才,即好的士兵不逞武而避免被敌人轻易歼灭,善战的将领不动怒而避免军队失控,优秀的统帅不轻易与敌人争战而出其不意、一战必胜。于是，这就提升到了侯王"用人"的问题上来了。

善于用人的侯王要发挥军队中不同角色的特长，而不能与不同位置上的人去争胜，如将军不能与士兵比试短兵格斗能力，而应该多多发挥实战指挥的能力；统帅不能与将军比试小规模士兵拼杀的指挥能力，而应该运筹帷幄之中，统领全局，一战制胜。

这就是"善用人者为之下"的"为下"和"不争"的内涵，同样体现在"不争之德"中，也体现在"是谓用人，是谓天，古之极也"的道理之中。

【对照版本】

傅奕本

古之善为士者不武也，善战者不怒，善胜敌者不争，善用人者为之下。是谓不争之德，是谓用人之力，是谓配天，古之极也。

王弼本

善为士者不武，善战者不怒，善胜敌者不与，善用人者为之下。是谓不争之德，是谓用人之力，是谓配天，古之极。

河上公本

善为士者不武，善战者不怒，善胜战者不与，善用人者为下。是谓不争之德，是谓用人之力，是谓配天，古之极。

第三十三章 为士不武

范应元本

古之善为士者不武,善战者不怒,善胜敌者不争,善用人者为之下。是谓不争之德,是谓用人之力,是谓配天,古之极也。

第三十四章　用兵有言

（今本69章）

【帛书复真本】

　　用兵有言曰："吾不敢为主而为客；吾不进寸而芮尺。"是胃行无行，襄无臂，执无兵，乃无敌矣。䙴莫大于无适，无适，斤亡吾葆矣。故称兵相若，则哀者胜矣。

【帛书释文本】

　　用兵有言曰："吾不敢为主而为客〔一〕；吾不进寸而芮尺〔二〕。"是胃（谓）行无行〔三〕，襄无臂（臂）〔四〕，执无兵〔五〕，乃无敌矣〔六〕。䙴（祸）莫于〈大〉于无适〔七〕，无适，斤亡吾{吾}葆矣〔八〕。故称兵相若〔九〕，则哀者胜矣〔十〕。

【帛书出土图版原文】

甲本

　　·用兵有言曰："吾不敢为主而为客；吾不进寸而芮尺。"是胃行无行，襄无臂，执无兵，乃无敌矣⌐。䙴莫于于无=适=（无适，无适），斤亡吾吾葆矣。故称兵相若，则哀者胜矣。

第三十四章　用兵有言

乙本

用兵又言曰："吾不敢为主而为客；不敢进寸而㓟尺。"是胃行无行，攘无臂⌊，执无兵，乃无敌。祸莫大于无＝敌＝（无敌，无敌），近〇亡吾琛矣。故抗兵相若，而依者朕□。

【校勘注释】

〔一〕主：这里指主动挑起战争或发动侵略。为客：指被动应敌。

〔二〕"芮"字，帛书甲本为"芮"，帛书乙本为"㓟（退）"，今本等版本为"退"，帛书注家几乎都将"芮"校勘为"退"，不妥。"芮"的本义是草初生柔细的样子，引申为小的样子，这里指轻视、忽视。"吾不进寸而芮尺"的意思是："我不会因为攻取了一寸之地而轻视冒进一尺的危险。"也就是规避"得寸进尺"的侥幸与贪婪心理。这与历代注家（含帛书注家）的解读差异很大，详见【考证辨真】及第五十三章（今本9章）对"芮"的考辨。

〔三〕行：行伍，指行军布阵。无行：不泄露行踪。

〔四〕"襄"字，帛书甲本为"襄"，帛书乙本与今本等版本为"攘"，或不妥。《说文》："汉令：解衣耕谓之襄。"《逸周书·谥法解》："辟地为襄。""襄"有除去、扫除、平定之意，而"攘"侧重于驱逐、排斥、排除与抵御。臂：
"臂"的繁文。无臂：不彰显勇猛善战的实力（如同人不彰显臂膀）。注意，这里"襄无臂"的"臂"与第一章（今本38章）"则攘臂而乃之"的"臂"不同，后者指真实的臂膀，而这里是比喻。

〔五〕执无兵：手执精锐武器而不显露。

〔六〕"乃"字，帛书甲乙本均为"乃"，帛书注家大多按照今本等版本校勘为"扔"，导致文意令人费解。详见【考证辨真】。

〔七〕旤："祸"的异体字。"无适"，帛书甲本如此，帛书乙本为"无敌"，帛书注家或校勘为"无敌"，或按照今本等版本校勘为"轻敌"，皆不妥。此处取用帛书甲本文字更为合理，详见【考证辨真】。

〔八〕"斤"的本义是砍木头的斧子，又指兵器，这里是"明明"的意思。《汉书·律历志》："斤者，明也。""葆"可通"保"或"宝"（帛书注家大多如此校释），但这里不能这样训释。"葆"的本义是草木丛生、繁茂，可引申为荫蔽、庇护，揭示的是"道"、天地、万物对人的滋养、荫庇及其与人之间博大而厚重的关系，显示出帛书《老子》甲本用字的深度考究。详见【考证辨真】及第三十二章（今本67章）对"葆"的考辨。

〔九〕称兵：举兵。相若：指两军实力相当。"若"字，帛书甲乙本、傅奕本等版本为"相若"，而王弼本（今本）、河上公本、范应元本等版本为"相加"，意思变了。

〔十〕哀：哀兵，隐含"悲愤"和"守弱"两层含义，"守弱"即避短，避短方能扬长。详见【考证辨真】。

【意解译文】

兵家曾经这样说："我不敢主动挑起战争而宁愿做好应战准备；我不会因为攻取了一寸之地而轻视冒进一尺的危险。"

行军布阵却不泄露行踪，进击辟壤却不暴露实力，手执精锐却不显露装备，这样就能战胜敌人。最大的祸患莫过于军队处于"无适"的状态，"无适"就会战败甚至被消灭。所以，实力相当的两军对阵，悲愤守弱的一方可以获得胜利。

【考证辨真】

"主""客"的本义辨析

在先秦，"主""客"在军事上的含义一般有两种理解：一是，主动发起侵略战争的叫作"主"，被动进行自卫的叫作"客"；二是，守卫本国领土的叫作"主"（即在本土作战），侵入他国领土的叫作"客"（即在他国领土上作战）。后者与如今足球比赛的"主场"与"客场"类似。

先秦时期，诸侯国很多，战争一般发生在诸侯国之间，而像"三家分晋"这样的内战相对较少。频繁的国与国之间的战争，就形成了"主""客"的概念。

本章的"主""客"是上述第一种理解。与之相对应，进攻他国的领土就叫作"进"，退守本国的领土就叫作"退"。"吾不敢为主而为客；吾不进寸而芮尺"的意思是："我不敢主动挑起战争而宁愿做好应战准备；我不会因为攻取了一寸之地而轻视冒进一尺的危险。""主动挑起战争"指的自然是侵略战争，老子并不反对正义的战争。

"吾不进寸而芮尺"及"芮"字含义辨析

如何理解"吾不进寸而芮尺"？首先得从"芮"字说起。"芮"字，今本等版本为"退"，历代注家（含帛书注家）

也大多校勘为"退",笔者认为不妥。"芮"的本义是草初生柔细的样子,引申为小的样子,这里指轻视、忽视。参见第五十三章(今本9章)对"芮"的考辨。

由此,"吾不进寸而芮尺"可以理解为:"我不会因为攻取了一寸之地,获得了暂时的胜利,就贸然再前进一尺,其中的风险是不能轻视的。"实际上,这就是在规避"得寸进尺"的侥幸心理。

从这个角度理解,"进寸而芮尺"也可以直接翻译为"得寸进尺"。值得一提的是,很多人认为"得寸进尺"这一成语的出处是《战国策·秦策》:"王不如远交而近攻,得寸则王之寸,得尺亦王之尺也。"

而今本等版本所谓"不敢进寸而退尺",即"不敢前进一寸而宁可退后一尺",则不符合战争逻辑,甚至有"逃跑主义"的嫌疑。

"行无行,襄无臂,执无兵"文意辨析

"行无行,襄无臂,执无兵,乃无敌矣"句,除了"襄"字(帛书乙本为"攘")和"矣"字(帛书乙本无"矣"),其他文字帛书甲乙本一致。今本等版本将"乃"改为"扔",并与"执无兵"调换了位置。如此一来,原本作为总结归纳前三句的"乃无敌矣",变成与其并列的文句,即"行无行,攘无臂,扔无敌,执无兵"。

对于今本等版本的"行无行,攘无臂,扔无敌,执无兵",这里罗列三种解读:

| 第三十四章　用兵有言 |

没有阵势可以摆，没有膊臂可以举，没有敌人可以对，没有兵器可以执。（任继愈）①

行进没有行列，高扬没有手臂，执持没有兵器，攻打没有对敌。（张松如）②

虽然有阵势，却像没有阵势可摆；虽然要奋臂，却像没有臂膀可举；虽然面临敌人，却像没有敌人可赴；虽然有兵器，却像没有兵器可持。（陈鼓应）③

任继愈和张松如的直译法，放入文中实在讲不通；而陈鼓应的解读被大众普遍接受。这种"无中生有，有中生无"的夸张描述，类似于鬼谷子的"诡道"，放在哲学或玄学层面来谈似乎很有道理。但是笔者认为，这种解读与上下文的实践性基调很不协调。前文明确指出，兵家不敢为主而宁愿为客，不会得寸进尺而冒进。接下来的文句应该构成文意延伸，即避免冒进，攻其无备，出其不意，采取隐蔽性策略。这也符合老子"以畸用兵""铦袭为上"的思想。

综上所述，"行无行，襄无臂，执无兵，乃无敌矣"的意思是："行军布阵却不泄露行踪，进击辟壤却不暴露实力，手执精锐却不显露装备，这样就能战胜敌人。"

---

① 任继愈译著：《老子新译》修订本，上海古籍出版社，1985年5月第2版，第212页。
② 张松如：《老子说解》，齐鲁书社，1987年4月第1版，第414页。
③ 陈鼓应：《老子注译及评介》，中华书局，1984年5月第1版，第324页。

"无适"的本义辨析

"无适"的"适"字,即适度、适合、恰当的意思,描述的是军队处于训练有素、能征善战的状态:一是程度适当,不保守也不激进,战斗素养非常好;二是适应客观条件,面对各种环境变化能灵活应对。笔者在《道德经,古今有何不同》中已进行相关考辨,现引用如下:

> "祸莫大于无适"的"无适",帛书甲本为"无适",帛书乙本、傅奕本均为"无敌",学者几乎都考校为"无敌",今本等版本改为"轻敌",意思大变。笔者认为应当是"无适",原因有三:一是,用兵打仗最大的问题是处于没有对立面的"无适"状态,这样军队就会丧失战斗力,一旦战事发生就无力招架。二是,前文有"乃无敌",如此处是"无敌"的话,不就前后矛盾了吗?三是,"无适"能够与后文的"称兵相若"相呼应。[①]

"葆""斤"二字的含义辨析

很多学者认为,这里的"葆"与第三十二章(今本67章)"我恒有三,葆之:一曰兹,二曰检,三曰不敢为天下先"的"葆"含义相同,且"葆"字代表"一曰兹,二曰检,三曰不敢为天下先"这三宝。

笔者已经在第三十二章(今本67章)谈到,"我恒有三"的"三"字,即代表"一曰兹,二曰检,三曰不敢为天

---

① 王骥:《道德经,古今有何不同》,华文出版社,2023年1月第1版,第172页。

第三十四章 用兵有言

下先"这三大要件,而并非"葆"字代表这三大要件,这一点必须明确。这里的"葆"可引申为隐藏(荫蔽)、车盖(庇护)。

本章"斤亡吾葆矣"的"葆"同样具有上述含义,而且根据前文"祸莫大于无适"可以推断,这里的"葆"还可以上升到"性命攸关的荫庇与保护"的内涵。这里,笔者将《道德经,古今有何不同》中的相关考辨引用如下:

> "无适,斤亡吾葆矣"是帛书甲本的文字。"斤"与"葆"被帛书整理小组及大多数学者分别校勘为"近"和"宝",但是,笔者认为,既然"无适"是最大的祸害了,怎么仅仅只丢失了"吾宝"(优势)呢?所以,这个结论是有问题的。……"葆"即性命所在的意思。《史记·鲁周公世家》:"天之降葆命。"于是,"斤亡吾葆"就是被打败、被杀死的意思了,不然就配不上前文的"祸莫大于无适",所以,笔者认定帛书甲本正确。①

而"斤"的本义是砍木头的斧子。《说文》段玉裁注:"斫木之斧,则谓之斤。"这里将其解读为兵器,是讲得通的。不过,"斤"还有"明明、明察"的意思。《汉书·律历志》:"斤者,明也。"《诗经·执竞》:"斤斤其明。"《毛传》:"斤斤,明察也。"这里将"斤"翻译为"明明"或许更为恰当。

---

① 王骥:《道德经,古今有何不同》,华文出版社,2023年1月第1版,第172页。

综上所述,"无适,斤亡吾葆矣"的意思是"'无适'就会战败甚至被消灭"。也就是说,在"无适"的状态下,战败或被消灭是一件明确的事情。

"则哀者胜矣"及"哀"字的含义辨析

"则哀者胜矣"句,体现了老子的两种思想:一是"守弱谦卑居下"的思想,正所谓"弱也者,道之用也""水之胜刚也,弱之胜强也,天下莫弗知也,而莫之能行也";二是以用兵为"哀"的思想,正所谓"兵者不祥之器也,不得已而用之""杀人众,以悲依位之;战胜,以丧礼处之"。

因此,"则哀者胜矣"的意思是:"悲愤且守弱避短的一方,就能够激发战斗力,最大化发挥优势,从而获得胜利。"

【对照版本】

傅奕本

用兵有言曰:"吾不敢为主而为客;不敢进寸而退尺。"是谓行无行,攘无臂,执无兵,仍无敌。祸莫大于无敌,无敌则几亡吾宝。故抗兵相若,则哀者胜矣。

王弼本

用兵有言:"吾不敢为主而为客;不敢进寸而退尺。"是谓行无行,攘无臂,扔无敌,执无兵。祸莫大于轻敌,轻敌几丧吾宝。故抗兵相加,哀者胜矣。

第三十四章　用兵有言

河上公本

用兵有言:"吾不敢为主而为客;不敢进寸而退尺。"是谓行无行,攘无臂,仍无敌,执无兵。祸莫大于轻敌,轻敌几丧吾宝。故抗兵相加,哀者胜矣。

范应元本

用兵者有言曰:"吾不敢为主而为客;不敢进寸而退尺。"是谓行无行,攘无臂,扔无敌,执无兵。祸莫大于轻敌,轻敌则几亡吾宝。故抗兵相加,则哀者胜矣。

第三十五章 易知易行

（今本70章）

【帛书复真本】

吾言甚易知也,甚易行也。而人莫之能知也,而莫之能行也。言有君,事有宗。夫唯无知也,是以不我知。知我者希,则我贵矣。是以圣人被褐而裹玉。

【帛书释文本】

吾言甚易知也,甚易行也。而人莫之能知也[一],而莫之能行也。言有君,事有宗[二]。夫唯无知也[三],是以不〔我知[四]。知我者希,则〕我贵矣[五]。是以圣人被褐而裹（怀）玉[六]。

【帛书出土图版原文】

甲本

吾言甚易知也,甚易行也。而人莫之能知也,而莫之能行也。言有君⌐,事有宗⌐。夫唯无知也,是以不□□□□□□□我贵矣。是以圣人被褐而裹玉。

第三十五章　易知易行

乙本

吾言易知也，易行也。而天下莫之能知也，莫之能行也。夫言又宗，事又君。夫唯无知也，是以不我知＝（知。知）者希，则我贵矣。是以耵人被褐而裹玉。

【校勘注释】

〔一〕"人"字，帛书甲本、傅奕本、范应元本等版本为"人"，帛书乙本、王弼本（今本）、河上公本、严遵本等版本为"天下"。根据文意判断，"人"字更为恰当。

〔二〕"言有君，事有宗"句，被今本等版本改为"言有宗，事有君"。君：主宰、主旨。宗：根本、根据。

〔三〕无知：缺乏知识，即不懂道理。

〔四〕不我知：即不知我，古汉语中宾语前置的常见用法。

〔五〕则：依照、效法。

〔六〕褐：粗布衣服。裹（huái）："怀"的异体字，怀藏、怀揣。被褐：穿着粗布衣服。怀玉：怀揣美玉，美玉指知识和才能。

【意解译文】

我的话很容易理解，很容易实行。然而竟然没有人能够理解，也没有人能够实行。说话要有主旨，行事要有根据。由于人们不懂这个道理，所以就无从理解我。能够理解我的人很少，能取法于我的人就更是难得。所以圣人总是外表简陋而怀揣美玉。

【考证辨真】

对本章主旨的考辨

本章内容在《老子》所有章节中较为浅显,历代注家(含帛书注家)大多解读为老子感叹曲高和寡、知音难觅的苦闷。而一些更有见地的学者则认为,本章看似浅显易懂,实则是《老子》中最难把握、解读起来最没有信心的一章。

实际上,要想准确理解本章的主旨,需要跳出本章,站在整部《老子》的宏观视角上审视。

在整部著作中,老子从正反两个方面来探讨侯王、君主如何理解"道"和践行"道",而反面论述正是从本章开始。

随后的章节内容,如"不知知,病矣。是以圣人之不病,以其病病,是以不病""民之不畏畏,则大畏将至矣""勇于敢者则杀""若民恒且不畏死,奈何以杀惧之也?""夫伐大匠斲者,则希不伤其手矣""人之饥也,以其取食税之多也""夫天道无亲,恒与善人"等,老子通过例证,层层推进,指出侯王错误地践行"道"而导致民怨、社会矛盾加剧,进而反证了践行"道"的正确性。

如果从这种高度理解本章的"浅显"内容,老子的意图便一目了然,绝非多数学者所谓"倒苦水"那么简单。

由此,老子以"吾言甚易知也,甚易行也。而人莫之能知也,而莫之能行也"这种自嘲的方式,正式开启了"知我者希,则我贵矣。是以圣人被褐而怀玉"的新篇章。

"夫唯无知也,是以不我知"与老子的"知识观"

笔者在第二十八章(今本65章)对"故以知(智)知

邦，邦之贼也；以不知（智）知邦，邦之德也"的"知"字进行了考辨，结论是："以知（智）知邦""以不知（智）知邦"中的第一个"知"同"智"（或者说用作"智"），指智巧（包含智慧、心机、巧诈等内涵）。

而在本章中，老子谈道："夫唯无知也，是以不我知。"这里的第一个"知"则应理解为"知识、道理"。"夫唯无知也，是以不我知"可以翻译为："人们不懂这个道理，所以就无从理解我。"

由此可知，老子是不反对"知识"的，他反对的仅仅是"智巧"中的心机、巧诈等内涵。

【对照版本】

傅奕本

吾言甚易知，甚易行。而人莫之能知，莫之能行。言有宗，事有主。夫惟无知，是以不吾知也。知我者稀，则我贵矣。是以圣人被褐而怀玉。

王弼本

吾言甚易知，甚易行。天下莫能知，莫能行。言有宗，事有君。夫唯无知，是以不我知。知我者希，则我者贵。是以圣人被褐怀玉。

河上公本

吾言甚易知，甚易行。天下莫能知，莫能行。言有宗，事有君。夫唯无知，是以不我知。知我者希，则我者贵。是以圣人被褐怀玉。

范应元本
　　吾言甚易知，甚易行。而人莫之能知，莫之能行。言有宗，事有主。夫惟无知，是以不吾知也。知我者希，则我贵矣。是以圣人披褐而怀玉。

第三十六章　知不不知

（今本 71 章）

【帛书复真本】

知不知，尚矣；不知知，病矣。是以圣人之不病，以亓病病，是以不病。

【帛书释文本】

知不知[一]，尚矣[二]；不知｛不｝知[三]，病矣。是以圣人之不病[四]，以亓（其）〔病病[五]，是以不病〕。

【帛书出土图版原文】

甲本

知不知，尚矣╚；不═知═，病矣。是以圣人之不病╚，以亓□□□□□□。

乙本

知不知，尚矣；不知═，病矣。是以耴人之不□也，以亓病═也，是以不病。

【校勘注释】

〔一〕"知不知"有两种解读：一是知道自己有所不知；二是知道却不自以为知道。这里取用第一种解读。

〔二〕"尚"有两种解读：一是尚好、不错；二是假借为"上"，高明。这里取用第一种解读，更符合文意。

〔三〕"不知知"句，帛书甲本为"不知不知"，帛书乙本如此，今本等版本基本都与帛书乙本相同。此处是在帛书甲乙本原文均未毁损的情况下，取用帛书乙本文字的极少数例子之一，原因在于帛书乙本的文字更能体现老子的思想，且文意更加高妙。其中，第一个"知"是动词，是"知晓、知道"的意思；第二个"知"是名词，包括自己知道的知识（道理）和自己不知道的知识（道理）。详见【考证辨真】。

〔四〕今本等版本在"是以圣人之不病"句前添加"夫唯病病，是以不病"，联系上下文意，重复且多余。

〔五〕病：缺点、毛病。病病：以病为病，即把这些缺点当作必须克服的弊病。

【意解译文】

知道自己有所不知，这还尚好；不知道自己懂得什么（包括已知的与不知的），这就很糟糕。圣人之所以没有这些缺点，是因为他把这些缺点当作必须克服的弊病，所以他没有这些缺点。

第三十六章 知不知

【考证辨真】

"不知知"含义辨析

"不知知,病矣"句,历代注家(含帛书注家)大多解读为:"不知道却自以为知道,这是很糟糕的。"

笔者认为,不应这样简单理解。该句第一个"知"是动词,是"知晓、知道"的意思;第二个"知"是名词,包括自己知道的知识(道理)和自己不知道的知识(道理),后者也就是帛书甲本的"不知不知"。

因此,"不知知"同样有两种内涵:一是"不知晓自己知道的",这就有点"揣着明白装糊涂"的意思了;二是"不知晓自己不知道的",这有点不好理解。

为了说清这两种内涵,笔者在《道德经,古今有何不同》中进行了举例,现引用如下:

> 比如,对有利益关系的人一味称赞,对领导、上级说的话一味奉承,这是谄媚。套用"不知知"的第一层意思,自己只是"口是心非"地献媚而已。套用"不知知"的第二层意思,就是连自己都不知道自己在"献媚"(事项或状况),那就病入骨髓了。第一种情况仅仅属于《皇帝的新装》中民众"随大流"、献媚的社会"病态"。第二种情况就属于被彻底洗脑、操控了。[①]

注意,笔者在上一章即第三十五章(今本70章)曾提到,

---
① 王骥:《道德经,古今有何不同》,华文出版社,2023年1月第1版,第181页。

在整部著作中，老子从正反两个方面来探讨侯王、君主如何理解"道"和践行"道"，而反面论述正是从上一章开始。

此处，老子正是承接上一章的行文思路，通过"知不知，尚矣；不知知，病矣"，展开探讨侯王、君主应如何提升自己践行"道"的能力。

联系上下文理解，我们就能明白，老子如此行文，实则是开启了"列示病症，逐一开药方"的工作。

【对照版本】

傅奕本

知不知，尚矣；不知知，病矣。夫惟病病，是以不病。圣人之不病，以其病病，是以不吾病。

王弼本

知不知，上；不知知，病。夫唯病病，是以不病。圣人不病，以其病病，是以不病。

河上公本

知不知，上；不知知，病。夫唯病病，是以不病。圣人不病，以其病病，是以不病。

范应元本

知不知，尚矣；不知知，病矣。夫惟病病，是以不病。圣人之不病，以其病病，是以不吾病。

第三十七章　民不畏畏

（今本72章）

【帛书复真本】

民之不畏畏，则大畏将至矣。母闸亓所居，母猒亓所生。夫唯弗猒，是以不猒。是以圣人自知而不自见也，自爱而不自贵也。故去被取此。

【帛书释文本】

〔民之不〕畏畏，则大〔畏将至〕矣〔一〕。母（毋）闸亓（其）所居〔二〕，毋猒（厌）亓（其）所生〔三〕。夫唯弗猒（厌），是〔以不猒（厌）〕〔四〕。是以圣人自知而不自见也〔五〕，自爱〕而不自贵也。故去被取此〔六〕。

【帛书出土图版原文】

甲本

□□□畏＝，则大□□□矣。・母闸亓所居，毋猒亓所生。夫唯弗猒，是□□□□□□□□□□□□□□而不自贵也。故去被取此。

乙本

民之不畏=，则大畏将至矣。毋佴亓所居，毋猒亓所生。夫唯弗猒，是以不猒。是以即人自知而不自见也，自爱而不自贵也。故去罢而取此。

【校勘注释】

〔一〕"民之不畏畏"的第二个"畏"字，帛书甲乙本均为重文号"="（即"畏"），应该不会同时抄错；而"大畏将至"的"畏"字，帛书甲本缺失，帛书乙本为"畏"。帛书注家大多按照今本等版本将这两处校勘为"威"，不妥。其中，"民之不畏畏"的第二个"畏"指的是危及民众生存的恐惧；而"大畏将至"的"畏"指的是统治者的恐惧（即对统治者的威胁）。详见【考证辨真】。

〔二〕母：假借为"毋"。"闸"字，帛书甲本为"闸"，帛书乙本为"佴（狎）"，今本等版本为"狎"，帛书注家大多也校释为通"狎"，含义大变且有些牵强，不妥。闸：截断、关闭，引申为压制、缩减。

〔三〕猒："厌"的异体字，阻塞、抑制、压迫。

〔四〕厌：这里指民众对统治者的厌恶。

〔五〕自见：自我炫耀、自视甚高。

〔六〕"被"字，帛书甲本为"被"，帛书乙本为"罢"，这里取用帛书甲本的文字。"被"字是会意兼形声字，从衣，从皮，皮兼表声。今本等版本为"彼"，帛书注家大多也校勘为"彼"，也说得通，但不如"被"字内涵丰富，详见【考证辨真】。与"去被取此"类似的文句，有第一章（今本

38章）的"去皮取此"、第五十六章（今本12章）的"去罢耳此"等，可参见相关章节的辨析。

【意解译文】

民众不再害怕危及生存的恐惧时（即民众被逼到不能生存的时候，什么恐惧都不怕了），统治者就将面临巨大的威胁。不要逼迫民众不得安居，不要阻塞民众谋生的道路。只有不压迫民众，民众才不会厌恶统治者。因此，圣人有自知之明而不自我炫耀，有自爱之心而不自居高贵。所以，统治者要舍弃危及民众生存的胡作非为和自我炫耀、自视高贵等行为，要做到爱民、自知与自爱。

【考证辨真】

"民之不畏畏，则大畏将至矣"辨析

"民之不畏畏，则大畏将至矣"句，帛书甲本大部分毁损，帛书乙本如此。根据上下文意，后面两个"畏"字也应该是"畏"，而非今本等版本的"威"。

很多学者深受今本等版本"民不畏威，则大威至"的影响，习惯性地将"民之不畏畏"的第二个"畏"和"大畏将至"的"畏"校勘为"威"，导致文意大变。

今本等版本"民不畏威，则大威至"的意思是："人民不畏惧统治者的威压，则更大的威压或祸乱就要发生了。"有人认为，这里暗含一个前提，即"老子认为，民众害怕统治者的威压"，这与老子"成功遂事，则百省谓我自然"等观念相悖。笔者认同这种观点。

再者，从文意连贯的角度讲，后文"毋闸其所居，毋厌其所生。夫唯弗厌，是以不厌"又指出了如何避免"畏"。

所以说，这里的"畏"指的是危及民众生存的恐惧，应涉及民众谋生、安居等根本问题，通常由统治者过度盘剥等行为导致，而非严刑峻法等方面的威压。

因此，"民之不畏畏"的第二个"畏"和"大畏将至"的"畏"，取用帛书甲乙本的"畏"才是正确的。其中，"民之不畏畏"的第二个"畏"指的是危及民众生存的恐惧；而"大畏将至"的"畏"指的是统治者的恐惧（即对统治者的威胁），如民变、社会动荡等祸乱。

综上所述，"民之不畏畏，则大畏将至矣"的意思是："民众不再害怕危及生存的恐惧时（即民众被逼到不能生存的时候，什么恐惧都不怕了），统治者就将面临巨大的威胁。"

"毋厌其所生""夫唯弗厌，是以不厌"的"厌"字辨析

"毋厌其所生"的"厌"与"夫唯弗厌"的"厌"含义相同，而与"是以不厌"的"厌"含义不同。前者的含义是"压"，即阻塞、抑制、压迫；后者的含义是"厌恶"，指民众对统治者的厌恶。朱谦之："上'厌'字与下'厌'字，今字形虽同，而音义尚异。上'厌'，压也；下'厌'，恶也。……夫唯为上者无压笮之政，是以人民亦不厌恶之也。"[①]

另外，笔者在第三章（今本 41 章）已经对"弗""不""毋"进行了辨析，可以这样简单理解："弗"表示不太确定的"不"，"不"表示确定的"不"，"毋"表示坚决的"不"。所

---

① 朱谦之:《老子校释》，中华书局，1984 年 11 月第 1 版，第 285—286 页。

以，今本等版本将"毋"改为"无"，将"弗"改为"不"，都是有问题的。

综上所述，"毋厌其所生。夫唯弗厌，是以不厌"的意思是："不要阻塞民众谋生的道路。只有不压迫民众（可以在法度范围内约束或惩戒不法民众，所以此处用'弗'，即不太确定的'不'），民众才不会厌恶统治者。"

"去被取此"的"被"与"彼"之辨

"去被取此"的"被"字，帛书甲本为"被"，帛书乙本为"罢"；"取此"二字，帛书甲乙本均如此。所以，这里与第五十六章（今本 12 章）的"去罢耳此"不同，而与第一章（今本 38 章）的"去皮取此"类似。

"被"字被今本等版本改为"彼"，主流观点同样校勘为"彼"，这是有据可考的。《荀子·宥坐》："乡者赐观于太庙之北堂，吾亦未辍，还复瞻被九盖皆继，被有说邪？"杨倞注："被，皆当为彼。"

如校勘为"被"通"彼"，其指代的就是"闸其所居""厌其所生""自见""自贵"，而"此"指代的就是"弗厌""自知""自爱"。

而笔者认为，此处尊重帛书甲本原文，解读为"被"字更好。"被"字是会意兼形声字，从衣，从皮，皮兼表声。《说文》："被，寝衣，长一身有半。""被"的本义是睡觉时盖在身上用来保暖的东西，引申为表面、外层，即表面的、肤浅的东西。

由此，"去被取此"就可以理解为："舍弃危及民众生存的胡作非为和自我炫耀、自视高贵等肤浅的行为,要做到爱民、自知与自爱。"相比于今本等版本的"去彼取此",这样理解或许更合理,也更符合老子的本意。否则,老子直接用"彼"即可,为何还要在相似文句中用"皮""被"等字呢?

【对照版本】

傅奕本

民不畏威,则大威至矣。无狎其所居,无厌其所生。夫惟无厌,是以无厌。是以圣人自知而不自见,自爱而不自贵。故去彼取此。

王弼本

民不畏威,则大威至。无狎其所居,无厌其所生。夫唯不厌,是以不厌。是以圣人自知不自见,自爱不自贵。故去彼取此。

河上公本

民不畏威,大威至矣。无狭其所居,无厌其所生。夫唯不厌,是以不厌。是以圣人自知不自见,自爱不自贵。故去彼取此。

范应元本

民不畏威,则大威至矣。无狎其所居,无厌其所生。夫惟无厌,是以无厌。是以圣人自知而不自见,自爱而不自贵。故去彼取此。

第三十八章　敢者不敢

（今本73章）

【帛书复真本】

勇于敢者则杀，勇于不敢者则㓉。此两者，或利或害？天之所亚，孰知亓故？天之道，不单而善胜，不言而善應，不召而自来，弹而善谋。天罔恢恢，疏而不失。

【帛书释文本】

勇于敢者〔则〕杀，〔勇〕于不敢者则㓉[一]。〔此两者，或利或害[二]？天之所亚[三]，孰〕知亓（其）故[四]？天之〔道，不单而〕善〔胜〕[五]，不言而善應（应）[六]，不召而自来[七]，弹而善谋[八]。〔天〕罔（网）恢〔恢〕，疏而〔不失〕[九]。

【帛书出土图版原文】

甲本

・勇于敢者□杀，□于不敢者则㓉。□□□□□□□□□□□知亓故？天之□□□□善□∟，不言而善應∟，不召而自来，弹而善谋。□罔恢□，疏而□□。

乙本

男于敢则杀，男于不敢则栝。□两者，或利或害？天之所亚，孰知亓故？天之道，不单而善胜，不言而善應，弗召而自来，单而善谋。天周径=，疏而不失。

【校勘注释】

〔一〕敢：侵犯、冒犯，这里指胡作非为、为非作歹。不敢：这里指安分守己。"杀"与"栝"是相对的。"杀"在这里指杀矢、利箭。《周礼·司弓矢》："杀矢、镞矢，用诸近射田猎。""栝"在这里指箭末扣弦处，即箭栝、矢栝。今本等版本为"活"，帛书注家几乎都校勘为"活"，意思大变，不妥。"杀"即以"杀矢、利箭"警示危险甚至死亡，有一个程度由浅入深的范畴，并非简单的"死"；而"栝"是用"箭栝、矢栝"表示存活甚至活得很好，也有一个程度由浅入深的范畴，并非简单的"活"。详见【考证辨真】及第五十四章（今本10章）对"栝"的考辨。

〔二〕或：疑问代词，相当于"谁"。或利或害：谁有利谁有害呢？

〔三〕对于"亚"字有两种理解。一是"丑"，引申为厌恶。《说文》："亚，丑也。"段玉裁注："此亚之本义。亚与恶音义皆同。"今本等版本为"恶"，主流观点亦将"亚"校勘为"恶"。二是"次、第二"。《尔雅·释言》："亚，次也。"这里指代的是前文的第二句"勇于不敢者"。相比较而言，第二种理解更为合理，详见【考证辨真】。

〔四〕"孰知其故"句后，今本等版本添加了"是以圣人

第三十八章 敢者不敢

犹难之"，而帛书甲乙本、景龙本、遂州本、敦煌本、严遵本等版本都没有这一句。添加这一句后，前文老子陈述的道理就变成了"圣人犹难之"的理由，于是整章文意就发生了变化，有转移重心的嫌疑。

〔五〕"単"字，帛书注家大多按照今本等版本校勘为"争"，含义大变，不妥。《说文》："単，大也。"胜：禁得起。《说文》："胜，任也。"段玉裁注："凡能举之，能克之，皆曰胜。"《诗经·玄鸟》："武丁孙子，武王靡不胜。"《毛传》："胜，任也。"不単而善胜：不居大而能够胜任其大，指天地之间宏大的事物从来都不自居其大而是自然天成。

〔六〕應："应"的异体字。不言而善应：不言语而善于应允万物纷呈，指宇宙间万事万物各具形态，并按照规律有序生灭、运行而不乱，如同万事万物对"天"（自然）的主导作出回应一样，但是从来没有听到它们之间有交流。

〔七〕不召而自来：不召唤而万物守时而至，如春夏秋冬、节气时令等如期而至，从不受人为召唤或控制。

〔八〕弹：弹劾、纠查、考劾。《增韵》："弹，劾也。"《广韵》："弹，纠也。"今本等版本为"繟"，帛书注家大多也校勘为"繟"，含义大变，不妥。弹而善谋：（天之道）既能纠查考劾万物，又能谋划运筹万事。

〔九〕罔："网"的古字。《庄子·逍遥游》："中于机辟，死于罔罟。"恢恢：宽阔广大的样子。天网恢恢，疏而不失：天道的网无边无际，虽然宽疏但不会遗漏。

【意解译文】

胡作非为、为非作歹就会陷入危险甚至死亡的境地；安分守己就能存活甚至活得很好。这两种情况，谁有利谁有害呢？天所选择的是安分守己，谁知道其中的缘由？天的法则，不居大而能够胜任其大，不言语而善于应允万物纷呈，不召唤而万物守时而至，既能纠查考劾万物，又能谋划运筹万事。天道的网无边无际，虽然宽疏但不会遗漏。

【考证辨真】

"杀""桰""活"字简析

"勇于敢者则杀，勇于不敢者则桰"的"桰"字，帛书甲乙本均为"桰"，应该不会同时抄错。今本等版本将其改为"活"，主流观点亦将其校勘为"活"，笔者认为不妥。在帛书《老子》中，"桰"字出现于两处：

第三十八章（今本73章）：勇于敢者则杀，勇于不敢者则桰。（今本：勇于敢则杀，勇于不敢则活。）

第五十四章（今本10章）：爱民桰国，能毋以知乎？（今本：爱民治国，能无知乎？）

"桰"字意为箭末扣弦处，由于是扣弦发箭的关键之处，可引申为事物的关键，第五十四章（今本10章）"爱民桰国"的"桰"即取此义项，参见《道德经，古今有何不同》第五十四章（今本10章）相关考辨。同时，"桰"与箭头（代表杀）相对，指的是箭尾，即不杀，有"使之活"的意思

第三十八章　敢者不敢

（但不仅仅是这个意思，下文将详细辨析），这就是本章"勇于不敢者则栝"的"栝"字的含义。

关于"杀"与"栝"相对应的问题，这里再多说几句。"栝"在这里指箭栝、矢栝，"杀"在这里指杀矢、利箭。所谓"杀矢"，即古代用于打猎的一种箭。《周礼·司弓矢》："杀矢、鍭矢，用诸近射田猎。"郑玄注："杀矢，言中则死。"贾公彦疏："解称杀矢之名，以其最重，中则死故也。"《周礼·考工记》："冶氏为杀矢。"郑玄注："杀矢，用诸田猎之矢也。"

因此，"勇于敢者则杀，勇于不敢者则栝"句以"杀"与"栝"相对应，可见帛书《老子》甲本用字极其考究。

"勇于敢者则杀，勇于不敢者则栝"文意辨真

上文简单分析了"杀""栝"二字及其对应关系，下面对"杀""栝""勇""敢"等字进行更加系统的考证，并对"勇于敢者则杀，勇于不敢者则栝"的文意进行考辨。

"杀"字，景福本与敦煌壬本为"煞"，其他传世版本均为"杀"。"栝"字，北大汉简本为"枯"，其他如景龙本、易玄本、邢玄本、庆阳本、磻溪本、赵孟頫本、楼正本、遂州本、王弼本（今本）、河上公本、严遵本、想尔本、傅奕本、司马光本、王安石本、范应元本、苏辙本、吴澄本等几乎所有传世版本均为"活"。

于是，两千多年来，历代注家（含帛书注家）基本都认同这里的"杀"即被杀、死亡，"活"即活命、存活，对本句的翻译也大同小异，这里略举几例：

凡勇于果敢的人,必不得其正命而死;凡勇于不敢的人,必能保其生命。(张默生)①

勇于敢,勇于不敢,皆勇也。敢者,恃气;不敢者,非恃气而必藉于理。不敢为其所不当为,而杀活之机于此分。(徐梵澄)②

勇于一切不顾,就会死,勇于"不敢",就会活。(任继愈)③

勇于敢就遭杀,勇于不敢就存在。(张松如)④

勇于坚强就会死,勇于柔弱就可活。(陈鼓应)⑤

帛书《老子》出土后,人们方才发现此处并非传世版本的"杀"与"活"相对应,而是"杀"与"栝"。由此,对于本句应有新的理解。

如上文所说,"杀"在这里以"杀矢、利箭"进行警示,具有两层含义:一是,陷入危险甚至死亡的境地,有一个程

---

① 张默生注释:《老子章句新释》,济东印书社,1948年5月第3版,第97页。
② 徐梵澄:《老子臆解》,中华书局,1988年3月第1版,第109页。
③ 任继愈译著:《老子新译》修订本,上海古籍出版社,1985年5月第2版,第218页。
④ 张松如:《老子说解》,齐鲁书社,1987年4月第1版,第432页。
⑤ 陈鼓应:《老子注译及评介》,中华书局,1984年5月第1版,第335页。

第三十八章 敢者不敢

度由浅入深的范畴，并非简单的"死"；二是，"杀矢、利箭"的箭头能杀伤却容易毁损。而"栝"在这里以"箭栝、矢栝"进行比喻，同样有两层含义：一是，存活甚至活得很好，也有一个程度由浅入深的范畴，并非简单的"活"；二是，"箭栝、矢栝"即箭尾无法造成杀伤却不会轻易毁损（可长存）。

接下来，我们来分析"勇"字。《说文》："勇，气也。""勇"的本义是有胆量，引申为勇猛、勇武、果敢。老子在第三十二章（今本67章）中说："夫兹，故能勇……今舍其兹且勇……则必死矣。"意思是："由于滋养蓬勃的力量，所以能够勇武……如今，丢弃对力量的滋养而去追求勇武……就必然遭受灭亡。"老子主张，勇武必须有能够支撑起来的基础和力量，也就是说，勇武是有条件的，假设手无缚鸡之力却盲目逞勇，那就是找死。

"敢"字始见于商代甲骨文，字形像手持猎叉捕捉野兽，引申为侵犯、冒犯，这里指胡作非为、为非作歹。

根据"杀""栝""勇""敢"等字的含义，结合前面章节的文意来理解，"勇于敢者则杀，勇于不敢者则栝"这句话，老子既有可能是针对民众说的，也有可能是针对统治阶级说的，其含义也有两种：一是，胡作非为、为非作歹就会陷入危险甚至死亡的境地；安分守己就能存活甚至活得很好。二是，勇于进取如同杀矢，能杀伤却容易毁损；保持不进取则如同矢栝，不能杀伤却能长存。

上述两种解读都有道理，而联系上下文，如下一章"若民恒且不畏死，奈何以杀惧之也？若民恒畏死，则而为畸者，吾将得而杀之"，第一种解读更为合理。

"天之所亚"的"亚"与"恶"字考辨

"天之所亚"的"亚"字，帛书甲本缺失，帛书乙本为"亚"，今本等几乎所有传世版本均为"恶"，主流观点亦将"亚"校勘为"恶"。《说文》："亚，丑也。"段玉裁注："此亚之本义。亚与恶音义皆同。""亚"有"丑"的含义，可引申为厌恶。

同时，"亚"还有"次、第二"的含义。《尔雅·释言》："亚，次也。"若如此理解，"亚"在这里指代的就是前文的第二句"勇于不敢者"。

参考下文，"天之道"（即天的法则）是"不单""不言""不召"，与前文的"不敢"是对应的。也就是说，"天之道"在"勇于敢者则杀"的"敢"与"勇于不敢者则栝"的"不敢"中，选择的是"不敢"。

于是，结合上述对"亚"的两种理解，"天之所恶，孰知其故"就有两种解读：

一是，"亚"取"厌恶"之意，"天之所恶，孰知其故"的意思是："天所厌恶的是'勇于敢'，谁知道其中的缘由？"

二是，"亚"取"次、第二"之意，"天之所亚，孰知其故"的意思是："天所选择的是'勇于不敢'，谁知道其中的缘由？"

综上所述，结合上下文意，本人认为第二种解读更符合逻辑。

【对照版本】

傅奕本

勇于敢则杀,勇于不敢则活。此两者,或利或害。天之所恶,孰知其故?是以圣人犹难之。天之道,不争而善胜,不言而善应,不召而自来,默然而善谋。天网恢恢,疏而不失。

王弼本

勇于敢则杀,勇于不敢则活。此两者,或利或害。天之所恶,孰知其故?是以圣人犹难之。天之道,不争而善胜,不言而善应,不召而自来,繟然而善谋。天网恢恢,疏而不失。

河上公本

勇于敢则杀,勇于不敢则活。此两者,或利或害。天之所恶,孰知其故?是以圣人犹难之。天之道,不争而善胜,不言而善应,不召而自来,繟然而善谋。天网恢恢,疏而不失。

范应元本

勇于敢则杀,勇于不敢则活。此两者,或利或害。天之所恶,孰知其故?是以圣人犹难之。天之道,不争而善胜,不言而善应,不召而自来,默然而善谋。天网恢恢,疏而不失。

第三十九章　民不畏死

（今本74章）

【帛书复真本】

若民恒且不畏死，奈何以杀愳之也？若民恒畏死，则而为畸者，吾将得而杀之，夫孰敢矣？若民恒且必畏死，则恒有司杀者。夫伐司杀者杀，是伐大匠斲也。夫伐大匠斲者，则希不伤亓手矣。

【帛书释文本】

〔若民恒且不畏死〕[一]，奈何以杀愳（惧）之也[二]？若民恒是〈畏〉死[三]，则而为〔畸〕者[四]，吾将得而杀之[五]，夫孰敢矣？若民〔恒且〕必畏死[六]，则恒有司杀者[七]。夫伐司杀者杀，是伐大匠斲也[八]。夫伐大匠斲者，则〔希〕不伤亓（其）手矣[九]。

【帛书出土图版原文】

甲本

□□□□□，奈何以杀愳之也？若民恒是死，则而为者，吾将得而杀之∟，夫孰敢矣？若民□□必畏死，则恒有司杀者。夫伐司杀者杀，是伐大匠斲也。夫伐大匠斲者，则□不伤亓手矣。

乙本

若民恒且○不畏死，若何以杀瞿之也？使民恒且畏死，而为畸者，□得而杀之，夫孰敢矣？若民恒且必畏死，则恒又司杀者。夫代司杀者杀，是代大匠斲。夫代大匠斲，则希不伤亓手。

【校勘注释】

〔一〕"若民恒且不畏死"句，帛书甲本毁损，帛书乙本如此，今本等版本改为"民不畏死"，看似简洁，实则缺少"若"和"恒"所暗示的前提，影响到上下文的连贯性。

〔二〕杀：杀死、杀戮、杀伐。本章所反映的矛盾比上一章更尖锐，这里的"杀"字也没有"栝"字进行限制。瞿（jù）："惧"的异体字，害怕、恐惧。

〔三〕"是"字，帛书甲本为"是"，帛书乙本为"畏"，帛书整理小组校勘为"畏"，"是"应为"畏"字之误抄。

〔四〕"则而为畸者"句，帛书甲本无"畸"字，疑夺，以帛书乙本补足。今本等版本为"奇"，帛书注家大多也校释为通"奇"，不妥，参见第二十章（今本57章）对"正""畸"的考辨。《说文》："畸，残田也。""畸"的本义为不方正、不规则的田，引申为邪、偏，这里指邪恶、坏事，甚至达到杀头的程度。

〔五〕得：得到，指抓获。

〔六〕"若民恒且必畏死"句，是对上文"若民恒畏死"

的重复，强调的是不仅"恒畏死"，而且"必畏死"，回答也更进一步，给出了不同的处理办法。而今本等版本删除本句，要么是忽视了上述重复的重要意义，要么就是故意轻描淡写民众的"生死"问题。

〔七〕司杀者：指专管杀人的官吏或机构。有学者将"司杀者"解读为"天地自然、天道"，联系上下文意及前后章节来看，不妥。

〔八〕"伐"字在本章出现三次，帛书甲本均为"伐"，帛书乙本和几乎所有传世版本均为"代"，帛书注家大多也校勘为"代"，或不妥。伐：夸耀、鼓励。大匠：高明的木匠。斲（zhuó）：砍、削。"夫伐司杀者杀，是伐大匠斲也"可译为"鼓励司杀官吏杀人，类似鼓励技艺高超的木匠随意滥伐"，也就是说，统治者不要鼓励司杀官吏杀人，而是要监督、诛责、惩处他们滥杀无辜的行为。详见【考证辨真】。

〔九〕"夫伐大匠斲者，则希不伤其手矣"可译为"鼓励技艺高超的木匠随意滥伐，这些木匠很少有不伤到自己手的"，也就是说，司杀官吏找借口杀人的技艺如同技术高超的木匠滥伐一样娴熟，而他们在滥伐时很少有不砍伤自己手的（即滥杀无辜必遭报应）。详见【考证辨真】。

【意解译文】

如果民众一贯不怕死，怎么用杀伐来使他们害怕呢？如果民众一贯怕死，对于罪大恶极的人，把他抓来杀掉，那么谁还敢为非作歹呢？如果民众一贯如此且必定怕死，就按惯例由主管刑杀的官吏或机构去执行。同时，不要鼓励司杀官吏杀人，而是要监督、诛责、惩处他们滥杀无辜的行为，因为他们找借口杀人的技艺如同技术高超的木匠滥伐一样娴熟。请记住，那些木匠滥伐时很少有不砍伤自己手的。

【考证辨真】

"伐""代"及相关文句辨真

"夫伐司杀者杀，是伐大匠斲也。夫伐大匠斲者，则希不伤其手矣"的"伐"字，今本等几乎所有传世版本均为"代"，于是相关文句变成"夫代司杀者杀，是谓代大匠斲。夫代大匠斲者，希有不伤其手矣"，意思是："代替主管刑杀者（或天道）去杀人，就好比代替技术高超的木匠去砍削木头。代替木匠去砍削木头的人，很少有不砍伤自己手的。"

此处今本译文看起来文通理顺，原因主要有两点：一是，今本对前文做了改动，帛书本原文"若民恒且必畏死，则"被今本删除；二是，今本在"是伐（代）大匠斲"中添加了一个"谓"字，改为"是谓代大匠斲"。以上改动，使得"代替主管刑杀者（或天道）去杀人"的翻译显得合理。

于是，众多帛书研究者将本章的"伐"字校勘为"代"（帛书乙本确实是"代"），似乎也能说得通。不过，我们要注意文句中的以下内涵：

一是，司杀者杀人的技巧、水平高超无比，堪比伐木者中的大师巨匠（可以理解为依法据典的标准拿捏得好，也可以理解为枉杀无辜的技艺炉火纯青）；二是，将杀人与砍削木头相类比，有草菅人命之嫌，对于用字极其考究的老子来说，之所以如此表述，要么是因为老子喜欢杀人（这当然不可能），要么是因为老子对杀人持有慎重而严肃的态度。

由此看来，将本章的"伐"字校勘为"代"，表面上看似文通理畅，实际上存在重大问题。

笔者在《道德经，古今有何不同》中对此有过分析，这里将进一步考辨。下面先引述笔者之前的观点：

> "夫伐司杀者杀，是伐大匠斲也。夫伐大匠斲者"句，帛书甲本如此，今本等版本改为"夫代司杀者杀，是谓代大匠斲，夫代大匠斲者"，其中的两个"夫伐"、一个"是伐"，被今本等版本分别改为"夫代""是代"，而且添加了一个"谓"字，即强调"是谓代大匠斲"。这样的改动，就将老子原本揭露的"贪官污吏无法无天滥杀无辜的残酷现实"变成了以此为借口杀人枉法的行为了。"夫伐司杀者杀，是伐大匠斲也。夫伐大匠斲者，则希不伤其手矣"的意思是："同时需要讨伐司杀官吏的滥杀无辜，因为他们找借口杀人的技艺如同高明木匠斲木一样娴熟。请记住，那些高明的木匠，乱伐时很少有不砍伤自己手的。"这与过往的主流解读是不同的。[①]

对于"司杀者"有两种理解：一是指"天地自然"，即天道；二是指负责刑杀的官员或机构。根据上下文意及前后章节推断，这里解读为"天地自然"则太过虚无，应该是实指人间的司杀者。当然，这些司杀者按照天道、人道、法道执

---

① 王骥：《道德经，古今有何不同》，华文出版社，2023年1月第1版，第190页。

第三十九章　民不畏死

行杀人任务是讲得通的。然而,司杀者能否守住或基本守住天道、人道、法道的杀人原则,就是一个大问题了。

春秋末期,统治者支使司杀者(或让其"背黑锅")或司杀者自身滥杀无辜的情况是存在的(而且还很严重),这就与"伐"字联系了起来。"伐"的本义是砍杀、击刺,可引申为夸耀、鼓励。《左传·襄公十三年》:"小人伐其技以冯君子。"《史记·屈原列传》:"每一令出,平伐其功。"

"夫伐司杀者杀,是伐大匠斲也"的"伐"字,即可理解为夸耀、鼓励。老子的意思是,虽然统治者让司杀者去执行杀人的任务,但是不要支使或纵容司杀者肆无忌惮地杀人,不要因为杀人责任的转移(或让其"背黑锅")而鼓励司杀者,而应该监督、诛责、惩处其徇私枉法、滥杀无辜的行为。

春秋战国时期,数以百计的诸侯国争斗、兼并,加上邦国内部的权力更迭,滥杀无辜的现象时有发生,有时规模之大令人发指。例如长平之战中白起坑杀俘虏、"赵氏孤儿"事件背后的血泪,等等。统治者一般不会亲自出面杀人,大多通过他人(如司杀者)执行杀人任务。从这个角度理解,此处用帛书甲本的"伐"字或许更加符合老子的本意。

综上所述,"夫伐司杀者杀,是伐大匠斲也。夫伐大匠斲者,则希不伤其手矣"可以解读为:"(统治者)不要鼓励司杀官吏杀人,而要监督、诛责、惩处他们滥杀无辜的行为,他们找借口杀人的技艺如同高明的木匠滥伐一样娴熟。请记住,那些木匠滥伐时很少有不砍伤自己手的。"

此处老子警诫统治者不要夸耀、鼓励司杀官吏杀人的态度，类似于第七十五章（今本 31 章）中表达的"用兵"观念："夫兵者，不祥之器也。物或恶之……杀人众，以悲依位之；战胜，以丧礼处之。"

【对照版本】

傅奕本

民常不畏死，如之何其以死惧之？若使民常畏死，而为奇者，吾得而杀之，孰敢也？常有司杀者杀。而代司杀者杀，是代大匠斲。夫代大匠斲者，稀不自伤其手矣。

王弼本

民不畏死，奈何以死惧之？若使民常畏死，而为奇者，吾得执而杀之，孰敢？常有司杀者杀。夫代司杀者杀，是谓代大匠斲。夫代大匠斲者，希有不伤其手矣。

河上公本

民不畏死，奈何以死惧之？若使民常畏死，而为奇者，吾得执而杀之，孰敢？常有司杀者。夫代司杀者，是谓代大匠斲。夫代大匠斲者，希有不伤手矣。

范应元本

民常不畏死，如之何其以死惧之？若使民而畏死，而为奇者，吾得执而杀之，孰敢？常有司杀者杀。代司杀者杀，是代大匠斲。夫代大匠斲者，希有不伤其手矣。

第四十章　人饥食逝

（今本 75 章）

【帛书复真本】

人之饥也，以亓取食逝之多也，是以饥。百姓之不治也，以亓上有以为也，是以不治。民之巠死，以亓求生之厚也，是以巠死。夫唯无以生为者，是賢贵生。

【帛书释文本】

人之饥也〔一〕，以亓（其）取食逝（税）之多也〔二〕，是以饥。百姓之不治也〔三〕，以亓（其）上有以为〔也〕〔四〕，是以不治。民之巠（轻）死，以亓（其）求生之厚也〔五〕，是以巠（轻）死。夫唯无以生为者〔六〕，是賢（贤）贵生〔七〕。

【帛书出土图版原文】

甲本

・人之饥也，以亓取食逝之多也，是以饥。百姓之不治也，以亓上有以为□，是以不治。・民之巠死，以亓求生之厚也，是以巠死。夫唯无以生为者，是賢贵生。

乙本

人之饥也,以亓取食锐之多,是以饥。百生之不治也,以亓上之有以为也,□以不治。民之轻死也,以亓求生之厚也,是以轻死。夫唯无以生为者,是贤贵生。

【校勘注释】

〔一〕"饥"字,帛书甲乙本均为"飢","飢"和"饑"在古汉语中是两个字,前者指肚子空而饥饿,后者指灾害等引发的饥荒。后来,两个字逐渐通用,在现代通用规范汉字中均简化为"饥"。

〔二〕锐:"税"的异体字,田租、税赋。《说文》:"税,租也。"《汉书·刑法志》:"有税有赋,税以足食,赋以足兵。"颜师古注:"税,田租也。"史游《急就篇》颜师古注:"敛财曰赋,敛谷曰税,田税曰租。"《穀梁传》《周礼》等先秦文学中即有"初税亩""以谕九税之利"等记载。这里的"其"字指代的是贵族统治阶级,而不是平民,后文的两个"其"字同理。以其取食税之多也:因为贵族统治阶级收取的税赋太多。

〔三〕"百姓"二字,战国之前是对贵族的统称,战国之后演变为对平民的通称。历代注家(含帛书注家)几乎都将这里的"百姓"释义为"民众、平民",实属不妥。参见第十二章(今本49章)对"百姓""百省"的考辨。

〔四〕上:崇尚。有以为:有私为,指图私利。参见第一章(今本38章)对"无以为""有以为"的考辨。百姓之不治也,以其上有以为也:贵族之所以难于治理,是因为他们

（包括统治者）崇尚私为、图私利。

注意，本章老子特意谈了"人""百姓（贵族）""民"三个不同的主体，对应的"亓"字指代有所不同，可参考第十三章（今本50章）对"人""民"的考辨。帛书注家大多将上述不同主体及"亓"字的不同指代混淆。

〔五〕"巠"字，帛书甲本为"巠"，帛书乙本为"轻"。这里的"巠"假借为"轻"，与第七十章（今本26章）"重为巠根"的"巠"不同。民之轻死，以其求生之厚也：民众（包括奴隶）之所以轻生冒死，是因为贵族统治阶级奉养奢厚，取民之利太过。详见【考证辨真】。

〔六〕"无以生为"指的是不把生命养护看得太重而不靡费，好处有两点：一是减少税赋，使民众得以生存；二是做出"不图私利"的表率，引领节俭寡欲的社会风尚。

〔七〕贒："贤"的变体，胜过、超过。贵生：以生命为贵，指厚养生命。

【意解译文】

人民之所以饥饿，是因为贵族统治阶级收取的税赋太重，所以人民陷于饥饿。贵族之所以难于治理，是因为他们（包括统治者）崇尚私为、图私利，所以贵族难于治理。民众（包括奴隶）之所以轻生冒死，是因为贵族统治阶级奉养奢厚以致民众难于生存，所以才会轻生冒死。故而那些不把生命养护看得太重而不靡费的人，比厚养生命而奢侈的人高明。

【考证辨真】

"求生之厚"与"生生之厚"含义辨析

关于"生生之厚",笔者在第十三章(今本50章)进行了辨析,其中第一个"生"意为"使生存、存活",第二个"生"意为"生命","生生"即"使生命存活、延续"的意思,而"厚"有"殷实、丰足"之意。

于是,"生生"可引申为谋生,而"生生之厚"的意思则是"使生命活得殷实、丰足",也就变成"养生之厚"了。

本章"求生之厚"的"求生"有两种理解:一是"谋求活命",二是"谋求生活"。与之相应,"求生之厚"也有两种理解:一是"谋求活命的欲望强烈",即求生欲很强;二是"谋求生活殷实、丰足",即奉养奢厚。

这里,"求生之厚"的主语是贵族统治阶级,根据上下文意,第二种理解更合理。

【对照版本】

傅奕本

民之饥者,以其上食税之多也,是以饥。民之难治者,以其上之有为也,是以难治。民之轻死者,以其上求生生之厚也,是以轻死。夫惟无以生为贵者,是贤于贵生也。

王弼本

民之饥,以其上食税之多,是以饥。民之难治,以其上之有为,是以难治。民之轻死,以其求生之厚,是以轻死。夫唯无以生为者,是贤于贵生。

第四十章 人饥食税

河上公本
民之饥,以其上食税之多,是以饥。民之难治,以其上之有为,是以难治。民之轻死,以其求生之厚,是以轻死。夫唯无以生为者,是贤于贵生。

范应元本
民之饥者,以其上食税之多也,是以饥。民之难治者,以其上之有为也,是以难治。民之轻死者,以其生生之厚也,是以轻死。夫惟无以为生者,是贤于贵生也。

第四十一章　人生柔弱

（今本76章）

【帛书复真本】

人之生也柔弱，亓死也萱仞賢强。万物草木之生也柔脆，其死也槁薨。故曰：堅强者，死之徒也；柔弱微细，生之徒也。兵强则不胜，木强则恒。强大居下，柔弱微细居上。

【帛书释文本】

人之生也柔弱[一]，亓（其）死也萱（梔）仞賢（坚）强[二]。万物草木之生也柔脆[三]，亓（其）死也槀（枯）薨（槁）[四]。故曰：堅（坚）强者，死之徒也[五]；柔弱微（微）细[六]，生之徒也。兵强则不胜，木强则恒[七]。强大居下，柔弱微（微）细居上。

【帛书出土图版原文】

甲本

· 人之生也柔弱，亓死也萱仞賢强ㄥ。万物草木之生也柔脆，亓死也槀薨。故曰：堅强者，死之徒也；柔弱微细ㄥ，生之徒也。兵强则不胜，木强则恒。强大居下ㄥ，柔弱微细居上。

第四十一章 人生柔弱

乙本

人之生也柔弱，亓死也䐌信坚强。万□□木之生也柔梓，亓死也椁槀。故曰：坚强，死之徒也；柔弱，生之徒也。□以兵强则不朕，木强则兢。故强大居下，柔弱居上。

【校勘注释】

〔一〕柔弱：指人活着的时候身体柔软。

〔二〕䖓：同"㮓"，终了、结束，引申为死而僵直。《说文》："㮓，竟也。从木，恒声。"䖓仞：挺直。臤：帛书整理小组校勘为"坚"，是"坚"的变体。坚强：指人死后躯体变得僵硬。

〔三〕柔脆：柔软脆弱。

〔四〕椁："枯"的异体字。槀："槁"的异体字。枯槁：草木干枯。

〔五〕徒：同类、同一类的。《庄子·人间世》："内直者，与天为徒。"成玄英疏："共自然之理而为徒类。"《尚书·仲虺之诰》："简贤附势，实繁有徒。"《大戴礼记·子张问入官》："故水至清则无鱼，人至察则无徒。"上述例句中的"徒"均为"同一类"的意思。

〔六〕㣲："微"的变体。

〔七〕"恒"字，帛书甲本为"恒"，帛书乙本为"兢"，传世诸本还有"兵""共"等，争议很大。俞樾、高亨等学者根据《淮南子·原道训》《列子·黄帝》《文子·道原》等文献所引，校勘为"木强则折"。笔者认为，上述很多解读都比较牵强，此处应取帛书甲本的"恒"字。强：坚硬，指僵死。恒：长久不变，这里指不再生长。木强则恒：树木僵死坚硬就会停止生长。详见【考证辨真】。

【意解译文】

人活着的时候身体柔软，死后躯体挺直僵硬。草木乃至万物生长的时候柔软脆弱，死后则变得干枯。所以说，坚硬僵直属于死亡的一类，柔弱细小属于生长的一类。用兵逞强就难以取胜，树木僵死坚硬就会停止生长。强大隐藏着衰败的趋势，处于下位，柔弱积蓄着强大的力量，居于上位。

【考证辨真】

"恒""兢""折"等字辨析

"木强则恒"的"恒"字，帛书甲本为"恒"，帛书乙本为"兢"，传世诸本还有"兵""共"等，一些学者校勘为"折"。

首先看帛书乙本的"木强则兢"字，"兢"有强劲、小心谨慎等含义，用在这里与上下文意不符。一些学者主张的"木强则折"也不合理，因为木材坚硬并不一定容易折断。至于今本等版本的"木强则兵""木强则共"等，历代注家（含帛书注家）的解读也比较牵强。

再来看帛书甲本的"木强则恒"。"恒"是长久不变的意思，这里指不再生长，也就是说，树木因为僵死了，就停止生长了，这样解释更为合理。"木强则恒"的意思是："树木僵死坚硬就会停止生长。""强"指的是树木因僵死而坚硬。

【对照版本】

傅奕本

人之生也柔弱，其死也坚强。草木之生也柔脆，其死也枯槁。故坚强者，死之徒也；柔弱者，生之徒也。是以兵强者则不胜，木强则共。故坚强处下，柔弱处上。

王弼本

人之生也柔弱，其死也坚强。万物草木之生也柔脆，其死也枯槁。故坚强者，死之徒；柔弱者，生之徒。是以兵强则不胜，木强则兵。强大处下，柔弱处上。

河上公本

人之生也柔弱，其死也坚强。万物草木之生也柔脆，其死也枯槁。故坚强者，死之徒；柔弱者，生之徒。是以兵强则不胜，木强则共。强大处下，柔弱处上。

范应元本

人之生也柔弱，其死也刚强。万物草木之生也柔脆，其死也枯槁。故刚强者，死之徒；柔弱者，生之徒。是以兵强则不胜，木强则共。故强大取下，柔弱处上。

第四十二章　天道人道

（今本 77 章）

【帛书复真本】

天下之道，犹张弓者也。高者印之，下者举之，有余者敗之，不足者补之。故天之道，敗有余而益不足；人之道则不然，敗不足而奉有余。孰能有余而有以取奉于天者乎？唯有道者乎？是以圣人为而弗有，成功而弗居也。若此，其不欲见賢也。

【帛书释文本】

天下〔之道[一]，犹张弓〕者也[二]。高者印之，下者举之[三]，有余者敗（损）之，不足者补之[四]。故天之道[五]，敗（损）有〔余而益不足[六]；人之道则〕不禁〈然〉[七]，敗（损）〔不足而〕奉有余[八]。孰能有余而有以取奉于天者乎？〔唯有道者乎[九]？是以圣人为而弗有，成功而弗居也。若此，其不欲〕见賢（贤）也[十]。

【帛书出土图版原文】

甲本

天下□□□□□者也。高者印之⌐，下者举之，有余者敨之⌐，不足者补之⌐。故天之道，敨有☐☐☐☐☐☐☐☐☐不桀，敨☐☐☐奉有余。孰能有余而有以取奉于天者乎⌐？☐☐☐☐☐☐☐☐☐☐☐☐☐☐☐☐☐☐☐☐见贤也。

乙本

天之道，酉张弓也。高者印之，下者举之，有余者云之，不足者☐☐☐☐☐☐，云有余而益不足；人之道，云不足而奉又余。夫孰能又余而☐☐奉于天者？唯又道者乎？是以取人为而弗又，成功而弗居也。若此，亓不欲见贤也。

【校勘注释】

〔一〕"天下"二字，帛书甲本如此，帛书乙本和几乎所有传世版本均为"天"。老子本来是以"天下之道"谈治理天下的重要道理（即社会分配的大问题），被传世诸本改为"天之道"后，导致整章文意大变。帛书注家也几乎都将上述两大概念混为一谈，实属不妥。详见【考证辨真】。

〔二〕张弓：拉弓射箭。一些学者将其解读为"安装或调整弓弦"，不妥。详见【考证辨真】。者也：语气词。《孟子·告子上》："二者不可得兼，舍生而取义者也。"李斯《谏逐客书》："今乃弃黔首以资敌国，却宾客以业诸侯，使天下之士退而不敢西向，裹足不入秦，此所谓'藉寇兵而赍盗粮'者也。"

〔三〕印：压、按。"印"是"抑"的本字，但两字含义略有差异，此处宜保持帛书原貌，详见【考证辨真】。"高者印之，下者举之"的意思是，拉弓射箭的时候，箭头瞄准的方向相对于目标来说如果高了，就要把弓箭压低一些，反之则要把弓箭抬高一些。

〔四〕"有余者损之，不足者补之"的意思是，拉弓射箭的时候要控制力度，如果拉得过满，就要放松一些，减少点力量；如果拉得不足，就要增加一些力量。

〔五〕天之道：自然的法则，自然运行的规律。

〔六〕损有余而益不足：减少有余的，补给不足的。例如，大海之中的水（有余）蒸发，再由气流带向内陆而形成降雨（补不足），等等。

〔七〕人之道：指人类社会的法则、律例。不然：不是这样。

〔八〕损不足以奉有余：减损不足的，用来奉献给有余的。由于人的私欲无限，有时会形成富者更富、穷者更穷的"马太效应"。要想解决社会上这一重大问题，需要统治者进行财富再分配。两千多年以前，老子便提出了如此重要的社会治理与经济分配思想，却因今本等版本的改动被"抹杀"了。而帛书注家几乎全部予以忽视，实属不妥。可参见《道德经，古今有何不同》第四十二章（今本77章）相关考辨。

〔九〕"孰能有余而有以取奉于天者乎？唯有道者乎？"句，今本做出重大改动，详见【考证辨真】。

〔十〕其不欲：他的无私无欲。见：显示、展现。贒："贤"的变体。见贤：展现了贤德。

【意解译文】

天下的分配原则，就像拉弓射箭。拉高了就把它压低一

第四十二章 天道人道

些,拉低了就把它抬高一些,拉得过满就放松一些,拉得不足就增加一些力量。所以,自然的法则是减少有余的,补给不足的;而现实中人类社会的实情却正好相反,是减损不足的,用来奉献给有余的。那么,有谁愿意把自己多余的拿出来补给天下不足的呢?只有遵循"道"的人吗?因此,圣人有所作为(做好国家的分配大事)而不占为己有,成就功业却不以功自居。如果是这样的话,那么他的无私无欲就是贤德的最好展现。

【考证辨真】
"天下之道"与"天之道"的含义辨析

"天下"一词,在古籍文献中主要有以下含义:

一是指四海之内、全中国。《墨子·公输》:"江汉之鱼鳖鼋鼍,为天下富。"《孟子·公孙丑下》:"威天下不以兵革之利。"二是指人世间、社会上。高适《别董大》:"莫愁前路无知己,天下谁人不识君?"三是指全世界、所有的人。《战国策·魏策》:"天下缟素。"《孟子·公孙丑下》:"天下顺之。"四是指国家或国家的统治权。《韩非子·五蠹》:"故传天下而不足多也。"《资治通鉴》:"共争天下。"五是指自然界、天地间。《吕氏春秋·察今》:"知天下之寒。"

本章所谓"天下之道",指的就是治理天下的原则,联系上下文意,可理解为"天下的分配原则";而"天之道"则是"天道、自然法则"的意思。这里引述《道德经,古今有何不同》的观点:

"天下之道"句,帛书甲本为"天下之道",帛书乙本为"天之道",而本书所参考的几乎所有古籍,如景龙本、庆阳本、遂州本、敦煌本、王弼本(今本)、河上公本、严遵本、傅奕本、司马光本、范应元本、苏辙本等版本均为"天之道"。仅仅省去一个"下"字,便将有关治理天下的分配原则的重大问题转换成虚无缥缈的哲学问题了,属于偷换概念,改动太过明显。①

本章文意被今本等版本大改

本章是《老子》被今本等版本大动手脚的章节之一,笔者在《道德经,古今有何不同》中分析得非常详细,由于相关内容很重要,现引用如下:

"损有余而益不足"句,帛书甲本毁损五个字,以帛书乙本补足,今本等版本将其中的"益"字改为"补"字。"益"是一种自然力的变化,"补"是一种外力的作用。一字之差,便将分配原则改成了一方对另一方的"赐予",这是两种不同的概念。

"孰能有余而有以取奉于天者乎?唯有道者乎?"句,被今本等版本改为"孰能有余以奉天下?唯有道者",意思大变。前者的意思是:"有谁愿意把自己多余的东西拿出来奉送给天下的百姓?这样做的不正是有'道'的人吗?"后者暗示只有有"道"的人才拿

---

① 王骥:《道德经,古今有何不同》,华文出版社,2023年1月第1版,第201页。

得出多余的东西,没有"道"的人就没必要拿出多余的东西。可见,老子讲的是除了有"道"的人之外,其他人是不会主动把多余的东西拿出来的,必须由治理国家的人来做这一项工作,然而,今本等版本的改动将这样的"分配原则"给一笔勾销了。

"圣人为而弗有,成功而弗居也。若此,其不欲见贤也"句,被今本等版本改为"圣人为而不恃,功成而不处,其不欲见贤",意思就彻底变化了。前者的意思是圣人在对待利益分配问题上,从不考虑个人得失,他那无私无欲的精神是学习的好榜样。后者的意思就变成圣人干事情不会逞能,事情成功也不会在意,因此他是不想让人家吹捧他的。[①]

"张弓"考辨

对于"张弓",学界主要有两种不同的解读。

其一,以学者高亨为代表。他在《老子正诂》中解释说:"《说文》:'张,施弓弦也。'盖施弦于弓时,弦之位高,则抑之;弦之位下,则举之;弦之长有余,则损之;弦之长不足,则补之。天道正如是耳。"[②]在《老子注译》中,他进一步解释说:"古人用弓前把弦加在弓上,叫做张;用完后把弦解下,叫做驰。……古人张弓,弦的位置高,则向下移;弦的位置低,则向上移;弦长有余,则剪去;弦短不足,则增

---

① 王骥:《道德经,古今有何不同》,华文出版社,2023年1月第1版,第201—202页。
② 高亨:《老子正诂》,中国书店,1988年10月第1版,第145页。

补。"①

其二,以学者任继愈、张松如等为代表。他们认为,"张弓"就是拉弓射箭的意思:"不很像拉开弓(射箭瞄准)吗?高了就把它压低一些,低了就把它升高一些,过满了就减少一些,不够满就补足一些。"②

笔者赞同上述第二种解读,理由有两点:

第一,高亨的解读是从"张"字入手的,但如果整体审视"张弓"二字,一般来说只有两种理解:一者是弦拉紧的弓;二是拉弓。将其放在原文中,理解为"拉弓射箭"符合上下文意。

第二,在安装弓弦的过程中,如果弦太短了,就要更换一根弦,而不会给弦打个结,再续上一段新弦。所以,将"不足者补之"解读为"弦短不足,则增补"是不符合常识的。

"印""抑"的本义及校勘

图42-1 "印"字的甲骨文字形

---

① 高亨:《老子注译》,华钟彦校,河南人民出版社,1980年3月第1版,第159页。
② 任继愈译著:《老子新译》修订本,上海古籍出版社,1985年5月第2版,第226页。

第四十二章 天道人道

"印"字最早见于商代甲骨文,其字形像用手按压一人使其跪下(如图42-1所示),本义为压、按,是"抑"的本字。而"抑"字是"印"的加旁分化字,本义同样是压、按,又可引申为压制、抑制、控制,该引申义与"印"略有差异。

"高者印之"的"印"字,帛书甲乙本均为"印",今本等版本改为"抑",帛书研究者大多将其校勘为"抑",此处大体上都是说得通的。但严格来讲,笔者认为宜保持帛书原貌,将其校勘为"印"。

【对照版本】

傅奕本

天之道,其犹张弓者欤。高者抑之,下者举之,有余者损之,不足者补之。天之道,损有余而补不足;人之道则不然,损不足以奉有余。孰能损有余而奉不足于天下者?其惟道者乎。是以圣人为而不恃,功成而不居,其不欲见贤邪。

王弼本

天之道,其犹张弓与。高者抑之,下者举之,有余者损之,不足者补之。天之道,损有余而补不足;人之道则不然,损不足以奉有余。孰能有余以奉天下?唯有道者。是以圣人为而不恃,功成而不处,其不欲见贤。

河上公本

天之道,其犹张弓乎。高者抑之,下者举之,有余者损之,不足者与之。天之道,损有余而补不足;人之道则不然,损不足以奉有余。孰能有余以奉天下?唯有道者。是以圣人为而不恃,功成而不处,其不欲见贤。

范应元本

天之道,其犹张弓者欤。高者抑之,下者举之,有余者损之,不足者补之。天之道,损有余而补不足也;人之道则不然,损不足以奉有余。孰能损有余以奉天下?唯有道者。是以圣人为而不恃,功成而不处,其不欲见贤邪。

第四十三章　莫柔于水

（今本 78 章）

【帛书复真本】

天下莫柔弱于水，而攻坚强者莫之能先也，以亓无以易之也。水之胜刚，弱之胜强，天下莫弗知也，而莫之能行也。故圣人之言云曰："受邦之詢，是胃社稷之主；受邦之不祥，是胃天下之王。"正言若反。

【帛书释文本】

天下莫柔〔弱于水，而攻〕堅（坚）强者莫之能〔先〕也[一]，以亓（其）无〔以〕易〔之也[二]。水之胜刚，弱之〕胜强，天〔下莫弗知也，而莫之能〕行也[三]。故圣人之言云曰："受邦之詢（诟）[四]，是胃（谓）社稷（稷）之主[五]；受邦之不祥[六]，是胃（谓）天下之王。"〔正言〕若反[七]。

【帛书出土图版原文】

甲本

天下莫柔□□□□□堅强者莫之能□也，以亓无□易□□□□□□□□胜强∟，天□□□□□□□□□行也。故圣人之言云∟曰："受邦之詢，是胃社稷之主；受邦之不祥，是胃天下之王。"□□若反⌊。

乙本

天下莫柔弱于水，□□□□□□□□，以亓无以易之也。水之朕刚也，弱之朕强也，天下莫弗知也，而□□□□也。是故聊人之言云曰："受国之訽，是胃社稷之主；受国之不祥，是胃天下之王。"正言若反。

【校勘注释】

〔一〕"天下莫柔弱于水，而攻坚强者莫之能先也"句，帛书甲乙本均有毁损，以傅奕本补足。"先"的意思是"超过"，比今本等版本的"胜"字要好。堅："坚"的变体。

〔二〕无以：没有什么。易：替代、取代。

〔三〕"水之胜刚，弱之胜强，天下莫弗知也"句，帛书甲本基本毁损，以帛书乙本补足。"而莫之能行也"句，帛书甲乙本均有毁损，以傅奕本补足。行：履行、践行。

〔四〕訽（gòu）："诟"的异体字，责难、耻辱。

〔五〕禝："稷"的异体字。社稷：国家。社是土地之神，稷是五谷之神，两者是农业社会最重要的根基。古时的君主为了祈求国事太平、五谷丰登，每年都要到郊外祭祀土地之神和五谷之神，即祭社稷，后来"社稷"就代指国家。

〔六〕不祥：灾难、祸害。

〔七〕正言若反：正面的话好像在反着说一样。

第四十三章 莫柔于水

【意解译文】

天下柔弱之物莫过于水，而攻坚克强没有超过它的，因为没有什么能够替代它。水能克刚，柔能胜强，天下没有人不知道，然而没有谁去践行。所以圣人说过这样的话："承担得起国家的责难，才配得上做国家的君主；承担得起国家的灾祸，才配得上做天下的君王。"正面的话好像在反着说一样。

【考证辨真】

"云"和"曰"的用法辨析

"云"和"曰"都有"说"的意思，使用时的主要区别在于："云"的主语很多时候没有特定的对象，而是某一类人群，如"古人云""众云"等，所说的内容通常也不是原话而是转述，指向相对泛化；而"曰"的主语通常是具体、特定的对象，所说的内容也多为原话引述，指向相对具体。

简单来说，"云"一般用于间接引语，以及对某类人所说的话的表述；而"曰"一般用于直接引语。如古人云：人非圣贤，孰能无过；过而能改，善莫大焉。子曰："同声相应，同气相求。"

"云曰"连用的例子，在古籍文献中很少，可理解为强调转述的内容。

【对照版本】

傅奕本

天下莫柔弱于水，而攻坚强者莫之能先，以其无以易之也。柔之胜刚，弱之胜强，天下莫不知，而莫之能行。故圣人之言云："受国之垢，是谓社稷之主；受国之不祥，是谓天下之主。"正言若反也。

王弼本

天下莫柔弱于水，而攻坚强者莫之能胜，其无以易之。弱之胜强，柔之胜刚，天下莫不知，莫能行。是以圣人云："受国之垢，是谓社稷主；受国不祥，是为天下王。"正言若反。

河上公本

天下柔弱莫过于水，而攻坚强者莫知能胜，其无以易之。弱之胜强，柔之胜刚，天下莫不知，莫能行。故圣人云："受国之垢，是谓社稷主；受国之不祥，是谓天下王。"正言若反。

范应元本

天下莫不柔弱于水，而攻刚强者莫之能先，其无以易之也。柔之胜刚，弱之胜强，天下莫不知，而莫之能行。是以圣人言："受国之垢，是谓社稷之主；受国不祥，是谓天下之王也。"正言若反。

第四十四章 大怨有余

（今本 79 章）

【帛书复真本】

和大怨，必有余怨，焉可以为善？是以圣人右介而不以责于人。故有德司介，无德司彻。夫天道无亲，恒与善人。

【帛书释文本】

和大怨，必有余怨[一]，焉可以为善[二]？是以圣〔人〕右介而不以责于人[三]。故有德司介，〔无〕德司彻（彻）[四]。夫天道无亲，恒与善人[五]。

【帛书出土图版原文】

甲本

和大怨，必有余怨⌐，焉可以为善？是以圣右介而不以责于人。故有德司介，□德司彻。夫天道无亲，恒与善人。

乙本

禾大□□□□□□□为善？是以耵人执左芥而不以责于人。故又德司芥，无德司彻。□□□□□□□。

【校勘注释】

〔一〕结合前面章节的文意,这里的"大怨"主要指的是无道的贵族统治阶级与民众之间长期积累的怨恨和矛盾。和大怨,必有余怨:化解重大的怨恨,必然还会残留余怨。老子认为,这不是解决怨恨的好方法,最好的方法就是不要与民结怨。

〔二〕焉:怎么。

〔三〕"右介"二字,帛书甲本如此,帛书乙本为"执左芥",今本等版本为"执左契",帛书注家几乎都校勘为"右契",导致文意彻底改变,实属不妥。通过对甲骨文、金文及古籍文献的考辨可知,"右介"为"护佑、佑助、帮助"的意思,而今本等版本的"契"则是契约的含义。详见【考证辨真】。

责:索取。《说文》:"责,求也。"《左传·桓公十三年》:"宋多责赂于郑。"是以圣人右介而不以责于人:所以圣人帮助人而不会索取于人。一些学者将"责"理解为"责难",依据今本等版本的"是以圣人执左契而不责于人",将其解读为"手中拿着契约而不去催债",是错误的。

〔四〕司:主管、掌管。勶:"彻"的异体字,这里指统治、控制。《诗经·崧高》:"王命召伯,彻申伯土田。"《毛传》:"彻,治也。"郑玄笺:"治者,正其井牧,定其赋税。"这里的"司彻"意为"统治、控制",而帛书注家几乎都将其释义为"掌管税收的人",实属不妥。故有德司介,无德司彻:所以有德的统治者护佑民众,无德的统治者控制民众。

〔五〕无亲：没有偏爱。与：支持、帮助。详见【考证辨真】。善人：有德善的人。夫天道无亲，恒与善人：天道对谁都没有偏爱，永远帮助有德善的人。

【意解译文】

化解重大的怨恨，必然还会残留余怨，这怎么算是善举呢？因此，圣人帮助人而不会索取于人。所以有德的统治者护佑民众，无德的统治者控制民众。天道对谁都没有偏爱，永远帮助有德善的人。

【考证辨真】

"左""右"本义考辨

为便于理解"是以圣人右介而不以责于人"这句话，我们首先对"左""右"二字的甲骨文、金文字形及其本义进行考辨。

甲骨文"左"　　金文"左"　　甲骨文"右"　　西周金文"右"　　战国早期金文"右"

图44-1　"左""右"的甲骨文、金文字形

如图44-1所示，"左"是象形兼会意字，其甲骨文字形像一只手（从左朝向右）。金文从ナ（左手），从言或口，会意为手口相助；有的从工（筑杵），会意为左手帮助右手操持筑杵筑墙。《说文》："左，手相左也。""左"的本义是帮助、

辅佐、佐助。

"右"也是象形兼会意字，其甲骨文字形也像一只手（从右朝向左），金文为一手一口，会意为手口相助，隶变后写作"右"和"祐"，"祐"如今简化作"佑"。《说文》："右，手口相助也。""右"的本义也是帮助、佑助。《左传·襄公十年》："王右伯舆。"杜预注："右，助。"《周礼·士师》："以左右刑罚。"郑玄注："左右，助也。"

综上所述，"左"的含义偏重于地位较低的人对地位较高的人的辅佐、效劳；而"右"的含义则偏重于地位较高的人对地位较低的人的帮助，有庇佑的内涵。"是以圣人右介而不以责于人"的"右"正是"帮助、佑助"的意思。

"介""芥"与"契"字辨析

"是以圣人右介而不以责于人"的"介"字，被今本等版本改为"契"，同时，今本等版本沿用帛书乙本的"执左"二字，将该句改为"是以圣人执左契而不责于人"。这种改动，彻底将文意导向"契约"及双方的权责关系上来，于是，"左""右"就被历代注家（含帛书注家）解读为执契约的左右两方，由此导致读者被困在"左右尊卑"的文字游戏里长达两千多年。

按照西周和春秋时期"左尊右卑"的习俗和礼制［注意，这与殷商和战国时期"尚右卑左"的习俗不同，参见第七十五章（今本31章）相关考辨］，尊者为契约的左方（左契），即放贷方；卑者为契约的右方（右契），即受贷方。尊者手中拿着卑者的左契，有如当今甲方拿着乙方的借款合

第四十四章 大怨有余

同,以便到期向乙方催债一样。所以说,今本等版本将"右介"改为"执左契"后,整章文意便彻底改变了。

甲骨文　　甲骨文　　金文

图 44-2　"介"字的甲骨文、金文字形

前文已经辨析了"右"的含义,这里接着考辨"介"字。如图 44-2 所示,从"介"字的甲骨文和金文字形来看,中间是人,两边的短竖象征由片片皮革连成的甲衣,会意为披甲衣。《广雅》:"介,铠也。"《礼记·曲礼》:"介胄则有不可犯之色。"郑玄注:"介,甲也。""介"的本义为披甲衣,可引申为佑助。《诗经·七月》:"为此春酒,以介眉寿。"郑玄笺:"介,助也。"因此,"右介"二字就是"帮助、佑助"的意思。

综上所述,"是以圣人右介而不以责于人"的意思是:"所以圣人帮助人而不会索取于人。"而今本等版本的"是以圣人执左契而不责于人"的意思是:"所以圣人手中拿着契约而不去催债。"真可谓天差地别。

联系上下文可知,老子认为,只有"圣人帮助人而不会索取于人"才是解决"怨恨"的最好方法,即不要与民结怨。而借贷契约之事,实在难以契合上下文意,即便是作为一个特例来解释"和大怨",说服力也是不够的。

"与"字含义辨析

笔者在第二章(今本 39 章)对"与"字进行了考辨,这里再度说明。

"舆"和"与"在古汉语中是两个字,同源于"舆"字;从战国中后期开始,字形有了分化,到汉代分化成"舆""与"二字;如今"舆"字又简化为"与"。

《说文》:"舆,党舆也。从舁,从与。"段玉裁注:"会意,共举而与之也。"有学者参考"舆"的金文字形,提出"舆"从舁(众人四手共举)、从口(表结好)、从牙(表交互),而"与"为"牙"的讹变。

"舆"有给予的意思。《孟子·万章上》:"天子不能以天下舆人。"《韩非子·忠孝》:"此明君且常舆,而贤臣且常取也。""与"字同样包含这层含义。《说文》:"与,赐予也。一勺为与。此与舆同。"《玉篇》:"与,赐也,许也,予也。亦作舆。"

同时,"舆"又有赞许、帮助、支持等含义。《荀子·正论》:"亲者疏之,贤者贱之,生民怨之,禹、汤之后也,而不得一人之舆。"《战国策·秦策》:"不如舆魏以劲之。"高诱注:"舆,犹助也。"

具体到"恒与善人"的"与(舆)",此处取帮助、支持的含义,即"永远帮助有德善的人"。

【对照版本】

傅奕本

和大怨,必有余怨,安可以为善?是以圣人执左契而不责于人。故有德司契,无德司彻。天道无亲,常与善人。

第四十四章 大怨有余

王弼本

和大怨，必有余怨，安可以为善？是以圣人执左契而不责于人。有德司契，无德司彻。天道无亲，常与善人。

河上公本

和大怨，必有余怨，安可以为善？是以圣人执左契而不责于人。有德司契，无德司彻。天道无亲，常与善人。

范应元本

和大怨，必有余怨，安可以为善？是以圣人执左契而不责于人。故有德司契，无德司彻。天道无亲，常与善人。

图书在版编目（CIP）数据

帛书《道德经》甄辨. 上册, 德篇 / 王骥撰. —北京：华文出版社，2025.3（2025.6重印）. —（老子新考系列）. — ISBN 978-7-5075-6050-3

Ⅰ．B223.15

中国国家版本馆CIP数据核字第2024EH7796号

帛书《道德经》甄辨（上册） 德篇

作　　者：	王　骥
策划编辑：	杨艳丽
责任编辑：	袁　博
出版发行：	华文出版社
地　　址：	北京市西城区广安门外大街305号8区2号楼
邮政编码：	100055
网　　址：	http://www.hwcbs.cn
电　　话：	总编室 010-58336210　编辑部 010-58336191
	发行部 010-58336267　010-58336202
经　　销：	新华书店
印　　刷：	三河市航远印刷有限公司
开　　本：	880mm×1230mm　1/32
印　　张：	13
字　　数：	320千字
版　　次：	2025年3月第1版
印　　次：	2025年6月第2次印刷
标准书号：	ISBN 978-7-5075-6050-3
定　　价：	68.00元

版权所有，侵权必究